쫓겨난 신선 이백의 눈물

서울대학교 아시아연구소총서
모노그래프시리즈 4

쫓겨난 신선 이백의 눈물

초판 1쇄 인쇄 2015년 4월 25일
초판 1쇄 발행 2015년 4월 30일

지은이 임도현
펴낸곳 서울대학교출판문화원
펴낸이 성낙인

책임 편집 최유식
디자인 최선아
출판등록 제15-3호

주소 151-742 서울 관악구 관악로 1
대표전화 02-880-5252 | **팩스** 02-888-4148
마케팅팀(주문상담) 02-889-4424, 02-880-7995
이메일 snubook@snu.ac.kr
홈페이지 www.snupress.com

ISBN 978-89-521-1729-8 94820
978-89-521-1413-6 (세트)

서울대학교 아시아연구소총서
모노그래프시리즈4

쫓겨난 신선
이백의 눈물

임도현 지음

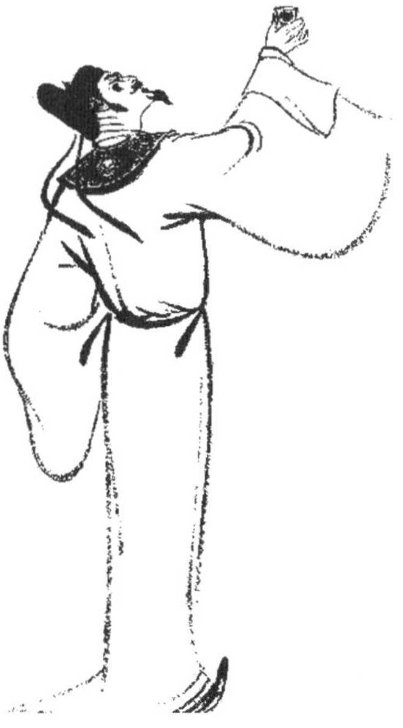

서울대학교출판문화원

Abandoned Fairy Li Bai's Tears

Lim Dohyun

Seoul National University Press

머리말

이백은 중국의 가장 뛰어난 시인 중의 한 명이고 세계적으로 사랑받는 시인이다. 한국인들도 예외는 아니어서, “달아 달아 밝은 달아 이태백이 놀던 달아”라는 노래도 있을 정도다. 이 노래에서도 나타나듯이 이백은 달에서 노는 신선 같은 사람이다. 술을 마시면 삼백 잔을 마셔야 되고, 천자가 불러도 술에 취해 인사불성이 되어 물을 끼얹어야 될 정도다. 천자가 좋아하던 양귀비에게 글을 쓸 수 있도록 벼루를 들고 있으라고 하고 당대 최고 권력자인 고력사에게는 자기의 신발을 벗기라고 하였다고 한다. 그리고 그는 궁중에서 만든 비단 옷을 입고 뱃놀이를 하다가 강물에 비친 달을 잡으려다가 물에 빠져 죽었다고 한다. 그에 관한 이러한 전설 같은 이야기가 바로 사람들이 그를 좋아하는 이유이고, 또한 사람들이 그의 삶과 인품을 판단하는 근거다. 세상의 구속에서 벗어나 자기 마음대로 아무 거리낌 없이 행동하는 모습에서 사람들은 일종의 카타르시스를 느꼈을 수도 있다.

하지만 이러한 모습이 이백의 진정한 모습은 아니다. 그가 사랑했던 달에 관한 유명한 시를 한번 보자.

床前明月光,	침대 앞의 밝은 달빛
疑是地上霜.	마치 땅에 서리가 내린 듯
擧頭望明月,	고개 들어 밝은 달을 바라보고
低頭思故鄉.	고개 숙여 고향을 그리워하네.

이 시는 〈고요한 밤의 그리움[靜夜思]〉이다. 아마 누구나 한 번쯤은 들어봤을 것이고, 중국에서는 소학교(한국의 초등학교) 1학년 국어책에 수록되어 있을 정도로 유명한 시다. 자다가 밝은 달빛에 깨서 고개를 들어 하늘의 달을 바라보고 고개를 숙여 고향을 그리워한다는 간단한 내용이다. 이렇게 쉽고 간단하게 쓰는 것이 이백 시의 특징 중의 하나다. 그냥 붓 가는 대로 생각나는 대로 쓴다. 이 시에 나타나는 정서는 우리가 익히 알고 있는 이백의 모습과는 사뭇 다르다. 길고 고단한 객지살이 중에 밤잠을 제대로 이루지 못하고 하늘에 뜬 달을 보며 고향을 그리워하는 모습이 그려져 있다. 필자는 이백의 이러한 모습이 그의 정체성을 가장 잘 드러내 준다고 생각한다. 자신의 이상을 실현하기 위해서 집을 떠나 객지를 떠돌며 부단히 노력하지만 결실을 얻지 못하고, 외로움에 사무쳐 잠도 이루지 못한 채 가족을 그리워하며 슬퍼하는 모습. 이것이 이백의 본 모습이 아닌가 생각된다. 이백의 호방표일하고 낭만적인 행동 뒤에는 항상 외로움과 슬픔이 짙게 깔려 있었다.

이 책은 이백이 왜 이렇게 외롭게 슬퍼했는지에 대해 알아보려는 시도의 결과물이다. 이백은 '남다른 존재'로서 자신을 인정받고자 하였다. 세상을 구제하는 큰 공적을 세우고는 아무런 보상도 받지 않고 표일하게 물러나 자신의 이름을 역사서에 영원히 남기고자 하였다. 또 신선술과 연단술을 통해 영생불멸의 생명을 얻어서 자신의 존재를 영원으로 연장하고자 하였다. 때로는 자연 속에서 은일하면서 인간 생명의 유한함과 부귀공명의 허망함을 극복하여 인간의 한계에서 벗어나 초월적인 존재가 되고자 하였다. 자신의 존재를 인정받기 위해서 다양한 계층의 사람들과 교제하면서 대등한 관계를 유지하여 초탈한 모습을 인정받고자 하였다. 이러한 다양한 방면에서 자신의 이상을 이루기 위해 그는 노력하였지만 결국 실패하였다. 이백의 삶은 이러한 시도와 실패로 점철되었다. 그리고 그는 포기를 모르는 사람이었다. 그래서 항상 좌절했고 홀로 슬퍼했다.

이백의 별명은 적선(謫仙), 즉 쫓겨난 신선이다. 원래 신선은 하늘에서 살며 훨훨 날아다녀야 한다. 하지만 이백은 신선세계에서 쫓겨나 인간세상으로 떨어졌다. 그래서 그는 날지 못한다. 그의 정체성이 신선임에도 불구하고 그가 사는 곳은 인간세상이었기에 그는 부단히 다시 하늘로 올라가고자 하였다. 하늘의 뜬 달을 그렇게 동경하였던 이유는 그곳이 바로 자신이 있어야 될 곳이기 때문이다. 하지만 그는 끝내 하늘로 올라가지 못했다. 자신의 이상을 이루지 못했다. 그래서 인간세상을 정처 없이 떠돌며 눈물을 흘려야 했던 것이다.

인간은 누구나 꿈을 꾸고 그 꿈을 실현하고자 한다. 하지만 현실은 그다지 녹록하지 않다. 고단한 현실의 삶 속에서 꿈은 꿈으로 남겨지기 십상이다. 다람쥐 쳇바퀴 도는 현실을 떨쳐 버리고 꿈을 실현하기 위해 나서는 것은 큰 용기가 필요하다. 이백은 그러한 용기를 가지고 있었다. 아무리 실패해도 자신의 꿈을 실현하기 위해 다시 일어서곤 했다. 이백의 이러한 모습에서 현대를 살아가는 사람들이 용기를 얻을 수 있으리라 생각한다. 이백은 홀로 눈물을 흘렸다. 한 번에 삼백잔을 마셔야 하는 호기로움 뒤에는 항상 그의 슬픔과 외로움의 눈물이 어려 있었다. 이러한 그의 눈물을 함께 함으로써 지금 우리는 위안을 얻을 수 있을 것이다.

이 책이 나오기까지 많은 분들의 도움이 있었다. 모두 거론할 수는 없지만 그래도 이영주 선생님의 가르침과 격려를 뺄 수는 없다. 이 지면을 통해 감사의 말씀을 드린다. 그리고 서울대학교 아시아연구소 소장님을 비롯한 여러 담당자분들에게도 감사를 드리고 책이 나올 수 있게 노력해 주신 서울대학교출판문화원에도 감사를 드린다.

임도현

차례

| 일러두기 |

1. 이 책에서 인용한 이백의 시문은《이태백전집(李太白全集)》(王琦 注, 北京: 中華書局, 1991)을 저본으로 하였으며, 기타 주석서를 참고하였다.
2. 이백의 생평과 이백 시의 편년은 특정 연구자의 주장을 일괄적으로 따르기보다는 여러 연구자의 성과를 고루 수용하였으며 학계에서 널리 인정된 학설을 주로 따랐다.
3. 본문에 인용한 시문은 번역문을 우선으로 하고 원문을 [ ] 안에 추가하였다.
4. 중국 인명과 중국 지명은 한국한자음으로 표기하였다.
5. 서적명은《 》로 표시하고 시나 산문 등 작품 제목은〈 〉로 표시하였다.
6. 필자가 강조한 부분은 ' '로 표시하였고, 인용한 부분은 " "로 표시하였다.
7. 타인의 연구 내용을 참고한 경우 일일이 각주를 통해 밝히지 않았으며, 책 뒤에 참고문헌 목록으로 정리하였다.

제1장

들어가며

이백(李白, 701~762)은 중국 역사상 가장 위대한 시인 중의 한 명으로 그의 시는 생존해 있을 때부터 이미 많은 사람들의 입에 오르내렸으며 지금까지도 많이 애송되고 있다. 많은 사람들이 그의 시를 이렇게 꾸준히 좋아한 이유는 무엇일까? 사람들이 이백이라는 이름을 들었을 때 가장 먼저 떠오르는 것은 대부분 비슷할 터인데, 한껏 술을 마시고 안하무인격으로 자신을 과시하는 것 또는 달 아래서 자연을 벗 삼아 술을 마시는 것이 바로 그 전형이라 생각한다. 이러한 그의 모습이 독자들의 흥취를 돋워 주고 그를 흠모하게 하는 원동력이다. 그리고 그 모습을 압축적으로 표현한 것이 '호방표일(豪放飄逸)'과 '낭만(浪漫)'이다. 그의 시에 대해 이 두 평가가 가장 전형적이고 보편적일 것이다. 대체로 이백 시의 호방표일과 낭만적인 특성에 대해서는 일반 독자나 전문 비평가들 모두 동의하는 것이며, 또 이러한 특징이 두드러진 시들이 독자들의 관심과 애정을 받았고 비평가들로부터도 좋은 시로 인정받았다.

그러나 이러한 평가는 이백 시에 나타난 기세나 풍격에 주목한 것인데, 그 내용을 아우르는 것은 바로 슬픔과 외로움이다. 그의 시에서 슬픔이 핵심적인 내용을 차지하고 있다는 것은 절명시로 알려진 〈길을 떠나며[臨路歌]〉를 통해서도 확연히 알 수 있다.

大鵬飛兮振八裔,	대붕이 날아올라 천하를 떨치다가
中天摧兮力不濟.	하늘 가운데서 꺾이니 힘이 미치질 않아서라네.
餘風激兮萬世,	남은 기풍은 만세에 떨치겠지만
遊扶桑兮掛右袂.	부상에서 놀다가 오른쪽 소매가 걸렸네.
後人得之傳此,	후인이 이러한 소식을 전하더라도
仲尼亡兮誰爲出涕.	공자는 가고 없으니 누가 나를 위해 눈물을 흘릴까?

죽음을 앞두고 자신의 인생에 대해 만족하는 사람은 아무도 없을 터인데, 호방표일하다고 알려진 이백 역시 예외가 아니어서, 자신의 인생이 실패로 점철했다고 평가하고 있다. 이 시에 나오는 "대붕"은 자신의 분신으로 여기는 상징물로서 빼어난 재능과 큰 포부를 가진 인물을 비유한다. 그 대붕이 하늘을 높이 날아올라 천하를 떨치다가 중도에 꺾이고 말았다는 것은 자신의 재능을 이루 다 펼치지 못한 슬픔을 표현한 것이다. 이러한 소식에 대해 슬퍼할 이가 없다는 것은 자신의 재능을 제대로 인정하지 못하는 세상 사람들의 무지를 한탄한 것이다. 그러나 이러한 슬픔을 표현할 때 "천하를 떨치다", "남은 기풍은 만세를 떨친다", "부상에서 놀다", "공자가 가고 없으니 누가 눈물을 흘릴까?"라고 하면서 자신의 재능에 대한 자신감과 자신의 포부에 대한 자부심 등을 호방한 기상으로 펼쳐 내었다. 이렇게 호방표일과 낭만이 이백 시의 풍격을 중심으로 설명하는 것이라면, 슬픔과 외로움은 내용적인 면을 중심으로 설명하는 것이라고 할 수 있다. 즉 이백은 자신의 슬픔과 외로움을 표현하면서 호방표일하고 낭만적인 기풍을 사용하였다.

한편 기존의 연구자들은 대부분 이백 슬픔의 원인으로 정치적 공명의 실패를 들고 있다. 여기서 필자의 의문은 시작되었다. 이백 시가의 중요한 내용을 차지하는 슬픔이 정치적 공명의 실패에 연원한다면 그가 평생 추구하고자 했던 이상은 정치적 공명의 실현과 밀접한 관계가 있다는 것이다. 그렇다면 이러한 범속한 체제지향적 욕망이 호방하고 낭만적인 탈체제적 풍취와 어떻게 부합할 수 있었는가? 이러한 상반된 두 가지 경향이 한 사람의 가치관 속에 어떻게 통일되어 존재할 수 있었는가? 그렇다면 그가 가지고 있었던 가치관은 과연 어떠한 것이었으며 그가 궁극적으로 추구하고자 한 것은 무엇이었을까?

이러한 일련의 의문을 풀기 위해서는 우선 슬픔이 발생하는 원인에 관해 생각해 볼 필요가 있다. 슬픔이라는 감정이 발생하는 이유로는 여러 가지가 있겠지만, 대체로 이상적으로 바라는 목표가 실현되지 않았을 때 발생하는 경우, 즉 이상과 현실에 괴리가 있을 때 발생하는 경우일 것이다. 따라서 우선 이백의 이상과 현실에 대한 분석이 선행되어야 한다.

여기서 이백이 "적선(謫仙)"이라는 호칭을 받은 것에 주목할 필요가 있다. "적선"은 인간세계로 쫓겨난 신선이란 뜻이다. 그의 정체성은 신선인데, 사는 곳은 인간세계였다. 우선 그는 신선이 되고자 하였다. 하지만 그에게 있어 신선이란 존재가 가지는 의미는 단순히 신선과 닮은 풍모나 호방한 풍취만은 아니었으며, 범속한 인간과는 다른 특별한 존재, 인간의 한계를 초월한 존재, 즉 '남다른 존재'로서의 자아였다. 그리고 그는 그 '남다른 존재'를 다른 사람들로부터 인정받고자 하였다. 그래서 그는 한편으로는 신선과 같은 풍류를 과시하였으며, 다른 한편으로는 정치적으로 역사에 남길 큰 공명을 세우고는 초연하게 은일하고자 하였다. 또 때로는 자연 속에서 유유자적하게 은일하면서 인간 생명의 유한함과 부귀공명의 허무함을 극복하려고 하였으며, 봉건 계급 질서를 초월한 수평적이고 격의 없는 교유 관계를 형성하려고 하였다. 이렇게 그는 '남다른 존재'로서의 자아를 실현하려고 하였으며, 또한 '남다른 존재'로서의 자아를 타인에게 인정받고자 하였다. 즉 그의 지향은 신선과 같은 초인이었지만, 그 지향은 결코 속세와 분리될 수 없었다.

그의 이상은 당시 살고 있던 당 제국이라는 국가체제를 벗어나는 것이었지만, 그 이상을 추구하고자 했던 활동의 장은 국가체제의 테두리 내부였다. 그리고 그가 이상을 추구한 구체적인 방식은 '남다른 존재'로서의 자아를 실현하는 것이었고, 이는 당시 사회규범에 얽매이지 않고 질서체제를 무시하는 방법으로 나타났다. 즉 제국적 국가체제를 벗어나는 '탈주성'을 가지고 있었다. 따라서 이백의 슬픔은 '체제 내부'에서 '탈체제적인 이상'을 '탈주적인 방법'으로 실현하고자 했기 때문에 발생하였다. 그리고 이러한 탈주성은 그를 당 제국사회의 '소수자'로 만들어 버렸다. 그리고 그 소수자는 탈주에 성공하지 못했기 때문에 슬퍼하고 외로워했다.

이백은 중국 역사상 가장 융성하였다고 하는 성당시기에 청년기를 보내면서, 다양한 사상과 문화를 접하였다. 여타 문인들이 국가를 중심에 두는 정통 유가 사상을 확고히 유지하고 있었던 것과는 달리, 그는 다양한 사상과 문화를 고루 흡수하면서 자기 자신을 중심에 두는 독특한 가치관, 즉 '자기중심적 가치관'을 형성하였다. 그는 어떤 사상과 문화를 접하고 수용할 때, 자기 자신을 중심에 두고 자신에게 필요한 부분을 절단하여, 다른 사상과 문화에서 절단한 것과 접합함으로써 새로운 질을 가진 사상을 형성하였다. 나아가 그에게 있어서 특정 사상이나 문화가 결정적인 지위를 가지지 않고 다양한 사상과 문화가 동등한 지위를 가지고 있었는데, 이는 "리좀(rhizome)적 체계"를 연상시킨다. 리좀적 체계는 들뢰즈와 가타리의 《천 개의 고원》에 나오는 개념이다. 리좀은 원래 뿌리줄기라는 뜻으로 하나의 중심을 가지지 않고 여러 개의 동등한 뿌리들이 분기되고 접속되어 있는 것을 가리킨다. 리좀의 이러한 특징에 착안한 것이 리좀적 체계다. 리좀적 체계의 원리에는 세 가지가 있다. 첫째 연결접속(connection)이다. 리좀의 어떤 지점은 다른 어떤 지점과 연결될 수 있고 또 연결되어 있어야 한다. 그러나 그 어느 쪽으로도 귀속되지 않으며 접속하는 항이 달라짐에 따라 접속의 결과가 달라진다. 둘째 이질성(heterogeneity)이다. 리좀 내부에서 접속하는 것은 실질적 내용을 달리하며 그 어느 것도 중심적 지위를 가지지 않는다. 셋째 다양체(multiplicity)다. 차이 그 자체가 의미를 가지며 어느 하나로서 포섭되거나 동일화되지 않는다. 여러 가지 흐름 속에서 그 흐름을 절단하고 채취하여 새롭게 접합시킴으로써 새로운 특개성(特個性, thisness)을 가진 배치를 형성하는 것이 리좀적 체계의 특징인데, 이백의 사상 체계는 바로 이러한 리좀적 특성을 가지고 있었다. 이에 반해 당 제국은 천자를 정점으로 하는 전형적인 수직적 정치 체제를 가지고 있었는데, 이는 "수목적 체계"에 해당한다. 수목적 체계는 리좀적 체계와 대립되는 개념이다. 수목은 하나의 뿌리가 중심을 이루고 이를 근간으로 하여 잔가지와 이파리들이 배치되어 있다. 천자를 중심으로 모든 정치 경제 사회 체제가 동심원을 이루면서 중심에 의해 모든 것이 결정되는 구조를 가지고 있다. 이러한 당 제국의 틀 속에서 그가 가진 자유분방한 리좀적 사상 체계는 결코 공존할 수 없는 이질적인 것이었으며, 당 제국의 입장에서 볼 때 체제를 초월하거나 체제를 벗어나는 탈주적인 성격을 가지고 있었다.

따라서 자기중심적인 가치관에 입각하여 다양한 영역에서 자신의 이상을 실현하고자 했던 이백의 시도는 당 제국의 틀 내에서는 결코 성공할 수 없었다. 결국 그의 인생은 실패로 점철되었고, 그는 평생 슬픔 속에서 살아갈 수밖에 없었다. 물론 자신이 이룩한 성과에 대해 즐거워하고 만끽한 때도 있었지만 그 즐거움은 일시적인 것이었으며 또다시 현실에 직면한 이백은 슬퍼할 수밖에 없었다.

여기서 한 가지 더 언급해야 할 것은 호방표일함과 슬픔과의 관계다. 이에 관해 기존의 연구들은 형식적인 면으로서 호방표일과 내용적인 면으로서 슬픔이라는 틀로 설명하면서, 이 양자를 동전의 양면으로 인식하였다. 필자는 이백의 이상 추구의 강렬함이 이 두 현상의 원천이라고 생각한다. 즉 이백은 그 누구보다도 큰 강렬함을 가지고 자신의 이상을 추구했지만, 그것은 좌절로 점철되었다. 순간적인 만족감을 얻는 경우도 있었지만, 그것은 일시적인 현상에 불과하였다. 하지만 그는 결코 포기하지 않았으며, 죽는 날까지 그 이상을 실현하고자 하는 욕망을 사그라뜨리지 않았다. 즉 이상의 추구 시도-좌절-슬픔-이상의 추구 시도와 같은 순환을 끝없이 반복하였다. 따라서 그의 슬픔은 일생 동안 계속되었다. 그의 욕망이 클수록 슬픔은 깊어졌으며, 그 슬픔이 깊을수록 그의 욕망은 더 커졌다. 그리고 이러한 욕망의 크기와 슬픔의 깊이가 호방표일로 나타났다.

이 책에서는 이백의 슬픔에 관해 근본적이고 체계적인 분석을 수행한다. 이를 위해서 두 가지 단계로 접근할 필요가 있다. 첫째는 이백의 가치관과 이상에 관한 분석이다. 우선 그가 살았던 성당시기의 사회적 정치적 문화적 배경에 대해 살펴보고, 나아가 이백이 경험하고 학습했던 여러 사상과 문화에 대해 분석한다. 이를 통해 이백이 형성한 가치관의 성격을 파악한 뒤 어떠한 이상을 추구하고자 하였는지를 살펴본다. 둘째는 슬픔에 관한 분석이다. 이상을 추구하고자 하였지만 이룩하지 못한 상황을 분석함으로써 슬픔의 실체에 접근한다. 즉 이상을 추구하기 위해 어떻게 노력하였으며 그 성과와 한계는 어떠했는지에 대해 살펴본다. 이러한 두 단계를 통해 그의 가치관과 그 가치관에 입각한 자아추구 양상을 살펴봄으로써 그의 슬픔과 외로움에 대한 근본적인 분석이 가능하리라 생각한다.

제2장

이백 가치관의 형성 배경과 특징

1. 정치 사회적 배경

이백이 주로 활동한 시기는 현종이 황위에 있었던 개원 연간(713~741)과 천보 연간(742~756)으로 성당시대라고 일컬어진다. 당 제국의 국력은 이 시기에 정점에 도달했으며 또한 쇠퇴하기 시작하였다. 성당시대에 당 제국은 광대한 영토를 개척하였고 우수한 문화를 발전시켰으며 부강한 경제를 이룩함으로써 중국 역사상 가장 번성하고 찬란한 시대를 열었다. 《자치통감》에 따르면, 현종 개원 28년(740)의 상황에 대해 "천하에 현이 1,573개이고, 호구는 8,412,871호이며, 인구는 48,143,609명이었다. 장안과 낙양의 쌀값은 열 말에 200전이 되지 못하였으며 비단 한 필의 가격도 그와 같았다. 나라는 부유하고 편안하여 여행자들은 비록 일만 리를 가더라도 조그마한 병기도 지니고 있지 않았다."라고 되어 있어, 그 성대함과 평안함을 짐작할 수 있다.

대외적으로는 "약자는 덕으로써 품고 강자는 힘으로써 제압한다."라는 원칙하에 화친과 정벌전쟁 등의 다양한 수단으로 이민족을 통제하여 교류를 원활하게 하였다. 그 결과 많은 사신들이 오고갔으며 수많은 공물이 들어왔다. 이러한 분위기 속에서 대외무역이 왕성하게 이루어지면서 문화 교류 역시 활발하게 이루어져서, 당나라의 수도인 장안은 인구 팔백만을 웃도는 거대 국제도시로서 아시아 경제와 문화 교류의 중심이 되었다. 관원, 유학생, 승려, 음악가, 무용가, 미술가, 상인 등 각계각층의 외국인들이 당나라에 거주하면서 당나라 문인들과 광범위하게 교유하였다. 또한 기독교, 이슬람교, 조로아스터교, 마니교 등 여러 외국 종교들이 유입되면서 당나라 사람들은 다양한 사상과 문화에 충분히 노출되었으며, 이로 인해 문화적 사상적으로 개방적이고 역동적인 분위기가 형성되었다.

그러나 당시 이러한 사회 문화적 분위기와는 별개로 당나라는 하나의 거대한 제국으로서 천자를 정점으로 한 확고한 중앙집권적 국가 체제를 형성하고 있었다. 당 제국은 엄격한 신분적 위계질서를 중시하는 유가사상을 중심으로 운영되었으며, 교육과 법률체제를 통해 관료를 비롯한 문인들과 일반 백성들을 사상적으로 통제하였다. 따라서 사회 문화적으로는 다양성과 포용성을 표방하였지만 정치적으로는 동심원적인 질서체제를 유지하였다. 특히 문인들은 관직에 진출하려는 적극적이고 진취적인 의지를 가지고 있었으며 조정은 다양한 인재를 존중하여 궁궐로 불러들였지만, 권력의 핵심층으로 편입시킬 경우에는 엄격한 정치적 기준과 논리가 작용하였다.

1) 당 제국의 체제 중심성

당 제국은 수나라를 멸망시키고 천하를 장악하면서 국가체제를 정비하여 효율적인 통치체제를 구축하였다. 태종은 즉위하자마자 새 법률인 〈정관율(貞觀律)〉을 완성하였고, 국가의 각종 제도에 관한 법규, 문무백관의 직책 범위에 관한 규정, 각급 행정관청의 업무방법에 관한 규정을 제정하였다. 또 전국적인 국가행정체제가 당 초기에 이미 완비되었는데, 3성6부제와 같은 중앙중추조직뿐만 아니라 도(道), 주(州),

현(縣)에 이르는 세 단계의 지방행정조직이 갖추어졌다. 나아가 관리의 등급관리 제도가 확립되었고 과거시험으로 핵심관리를 선발하는 제도가 정착되었다.

통치의 효율성을 제고시키는 이러한 국가제도 이외에 정권을 안정적으로 유지하기 위해서는 피지배계층 특히 문인들 장악할 필요가 있었다. 이를 위해서 다양한 방법들이 사용되었는데, 대표적으로 무력진압과 사상통제를 들 수 있다. 무력진압에는 많은 경제적 손실과 정치적 위험이 따르는 반면에, 사상통제는 강제성을 최대한 은폐하면서 실질적이고 효율적으로 정권을 유지할 수 있어서 통치자들이 중시하였다.

천하를 장악한 당나라는 고도의 사상통치를 실시하였다. 유가·불가·도가 세 사상이 자유롭게 발전하도록 하여 표면적으로는 사상적 통제가 느슨한 것처럼 보였지만, 실제로는 유가가 국가 통치의 중심이념으로 자리 잡고 있었으며 불가와 도가는 보조적인 역할만 수행했을 뿐이었다. 유가 경전은 국가 제도와 정책 수립의 근거이자 국가적 교육의 지침이었으며, 유가의 윤리 덕목은 인간이 지켜야 할 기본 행위의 규범으로 사회 풍속의 근간을 이루었다.

또한 과거제는 당 제국이 인재를 선발하는 제도의 하나로서, 통치계급의 이념에 합당한 사고를 가지고 있으며 그 정책을 일관되고 순조롭게 수행할 수 있는 능력을 갖춘 사람을 선발하는 기능이 있었다. 특히 명경과와 진사과에서는 유가적 종법 질서 체제에 순응하고 유가적 규범을 유지할 수 있는 사람을 선발하였는데, 이러한 질서를 무시하거나 역행하는 사고를 가진 이들은 선발과정에서 걸러지거나 선발되더라도 도태되었다. 많은 문인들이 과거시험에 필사적으로 참여하였으며, 과거시험이 문인들의 개성이나 창의력을 억제하는 역할도 하였다. 즉 과거에 급제하기 위해서는 개인의 재능과 개성을 발휘하기보다는 국가 정책 수행의 담당자로서 자신을 희생할 것이 요구되었다.

또 권문세가나 과거감독관이 과거의 당락에 영향을 미쳤는데, 과거에 응시하고자 하는 이들은 사전에 자신의 재능을 인정받기 위해 그들을 찾아뵙고 자신의 문학작품이나 정치관을 피력한 문장을 전달하였다. 당시에는 이러한 행권(行卷)이나 온권(溫卷)과 같은 간알행위가 만연하였다. 간알의 목적은 기본적으로 자신의 재능을 과시하여 인정받는 것이지만, 간알 대상자의 주목을 끌기 위해서는 주로 그 사람의 덕망을 찬양하고 자신의 어려운 처지를 언급해야 했다. 이러한 과정에서 때로는 자존심을 격하시키는 굴종적인 모습을 보여 주기도 하였고, 권문세가들의 기호에 자신의 정치관이나 문학관을 맞추는 경향을 보여 주었다.

이러한 교육과정과 인재선발과정을 통해서 볼 때, 사회적으로는 여러 사상들을 폭넓게 인정하여 자유로운 개성을 발휘하도록 하였지만, 정치체제 내에서는 유가적 종법질서에 충실한 인물들을 양성하여 관료체제로 편입시켰음을 알 수 있다. 따라서 당대 문인들은 일상생활에서는 관심 있는 다양한 사상을 접하며 개성을 펼칠 수 있었지만, 관료집단에 편입할 경우에는 철저하게 유가에 입각한 사상체계를 따라야 했다. 이에 위반되는 경우에는 관료체제 내부로 들어가지도 못했으며, 설령 들어갔더라도 주변부를 맴돌다 떠나야 했다. 비록 당대에 다양한 재능을 가진 인재들을 중시하여 조정에 불러들이기는 하였지만, 그들이 재능을 발휘하면서 국가권력 질서를 침해한다고 판단될 경우에는 조정 내에 그들의 입지를 전혀 남겨 두지 않았다.

이상에서 본 것과 같이, 당 제국은 사회적으로 비록 다양한 사상을 포용적으로 수용하는 분위기를 형성하였지만, 정치체제를 공고히 하기 위해서 엄격한 사상적 통일을 이루었으며, 이를 기반으로 인재를 선발하고 관리하였다. 또한 정치권력집단 내부에서의 다양한 이해관계에 의해서 인사정책이 결정되었으며, 문인들은 재능을 발휘하기보다는 핵심 정치인들의 사상과 정치적 이해에 적응하고 동조하는 자세를 지녀야 했다. 당 제국의 이러한 중앙집권적인 국가체계는 '수목적' 체계라고 할 수 있다. 수목적 체계는 하나의 중심을 가지고 있으며, 이 중심에 의해서 체계 내의 모든 요소들이 일사불란하게 움직인다. 이러한 체계가 성립되기 위해서는 구성요소들이 모두 중심질서에 포섭되어야 하며 그 운영원리에 맞추어져야 한다. 들뢰즈와 가타리는 이러한 행동을 '공간에 홈을 파는 것'이라고 하였는데, 이는 공간에 홈을 팜으로써 그 흐름을 중심이 의도한 대로 일정하게 유지하도록 만든다는 뜻이다. 당 제국의 근본과업 중 하나는 자신이 통치하는 공간에 홈을 파서 중심 권력의 지배가 미치고 있는 모든 영역이 자신의 질서에 따라 움직이도록 만드는 것이며, 그 대표적인 수단으로는 법률과 교육을 들 수 있다. 법률을 통해 제도적으로 모든 사람들이 제국의 질서를 위반하지 못하게 하며 교육을 통해 사상적으로 그 질서의 정당성을 부여한다. 따라서 국가권력의 핵심에 접근하려고 하는 문인들의 사고는 이러한 질서에 부합되어야만 했다. 이렇게 체제의 질서에 부합하는 사상을 가지게 되는 것을 '코드화'라고 할 수 있다. 국가는 모든 구성요소들을 항상 코드화시켜야 한다. 혹 이러한 질서 체계에서 벗어나려고 하는 자들은 국가의 코드화를 벗어나려고 하는 '탈코드화'의 경향을 가지고 있는데 이들은 다시 '재코드화'라는 과정을 거쳐서 특정 영토에 편입되어야 한다. 그 한 가지 방법은 국가가 이들을 '재코드화'시켜 다시 국가 체제 내로 편입시키는 것이고, 다른 한 가지 방법은 다른 영역으로 탈주하여 그곳에서 '재코드화'하는 것이다. 예를 들면 진(晋)나라의 죽림칠현과 같은 인물들은 국가의 유가적 정치 체제인 '코드화'를 벗어나서 자연 속에서 자신들을 '재코드화'하였다고 할 수 있는데, 그 중 산도(山濤)와 같은 인물은 다시 국가 체제 내부로 편입되어 재코드화되었다.

2) 성당사회의 다양성과 역동성

성당사회는 사상적 다양성을 그 특징으로 한다. 외래사상들이 많이 전래되었지만 기본적으로는 유가, 도가, 불가 등 세 사상이 주류를 이루었으며, 당 왕조도 이 세 사상을 정책적으로 관리하였다.

한나라 때 "잡다한 사상을 물리치고 오직 유가만 존중한다"는 정책 아래 유가가 국가의 기본 사상이 되었지만, 당나라는 이러한 정책 대신에 유불도 세 사상을 모두 수용하는 정책을 채택했다. 역사서의 기록에 따르면, 고조부터 현종까지의 기간 동안 세 사상에 대한 편중이 달라지기는 했지만, 한 사상만을 존중하면서 다른 사상을 완전히 배척하는 현상은 나타나지 않았다.

예컨대, 현종은 도가를 숭상하였으며 재위 시에 도가는 전성기를 맞았다. 그는 친히 《도덕진경소(道德眞經疏)》를 지었으며 노자를 대성조고상대도금궐현원천황대제(大聖祖高上大道金闕玄元天皇大帝)에 봉했다. 현종이 도가를 숭상하기는 했지만 유가 역시 중요시하여 개원 10년(622)에 친히 《효경》에 주석을 달았고, 개원 27년(639)에는 공자를 문선왕(文宣王)에 추증하였다. 현종은 불교도 존중하여 개원 23년(635)에 《금강경》에 주석 작업을 하였으며, 천보 11년(752)에는 석가모니의 초상을 그려 놓고 절을 하면서 복을 기원하기도 하였다. 이와 같이 초당과 성당의 역대 왕들은 대체로 세 사상에 대해 관용적으로 수용하는 정책을 펼쳤으며, 이러한 정책은 사회 전체적으로 여러 사상이 번성하는 상황을 형성하게 하였다.

또한, 문화적인 면에서도 다양한 요소들이 어울리는 현상을 보였는데, 특히 음악에서 그 단면을 엿볼 수 있다. 궁중의 10부악 중 8부가 외래악으로 구성되었으며, 특히 현종은 변방 이민족의 악기인 갈고 연주에 능했다. 이는 한족의 문화가 타문화에 의해 흔들리지 않으리라는 자신감과 타문화를 수용하겠다는 포용성의 표현이었다. 당시 조정의 연회에는 사방의 온갖 민족의 사신들이 참여했을 것이며, 이들을 위해 외래악을 연주함으로써 자신들의 국력을 과시했을 것이다.

이러한 사상적 문화적 다양성과 포용성을 바탕으로 당나라의 문인들은 자신들의 재능을 발휘하고자 하는 의욕이 넘쳐났는데, 이를 뒷받침해 준 것이 바로 다양한 과거제와 일상화된 추천제와 같은 폭넓은 인재채용제도였다.

초당 시기 이래로 정치적 변화가 심했고 인재 선발 기준이 일정치 않았으며 과거제도가 완전히 자리 잡지 않은 등 여러 가지 이유로 인해 추천제도가 여전히 관리 선발의 중요한 통로로 작용하고 있었다. 또한 점차 추천의 명목도 많아져서 이전에 비해 관직에 진출하는 것이 훨씬 용이해졌다. 게다가 어진 이를 추천하는 것이 "지극히 공정한 방법[至公之道]"이라는 관념이 개원 연간에 널리 확산되어 청명한 정치를 헤아리는 척도가 되었다.

특히 현종 때는 〈우수한 재능과 비범한 행적을 가진 이를 선발함에 있어 통상의 관례에 제한을 받지 말라[令優才異行不限常例詔]〉는 조서에서 "재능이 뛰어나고 업적이 비범하며 품행이 두드러지는 자가 있으면 모두 이부에서 수시로 발탁할 것을 위임한다. 실질을 취할 것을 귀하게 여길 것이니 어찌 통상의 제도에 제한할 것인가? 비록 먼 지방에 있는 낮은 관리라도 명성과 행적이 조금 두드러지면 또한 반드시 가려 뽑겠다."라고 하여 인재 선발에 적극성과 탄력성을 부여하였으니, 당시 인재를 선발하는 분위기는 확연히 달라졌다고 할 수 있다.

이러한 분위기 속에서 조정과 재야에서는 모두 인재를 추천하려고 하고 또 추천받으려는 열기로 가득 찼다. 이러한 시대적 분위기는 문인들로 하여금 자신의 능력을 발휘할 수 있는 비전을 제시하였으며, 또 다른 시기에 비해 관직 진출 기회를 비교적 많이 제공하였다. 따라서 당시 문인들은 관직에 나아가 자신의 능력을 마음껏 발휘할 수 있으리라는 포부와 자신감을 가지고 있었다. 실제로 당시 어떤 한 분야에서라도 능력을 발휘한 이들은 모두 조정의 주목을 받거나 관직을 차지할 수 있었다. 특히 태종 때의 마주(馬周)나 현종 때의 사마승정(司馬承禎)과 같은 이는 도사로서 조정에 들어가 황제의 총애를 받았으며, 이백 역시 이들을 본받아 관직 진출에 성공한 경우다.

이전까지 권력의 뒤안길에 있던 많은 문인들은 성당의 역동적인 분위기 속에서 관직에 진출하여 공명을 얻겠다는 열망을 가지게 되었으며, 자신들의 현실에 대해 상당히 낙관적인 태도를 견지하면서 자신의 기상을 마음껏 펼치는 진취적이고 적극적인 사고를 가지게 되었다.

성당시기 다양한 사상과 문화의 유입과 문인들의 역동적인 활약은 하나의 사회적 분위기를 형성하였는데, 이러한 분위기 속에서 문인들은 각자의 문화생활을 향유하고 능동적이고 창조적인 활동을 할 수 있었다. 성당시기의 자유롭고 역동적인 분위기는 그들로 하여금 이전보다는 훨씬 더 힘차고 생성적인 창작 활동을 하도록 하였다. 이것이 이른바 '성당기상(盛唐氣象)'이다.

비록 당 제국이 수목적 정치체제를 형성하면서 사회 구성원들을 유가적 덕목으로 코드화시켰다고 하지만, 구체적이고 미시적인 일상생활에서는 역동성과 유연성을 가진 다양한 흐름을 만들어 내고 있었으며, 이것이 성당 사회의 문화적 사상적 풍부함을 생성해 내었다. 그 대표적인 예가 성당시기의 탁월한 문학적 성과라고 할 수 있다. 즉 수목적 정치체제 내부에 이미 다양한 문화 현상들이 존재하면서 동심원적 지배체제를 이탈하려는 미시적 활동들이 존재하였다. 이러한 현상에 대해 들뢰즈와 가타리는 '경직된 몰적 선분성의 선'과 '유연한 분자적 선분성의 선'이라는 개념으로 설명하였다. 통계적 평균에 의해 표시되는 분자들의 거대한 집합을 "몰(mole)"이라고 하는데, 이는 일종의 사회적 규범이나 관습, 통념과 상식의 형태로 습득된 경직된 상태를 말한다. 이는 주로 국가 장치에 의해 구성원들에게 강제되는 것으로, 이 구성원들은 평균에서 벗어난 '편차'만을 가질 뿐, 항상 평균적 규범에 포섭되어 있다. 따라서 몰적 선분성의 선에서는 개개의 분자들에게 동일하게 움직일 것을 요구한다.

이에 반해 유연한 분자적 선분성의 선은 평균적으로는 포착되지 않는 미세한 운동으로서, 몰 단위로 동일하게 서술되는 경직된 선을 벗어나 유연하게 움직이며, 서로 인접한 분자끼리 영향을 주고받으며 몰적인 동질성을 벗어나는 유연한 흐름을 형성한다. 국가 장치는 이러한 자유로운 흐름을 가진 분자적 흐름을 절단하고 제한하며 그것에 몰적인 통일성을 부여하게 된다. 따라서 역동적인 성당의 문화적 분위기에 흠뻑 젖은 당대의 문인들은 모두 유연한 분자적 선분의 궤적을 따라가며 자신만의 개성을 살린 독창적인 문학작품을 생성하였지만, 이들이 국가 체제 내부로 편입하고자 할 때에는 이러한 분자적 선분을 절단하고 몰적인 선에 동조하여 코드화됨으로써만 가능하였다.

여기서 한 가지 더 언급해야 할 것은 제3의 선의 존재다. 이는 탈주선인데, 분자적 선이 그 편차를 더욱 크게 하면서 삶의 관성이나 타성을 완전히 벗어나면서 생성되는 새로운 선이다. 국가 체제를 완전히 부정하고 그 틀을 벗어나 자신만의 새로운 관계를 형성하는 것으로, 고대의 은자나 도사들이 이에 속한다고 할 수 있다. 성당시기에는 이러한 세 가지 선이 각기 역대 어느 시기보다도 높은 강도를 가지고 공존하면서 당시 사회구성원들의 사고방식과 행동양식에 영향을 미쳤다.

2. 사상 문화적 배경

성당의 포용적이고 역동적인 사회적 분위기 속에서 성장한 이백은 다양한 사상을 접하면서 유연한 사고를 펼칠 수 있는 토대를 가지고 있었다. 게다가 그는 어려서부터 촉 지역에서 자라고 강남 지역을 유람하는 등 다양한 지역문화를 섭렵함으로써, 장안을 중심으로 한 중원문화의 영향으로부터 자유로운 경험을 축적할 수 있었다. 뿐만 아니라 오랜 기간 변방에서 생활한 가계 전통으로 인해 변방 이민족의 문화와도 친연성을 유지한 경향이 있었다. 이러한 배경 하에서 이백은 당시 여타 문인들과는 상이한 자신만의 독특한 사상적 문화적 융합을 이루었다.

1) 다양한 사상의 융합

다양한 사상이 공존하며 번영한 성당시기에 이백은 특정 사상에 편중되지 않고 여러 사상을 섭렵하였으며, 각 사상의 일면을 적절하게 절취하고 융합시켜 자신만의 독특한 사상을 형성하였다. 우선 그의 시문을 살펴보면 어려서부터 다양한 사상을 섭렵하였음을 알 수 있다.

> 〈배 안주장사께 올리는 글[上安州裴長史書]〉
>
> 다섯 살 때 육갑을 외웠고 열 살 때 백가를 보았으며, 헌원 이래의 일에 대해서는 자못 얻어 들은 바가 있습니다. 항상 경전을 옆구리에 끼고 다니며 저술에 게을리 하지 않았는데, 지금에 이르기까지 30년이었습니다.[五歲誦六甲, 十歲觀百家. 軒轅以來, 頗得聞矣. 常橫經籍書, 制作不倦, 迄於今三十春矣.]

〈흥취를 느끼다 8수[感興 八首]〉 중 제5수

십오 세 때 신선과 노닐었다.[十五游神仙]

〈한조종 형주장사께 드리는 글[與韓荊州書]〉

저는 농서의 평민으로서 초한 지역을 떠돌아다녔는데, 십오 세 때에 검술을 좋아하였으며 두루 제후에게 간알하였고, 서른 살에 문장을 이루어 공경과 재상들을 찾아뵈었습니다.[白隴西布衣, 流落楚漢. 十五好劍術, 遍干諸侯, 三十成文章, 歷抵卿相.]

〈장호 재상께 드리다 2수[贈張相鎬 二首]〉 중 제2수

저는 십오 세 때에 기이한 책을 읽었고 부를 지으면 사마상여를 능가하였습니다.[十五觀奇書, 作賦凌相如.]

그가 다섯 살 때 육갑을 외웠다는 것은 다른 이들보다 총명했다는 뜻이며, 백가를 배웠다는 것은 유가만을 중시하지 않고 다양한 사상을 두루 공부했다는 것을 의미한다. 특히 "헌원 이래의 일"이라는 것은 황제(黃帝)와 관련된 황로(黃老)사상을 가리킨다. 또 십오 세 때부터 신선술을 배우고 검술을 익힌 것 역시 일반 문인들이 어렸을 때 배우는 학문과는 거리가 있다. 그가 읽었다는 "기이한 책" 역시 정통 유가나 도가의 서적은 아니었다. 그가 젊어서부터 영향을 받은 사상들로는 유가와 도가 이외에도 불가, 유협, 종횡가, 법가, 묵가, 음양가 등을 들 수 있다.

유가는 봉건사회의 핵심적인 사상으로서 문인들로 하여금 관직에 나아가 국가와 백성을 위해 헌신할 것을 최우선의 사명으로 삼도록 하였다. 유가의 처세철학은 "도를 근심하지 가난함을 근심하지는 않는다[憂道不憂貧]"와 "관직에 나아가면 아울러 천하를 구제하고, 관직에

나아가지 못하면 홀로 자신의 몸을 수양한다.[達則兼濟天下, 窮則獨善其身.]"와 같이 일신의 안락과 영달보다는 천하를 구제하여 백성의 안위를 도모하는 것을 지상최대의 과제로 삼는다. 이를 위해 문인들은 평소에는 자신의 몸과 마음을 수양하다가 기회가 되면 적극적으로 세상으로 나아가 자신의 재능을 펼친다. 이백은 이러한 유가 사상의 적극적인 처세정신을 이어받아, 임금을 보좌하여 천하를 경영하고자 하면서 관중(管仲)이나 제갈량(諸葛良) 등을 정치적 모델로 삼았다. 그러나 경전에만 얽매인 채 현실을 도외시하는 유가적 병폐에 대해서는 비판적인 태도를 견지하였다. 예컨대 〈고풍 59수(古風 五十九首)〉 중 제30수에서 "위대한 유생들은 쇠방망이를 휘두르며 《시경》과 《예경》 사이에서 구슬을 캐네.[大儒揮金槌, 琢之詩禮間.]"라고 하면서 유가 경전을 수단으로 향락과 부귀를 추구하는 유생들을 비판하였으며, 〈노 땅의 유생을 조롱하다[嘲魯儒]〉에서는 "노 땅의 노인이 오경을 말하는데 백발이 되도록 장구에만 죽어라 얽매여, 세상을 경영하고 백성을 구제할 책략을 물으면 모호한 것이 안개 속에 떨어진 것 같네. (……) 현실의 일을 이해하지 못한다면 문수 가로 돌아가 밭이나 갈아야지.[魯叟談五經, 白髮死章句. 問以經濟策, 茫如墜煙霧. (……) 時事且未達, 歸耕汶水濱.]"라고 하면서 현실을 외면하고 책만 파고 있는 유생들의 구태에 대해서 비판하였다. 또한 "국가를 안정시키고 백성을 구제한다.[安社稷, 濟蒼生.]"라는 사명을 자신의 소임으로 인식하기는 하였지만 그 실행에 있어서는 당시 통상적인 문인들처럼 과거를 통해 관직에 올라 재능을 펼치는 방법을 채택하지 않았다. 이들과는 달리 전국시대의 종횡가나 협객들처럼 단도직입적으로 군자의 인정을 받아 패왕의 전략을 펼치겠다는 생각을 가지고 있었으며, 때로는 전통 종법 체계를 부정하고 군왕을 대등한 위치에서 대하려는 태도를 보여 주기도 하였다.

중국 역대 시인 중 도교의 영향을 가장 많이 받았다고 할 만큼 이백에게 도교가 미친 영향은 지대하다. 그가 어릴 적에 머물렀던 촉 지방은 도교적 색채가 농후하여 예로부터 도사들이 머물렀다고 전해지는 명소가 많다. 따라서 그는 이러한 도교적인 분위기 속에서 저절로 그 영향을 받았고, 성장함에 따라 도교에 대한 관심과 열정도 점차 증가하였다. 특히 25세쯤 되었을 때 사마승정과 만나서 그의 칭찬을 듣게 되었다. 사마승정은 일찍이 현종에게 도록을 전해 줄 만큼 도사로서의 명성이 있었는데, 그를 만나 재능을 인정받은 것은 이백에게 도교에 대한 보다 굳건한 확신을 주었으리라 짐작된다. 그래서 여러 명산과 도관을 돌아다니면서 원단구(元丹丘)를 비롯한 여러 도사와 교유하였고, 연단술과 신선술을 적극적으로 연마하였다. 한림공봉을 그만둔 뒤에는 정식으로 도록을 받기도 하였으며, 그의 가족들도 모두 도교에 심취하여 늘그막에는 가족들이 모두 원단구의 거처로 옮겨 도교 수련을 하려는 생각도 하였다. 그러나 때로는 도교에 대해 부정적인 태도를 취하기도 하였는데, 현종이 지나치게 신선술을 추구하며 민생을 도외시하는 경향을 비판하기도 하였으며, 신선술과 연단술의 성과가 없었을 때는 실망하고 좌절하면서 이를 부정하기도 하였다.

이백은 도가 사상의 영향을 받아서 독립적인 자아를 추구하고 자연 속에 은일하고자 하였다. 특히 장자의 영향을 많이 받아서 절대자유를 추구하면서 외물에 얽매이지 않는 성격을 가지게 되었다. 그래서 비록 유가 사상의 영향으로 현실세계에 적극적으로 뛰어들어 공적을 세우려 하면서도, 다른 한편으로는 도가 사상의 영향으로 세속의 부귀영화와 공명을 버리고 은거하고자 하였다. 때로는 공명을 추구하는 과정에서 이러한 고아한 풍취를 이용하기도 하였는데, 이른바 종남첩경의 한 방도로서 은자의 풍모를 이용하기도 하였다. 예를 들어 안륙(安陸) 시기의 은일 활동이나 동로시기 죽계육일(竹溪六逸)의 모임은 대체로 은자의 명망을 쌓아 관직에 나아가기 위한 것이었다.

불교는 위진시대 이래로 계속 번성하였는데, 비록 성당시기에는 국교의 지위에 오르지는 못했지만 그 영향력은 지대했다. 많은 종파가 형성되었고 승려의 수는 이루 헤아릴 수가 없었으며, 불경 역시 많이 번역되어 보급되었고 사찰은 각 지방마다 세워졌다. 불교 교리는 일반 백성들에게 상당히 보편화되었으며 문인들 중에서 불교에 우호적인 태도를 취하여 승려와 교유한 자들이 자못 많았다. 이백 역시 이러한 사회적 분위기에 영향을 받아 젊었을 때부터 승려와 교유하였으며 불교 교리를 접하였다. 그는 세속을 떠나 물욕을 버리고 경치 좋은 곳에서 참선을 하며 정신을 수양하는 불교의 분위기를 매우 흠모하였다. 정치적 좌절로 인해 근심이 많을 때에는 불교에 기탁하여 속세를 벗어나려고 하는 경향이 더욱 강했다. 이러한 영향으로 자신을 '청련거사(青蓮居士)'라고 하였고 때로는 '금속여래(金粟如來)'라고 칭하기도 하였다. 불교의 탈속적인 사상은 도가의 은일 사상과 겹치는 부분이 많기 때문에 이 역시 이백의 사상을 구성하는 한 요소가 되었다. 그의 시문에 나오는 불교의 내용은 주로 세 가지로 요약할 수 있는데, 소유의 헛됨을 밝히는 공(空)의 관념에 대한 찬양, 조용히 마음을 다스리는 참선에 대한 희구, 세속의 번뇌로부터의 탈출 등이었다.

유협사상은 당대에 무를 숭상하는 분위기와 관련이 있는데, 이백 역시 협객을 흠모하였으며 정치적 이상을 실현함에 있어서 협객의 방식을 적극적으로 채용하였다. 유협의 가장 큰 특징으로는 재물을 경시하고 의리를 중시하며, 약자에게 선한 일을 베풀고 호방한 기상을 보여 주는 것을 들 수 있다. 그래서 그는 백성을 구제하고 공업을 세우는 데 있어서 유가적인 사명감보다는 개인적인 의협심을 보다 중시하였으며, 봉건적 위계질서를 뛰어넘는 자유로운 모습을 보여 주었다. 그러나 이러한 개인적 영웅주의에 입각한 태도는 종종 당 제국의 중앙집권적 통치 구조와 마찰을 일으켰다.

이백은 20세 전후로 대광산(大匡山)에 은거하면서 조유(趙蕤)에게서 종횡가를 배웠다. 전국시대 소진(蘇秦)과 장의(張儀)가 육국에 유세하는 것에서 비롯한 종횡가는 단지 개인적 공리만을 추구하며 권력자에 대한 유세를 중심으로 책략을 생산할 따름이었다. 유세 과정에서는 개인의 언변과 재능이 중시되었으며, 유세의 내용은 패왕의 정치를 이룩하는 것이었다. 그러나 그 본질은 개인의 공명과 부귀를 꾀하는 것이어서, 유가처럼 대의를 위해 개인을 희생하는 것이 아니라 개인적 공명을 추구하는 것에 더욱 초점을 맞추고 있다. 이백은 조유로부터 종횡가를 배우면서, 군왕에게 패왕의 책략을 직접적으로 유세하여 자신의 정치적 공명을 이루려는 생각을 가지게 되었으며, 조유가 지은 《장단경(長短經)》에 언급된 많은 역사적 인물들을 흠모하고 그들을 본받으려 하였다.

이상에서 보듯이 이백은 다양한 사상을 접하면서 각 사상의 일단을 수용하였다. 이에 대해 공자진(龔自珍, 1792~1841)은 "장자의 사상과 굴원의 사상은 그 실질이 상이한 것이어서 함께 아우를 수가 없는 것인데, 그것을 함께 아울러서 마음으로 삼은 것이 이백으로부터 시작되었고, 유가, 도가, 협가 역시 그 실질이 모두 상이한 것이어서 합쳐질 수가 없는 것인데, 그것을 모두 합쳐서 기풍으로 삼은 것이 또한 이백으로부터 시작되었다."라고 하였는데, 서로 아울러질 수 없는 장자의 사상과 굴원의 사상, 그리고 유가와 도가와 협가의 사상들이 이백에게 있어서 하나로 융합되어 있음을 알 수 있다.

공자진이 언급한 내용에서 이백의 마음을 구성하는 장자의 사상과 굴원의 사상은 그 사상 전체를 언급하는 것이 아니라 일부만을 가리킨다. 즉 장자의 사상 중에서는 현실을 초월하는 인간으로서 절대 자유를 추구하며 각종 이해관계나 인의예악과 같은 외부적 속박을 벗어나려는 태도를 이백이 가졌음을 말한다. 그리고 굴원의 사상 중에서는 굳건한 신념의 소유자로서 자신의 이상을 추구하기 위해 지난하게 노력하였으며, 실패에도 불구하고 끝까지 고통 속에서도 자기 자신을 기꺼이 희생하면서 추구할 수 있는 의지를 이백이 가졌음을 말한다. 이러한 두 가지 면은 쉽게 융합할 수 없는 것이지만, 이백에게는 이러한 두 가지 면이 동시에 나타난다. 또 그가 기풍으로 삼은 유가, 도가, 협가에 대해서도 마찬가지다. 그는 어느 한 사상에 전도되기보다는 여러 사상을 접하면서 자신의 가치관에 적합한 것들만을 취하고 나머지는 버렸다. 유가의 영향을 받아서 적극적으로 현실정치에 개입하지만 그것은 국가나 황제를 위한 것이 아니라 자신의 존재를 과시하기 위한 수단으로 여겼으며, 유가의 종법적 위계질서에 대해서는 철저하게 부정하였다. 도가에 있어서도 자유정신은 수용하면서도 소극적인 은둔사상은 부정하였다. 협가에서는 개인적 영웅 의식을 적극적으로 수용하면서도 다른 사람들과의 교유도 중시하였기 때문에 사회적 관계망을 벗어나려는 경향은 거부하였다. 그리고 각 사상에서 취한 일면들의 합집합으로서 이백의 사상을 설명할 수 있는 것은 아니며, 그 일면들이 화학작용을 일으켜 새로운 화합물을 생성한 것이 이백 고유의 사상, 그의 특개성이라고 할 수 있다. 이것이 바로 이백의 리좀적 사상체계이다. 이는 다음 항에서 설명하는 다양한 지역 문화의 섭렵과 맞물리면서 더욱 풍부하고 복잡하고 다원적인 체계를 형성하게 된다.

2) 지역 문화의 섭렵

중국은 예로부터 넓은 영토와 각 지역의 지리적 경제적 차이로 인해 다양한 지역 문화가 발전하였다. 춘추전국시대의 지역문화는 제후국의 정치적 영향권에 의해 구분할 수 있는데, 주나라 왕실을 중심으로 하는 하락문화(河洛文化), 산동성 일대의 제나라와 노나라를 중심으로

하는 제로문화(齊魯文化), 북동 지역의 연나라와 조나라를 중심으로 하는 연조문화(燕趙文化), 진(秦)나라를 중심으로 하는 진롱문화(秦隴文化), 삼진(三晉)을 중심으로 하는 진문화(晉文化), 초나라를 중심으로 하는 형초문화(荊楚文化), 촉나라를 중심으로 하는 파촉문화(巴蜀文化), 강남의 오나라와 월나라를 중심으로 하는 오월문화(吳越文化) 등이 있었다. 진나라와 한나라의 통일 이후에도 각 지역문화는 여전히 개성을 유지하였는데, 위진남북조 시대를 거치면서 크게 남북으로 양분되었다. 북방의 지역문화가 융합되면서 장안과 낙양을 중심으로 중원문화를 형성하였고, 남방의 지역문화가 합쳐져서 초문화(楚文化)를 형성하였는데 주로 금릉(지금의 난징시)을 중심으로 한 강좌문화(江左文化)가 우세를 보였다. 수나라와 당나라 때도 이러한 형세를 대체로 유지하고 있었으며 성당시기에는 남북의 여러 문화뿐만 아니라 변방 이민족 문화나 외국의 문화까지 유입되어 서로 교류하고 융합하는 새로운 국면을 창출하였다. 이러한 상황에서 이백은 중국 각 지역을 유람하면서 다양한 지역문화를 접하였다.

이백은 젊은 시절 촉 지방에 머물면서 그 지역 사람들이 가진 독립의식과 반항정신의 영향을 받았으며, 환상과 기이함을 추구하는 무축문화(巫祝文化)의 기질과 촉 지방 출신 문인들의 넓고 큰 기개를 접하였다. 촉나라는 상당히 오래전부터 국가의 형태를 유지하면서 많은 전설과 신화를 가지고 있었는데, 파촉문화는 이러한 신화성과 원시성으로 인한 기이한 색채를 그 특징으로 한다. 특히 동한 말년 도교가 만들어졌는데 이는 바로 무축이 성행했던 촉 지방의 영향을 받은 것이었다. 이백 역시 이러한 파촉문화의 영향을 많이 받았다. 그는 때때로 대천산(戴天山)의 도사를 방문하기도 하였으며, 촉 땅에 살았다고 전해지는 갈유(葛由)나 육통(陸通) 등의 신선들을 흠모하여 이들을 추종하고자 하였다.

파촉 지역은 중국의 서쪽 변방에 위치하고 지리적으로 접근하기 어려워서 중원과 거리를 유지하였는데, 이로 인해 독립적이고 반항적인 의식이 매우 강하였으며 게다가 민간의 풍속이 강하고 거칠어서 역사상 여러 차례 지방할거 세력이 독립된 정권을 형성하였다. 이러한 환경 하에서는 검술과 같은 무력으로써 자신을 보위해야 한다는 관념이 자연스럽게 생겨났으며 이백도 검술을 수련하며 협객의 의기를 다져 나갔다.

그리고 촉 지역에는 뛰어난 문인들이 많이 배출되었다. 대표적으로 사마상여(司馬相如), 왕포(王褒), 양웅(揚雄)은 모두 한나라 때 사와 부를 지은 작가들로서 그들의 작품은 과장과 나열, 화려함과 웅장함을 특징으로 하는데, 이백은 특히 사마상여와 양웅을 흠모하여 이들의 영향을 받았다.

이백이 일찍이 사마상여의 부(賦)를 읽으며 큰 기상을 가지게 된 것은 매우 중요한 점이다. 사마상여는 "부를 짓는 작가의 마음은 우주를 포괄하고 사람과 만물을 총괄해서 봐야 하는데, 이는 마음속에서 얻어지는 것이지 전할 수 있는 것이 아니다."라고 하였다. 이는 부를 지을 때 우주를 아우르는 큰 시야를 가져야 하며, 이러한 시야는 자신의 체험을 통해 심득해야 함을 말한 것이다.

이백 역시 부에 대해서 동일한 관점을 가지고 있었는데, 〈대렵부(大獵賦)〉에서 "제가 알기에 부라는 것은 옛 시의 한 부류인데, 그 표현은 웅장함과 화려함을 추구하고 그 뜻은 넓고 먼 것으로 귀결된다고 합니다. 그렇지 않고서 어찌 아름다운 것을 찬미함으로써 하늘과 신령을 감동시키겠습니까?[白以爲賦者, 古詩之流, 辭欲壯麗, 義歸博遠. 不然, 何以光贊盛美, 感天動神.]"라고 하였다. 그리고 어릴 적 사마상여의 〈자허부(子虛賦)〉를 읽고는 깊은 인상을 받아 직접 운몽택을 찾아가서 그 기상을 체득하였다. 그에게 있어서 사마상여의 부는 큰 기상을 기를 수 있는 계기가 되었다. 또 그 결과 사마상여의 부와 같은 작품을 지을 수 있었으며, 부를 통해 자신의 큰 기상을 타인들에게 과시할 수 있었다. 이처럼 그는 젊어서 부를 많이 지었으며 간알할 때도 부를 많이 보여주었는데, 익주장사 소정(蘇頲), 좌사낭중 최종지(崔宗之), 현종 등이 그의 부를 읽고 칭찬하였다.

또한 이백은 촉 지역 출신인 진자앙(陳子昂, 661~702)의 복고적인 시풍에 영향을 받았다. 이백은 공자의 《시경》 정신을 이어받아 제량시대의 화려하고 수식적인 문풍을 배격하고 다시 인간의 참된 뜻을 소박하게 전달하려는 생각을 가지고 있었는데, 이는 진자앙의 영향을 많이 받은 것이었다. 이러한 경향은 강남지역의 민가의 영향을 받으면서 더욱 증폭되었다. 장강 중하류 지역은 민가인 서곡(西曲)과 오가(吳歌)의 발원지이기도 한데, 그는 이곳의 평민들과 어울려 다니면서 자연스럽고 맑은 기풍을 가진 남조의 민가를 두루 접하였다. 이러한 과정에서 더욱더 자연과 친밀해져 화려한 형식보다는 소박한 실질을 숭상하게 되었으며, 자신의 느낌을 솔직하게 표현하고자 하는 태도를 가지게 되었다.

강한지역의 형초문화 역시 그의 사상과 시가에 많은 영향을 주었다. 그는 25세 때 촉 땅을 나선 이후 강한 지역에서 십여 년을 머물렀는데, 이 기간이 그의 사상과 시가에 있어 중요한 발전기였다. 굴원과 송옥으로 대표되는 《초사》의 영향을 받으면서 그는 풍부한 상상력과 자유분방한 기풍을 기를 수 있었다.

금릉과 양주를 중심으로 하는 강좌문화도 그에게 많은 영향을 주었다. 금릉과 양주가 남조시기 오랫동안 중심적인 도시로 자리매김하는 동안 강좌문화는 도연명, 사령운, 포조, 사조, 하손, 음갱 등의 우수한 시인들을 배출하였는데, 이백은 이들의 작품을 읽고 흠모하여 자연 속에서 노닐면서 은일을 추구하고자 하는 생각을 가지게 되었다.

이백은 남방뿐만 아니라 북방의 여러 지역을 돌아다니기도 했는데, 동로에서 오랫동안 머물렀으며 장안과 낙양에서 거주하였고 지금의 북경 부근인 유주지역을 유람했다. 이러한 과정을 통해 북방의 제로문화, 연조문화, 중원문화, 삼진문화, 관롱문화 등을 접하였는데, 이러한 경험을 통해 그의 사상은 더욱 다양한 요소들로 충만하게 되었다.

변방 이민족 문화에 대한 접근성이 높았던 것도 그의 문화 경험의 한 특징이라고 할 수 있다. 혈통문제는 차치하고라도 그의 선조가 오랫동안 서역에서 생활하였다는 것만으로도 그가 이민족 문화에 쉽게 노출되어 반감을 가지지 않았으리라고 짐작할 수 있다. 그의 시문에 등장하는 "호희(胡姬)"나 "파라(叵羅)"와 같은 서역 관련 단어들과, 서역 놀이패의 공연 내용을 자세히 묘사한 〈구름 위로 오르는 즐거움[上雲樂]〉과 같은 작품도 서역 문화에 익숙한 흔적이라고 할 수 있다. 뿐만 아니라 남쪽 이민족의 방식으로 친구의 장례를 치렀다는 언급이나 북서 변방 민족으로 보내는 편지를 썼다는 언급을 통해서도 그가 변방 이민족의 문화에 익숙했으리라고 짐작할 수 있다.

이상에서 볼 때 이백은 다양한 지역문화를 접하면서 그 일단들을 고루 수용하였음을 알 수 있다. 당대 여타 문인들 역시 다양한 문화를 접하였지만 대부분 중원지역의 중화민족 중심의 유가적 전통 문화의 영향을 크게 받았다. 그러나 그는 당 제국의 중심과 거리를 유지한 지역적 문화 특성을 상대적으로 적극적으로 수용함으로써 중원문화와는 이질적인 문화적 소양을 획득하였고, 이로 인해 보다 자유롭고 개방적인 태도를 유지할 수 있었다.

이처럼 다양한 사상과 문화를 접하면서 그 일단을 수용하여 융합함으로써 형성된 이백의 사상 체계는 리좀적 성격을 가지고 있다고 할 수 있다. 리좀적 사상 체계는 다양한 사상의 흐름으로부터 적절하게 절단하고 연결접속하면서 새로운 특질을 형성하는 것을 말한다. 즉 리좀적 사상 체계는 하나의 특정 사상에 완전히 경도되거나 지배되지 않고, 구체적인 상황에 따라 자신에게 유리하고 적절하다고 판단되는 것을 자유자재로 절취하고 연결하여 새롭게 구성한다. 이러한 특징으로 인해 이백의 사상은 시기나 처지를 달리하면서 상대적으로 돌출되는 내용이 달라지기도 한다. 그래서 때로는 모순된 모습을 보이기도 하지만, 개개 사안에 있어서 유연하고 자유롭게 사고하였기 때문에 이백 개인으로서는 그 모순을 느끼지 못했다. 이러한 리좀적 사고체계는 그 자체로 "매끄러운 공간"을 형성하기 때문에 사고의 전개나 확장에 있어서 어떠한 걸림돌도 존재하지 않는다. "매끄러운 공간"은 "홈 패인 공간"과는 대조적인 개념으로 사상의 연결접속이 자유로우며 이로 인해 창조적 생성이 이루어지는 공간이다. 이는 홈을 파서 흐름을 일정하게 하려고 하는 수목적 체계와는 근본적으로 성격이 다른 것이며, 수목적 체계의 동심원을 벗어난 탈주선을 그리게 된다.

3. 이백의 가치관과 자아추구의 특징

1) 자기중심적 가치관

이백은 외물에 휘둘리거나 속박을 받지 않고 자신의 의지대로 행동하는 것을 중요시했다. "나는 외물에 얽매이지 않으며 때에 맞추어 순순히 변해 나갈 것이니, 관직에 나가면 왕후들과 동등하게 사귀고 산림에 은거하면 소보와 허유를 아래로 본다.[吾不凝滯於物, 與時推移, 出則以平交王侯, 遁則以俯視巢許.]"라고 하여, 외물에 얽매이지 않을 것과 때에 맞춰 살아갈 것을 강조하였다. 그는 한편으로는 사회적으로 자신에게 강제하는 관습이나 규약을 거부하고 자신의 의지대로 살아가고자 하는 지향을 드러내었으며, 다른 한편으로는 자신의 의지대로 살아가는 것이 또한 자연의 순리에 맞는 것임을 주장하였다. 따라서 관직에 나아가거나 은거함에 있어서 그 시기나 방식 역시 순리에 따라 자신이 시의적절하게 선택할 뿐, 외부의 간섭을 받지 않았다. 이러한 태도는 자신의 행위를 결정할 때 자연의 운행을 따르는 것처럼 보이지만, 실제로는 자연과 세상의 질서와 운행의 중심에 자신을 두는 것이었다. 그리고 때로는 더 나아가 자신의 의지와 자연의 질서를 일치시키는 모습도 보인다. 예를 들면, "서쪽으로 태백봉에 오르는데 석양 무렵에 다 올랐네. 태백성이 내게 말하기를 나를 위해 하늘 관문을 열어 준다네.[西上太白峰, 夕陽窮登攀. 太白與我語, 爲我開天關.]"라고 한 것에서는 태백성과 같은 자연물이 이백을 위해 봉사하는 듯한 인상을 준다. 또 "하늘을 얼굴로 하고 도를 그 용모로 한다.[天爲容, 道爲貌.]"에서는 자신의 얼굴과 겉모습을 하늘과 자연의 도로 표현하여, 자연을 자신의 모습으로 삼는 것을 볼 수 있다. 나아가 "나는 장차 천지를 주머니에 넣어서 호탕하게 자연의 원기와 동등하게 되리라.[吾將囊括大塊, 浩然與溟涬同科.]"라고 하여, 천지라는 것은 자신의 주머니에 담겨서 편의대로 가지고 다닐 수 있는 것에 불과한 것이고, 자신의 호연지기는 자연의 원기와 동등한 것임을 표현하였다. 이처럼 그는 자신과 자연을 동등한 위치에 놓을 뿐만 아니라 그 자연 질서의 중심에 자신을 위치시켰다.

스티븐 오웬은 이백의 시에 나타난 자기중심적인 특징을 다음과 같이 평하였다. 그의 시는 자아 이미지를 형성하고 투사하는 데 많이 노력하였는데, 다른 성당시기 시인들의 자아 투영과는 달리 자기중심적이다. 자아를 투영함에 있어서 탁월함을 보였던 시인으로는 왕유(王維)나 왕창령(王昌齡)을 들 수 있는데, 왕유는 세상을 인지하는 방법에 관심을 두었고 왕창령은 자신을 둘러싼 분위기를 표현하는 데 중점을 두었다. 이들이 외물에 대한 관찰과 묘사에 중점을 두면서 자아 이미지를 표현했던 것에 반해, 이백은 단지 자기가 어떤 인물이며 자기가 무엇을 말하고 무엇을 하는지에 대해서만 관심이 있을 뿐이었다. 외물은 단지 자신과 연관이 있을 경우에만 그의 주목을 끌 뿐이고, 그의 자아는 다른 사람과 구분되는 자신의 행동과 동작에 의해 규정될 뿐이다. 스티븐 오웬의 이러한 평가는 이백이 당시 문인들과 비교해서도 유달리 자기중심적인 개성을 가지고 있었음을 설명한다.

이렇게 그가 자기중심적인 가치관을 가지게 된 데는 여러 가지 이유가 있겠지만 우선적으로는 외물에 구속되지 않는 자유정신을 강조한 장자 사상의 영향을 들 수 있다. 이백의 시에 《장자》의 내용을 인용한 것이 많으며, 그중에서도 특히 대붕(大鵬)이 그의 자유정신을 대표적으로 나타낸다고 할 수 있다. 또 그는 협객을 좋아하고 유협사상을 신봉하였는데, 협객이 사회망 속에서 활동하기보다는 홀로 행동하며 영웅주의를 표방한다는 점에서 유협사상은 자기중심적 가치관과 연결된다고 할 수 있다. 그 이외에도 이백이 존중하며 본받고자 한 인물들을 살펴보면 대부분 독립적인 인격과 자유정신을 가지고서 자신의 존엄성을 유지하는 것을 중시하였다는 공통점이 있다. 노중련(魯仲連), 범려(范蠡), 장양(張良)과 같은 이들은 나라를 위해 공적을 이루었지만 높은 지위를 욕심내지 않고 은거하였는데, 부귀공명을 가볍게 여기고 자신의 뜻대로 거취를 결정하였다. 사안(謝安)은 이들과는 반대로 유유자적하는 은일을 하다가 다시 세상으로 나와 큰 공적을 세운 사람이었지만 비슷한 인생관을 가지고 있었다고 할 수 있다. 그리고 부열(傅說), 이윤(伊尹), 강태공(姜太公), 관중, 제갈량 등은 자신이 인정받을 날이 오기를 기다리면서 오랜 기간 동안의 은거나 칩거 생활을 달갑게 여긴 사람들로서 자신에 대한 확고한 믿음을 가진 자들이었다. 또 도연명

(陶淵明)은 안정적인 생활을 위해 타인에게 허리를 굽히는 것이 싫어서 관직을 그만두고 은일생활을 하였는데, 이 역시 사회적 규범에 구속되지 않고 자신의 뜻대로 인생을 계획하고 실행에 옮긴 예라고 할 수 있다. 이러한 역사적 인물들을 평소에 흠모한 이백이 자기중심적 가치관을 가진 것은 아주 자연스러운 일이라고 할 수 있다.

자기중심적 가치관을 가졌기 때문에 그는 정세를 판단할 때 객관적 상황을 고려하여 합리적인 결정을 내리기보다는 자신을 중심에 두고 주관적 기준에 의해 결정하는 경우가 많았다. 특히 정치적 판단과 관련하여 이러한 경우를 쉽게 찾아볼 수 있다. 예를 들면 개원 연간에서 천보연간으로 넘어가면서 이미 조정은 부조리와 환락으로 부패하기 시작하였는데, 왕유 같은 이는 이러한 기미를 알아차리고 관직을 그만두고 불교에 귀의하였지만 이백은 한림공봉에 제수 받아 관직에 나아갔다. 또한 영왕(永王) 이린(李璘)의 막부로 들어오기를 권유 받았을 때도 고적(高適)은 그가 반드시 망할 것이라는 판단 하에 거절하였지만, 이백은 전혀 그러한 상황을 판단하지 못한 채 이린의 군대에 참여하였다. 그래서 이린의 군대에서 그를 찬양하는 시를 지으며 마지막까지 그와 함께 도주하다가 결국 잡혀서 옥에 갇히고 야랑으로 유배갔었다. 이러한 두 가지 사실을 통해 우리는 이백이 공명을 이루겠다는 의지가 너무 앞선 나머지, 눈앞에 닥친 현상만을 중시하고 전반적인 정세를 제대로 판단하지 못한 실수를 범하였음을 알 수 있다.

또 이백은 평소 존경하고 흠모하던 인물들에 대해서도 특정 상황에서는 그들을 폄하하는 태도를 취하기도 하였는데, 이 역시 자신이 처한 상황에 따라 이들을 주관적으로 판단하였기 때문이며, 그 기반에는 자기중심적 가치관이 있었다. 예컨대 그가 관직에 오르지 못하고 있을 때는 강태공을 자신의 정치적 모델로 삼아 은일하면서 때를 기다렸지만, 그가 관직에 있을 때는 도리어 강태공이 늙도록 하염없이 때를 기다렸다고 비판하면서 그를 닮고자 하는 행위를 부끄러워하였다. 또 평소 제갈량이 남양에서 농사를 지으며 은일하다가 유비의 부름을 받고 천하에 이름을 남길 공적을 세운 것을 흠모하였는데, 때로는 관직에 오르고자 하는 조급한 마음을 이기지 못하고는 제갈량이 무작정 은일하면서 소극적으로 때를 기다렸던 모습을 비판하기도 하였다. 동진의 사안은 동산에서 유유자적하게 노닐고 있다가 세상이 위기에 처했을 때 분연히 일어나 백성을 구제하였는데, 그 역시 이백이 평소 흠모하던 인물이었다. 그러나 때로는 동산에 누워서 세월을 허비하며 늙어 갔던 사안을 부정적으로 묘사하기도 하였다. 이 외에도 도연명과 양웅에 대해서도 상반된 견해를 표출한 경우를 발견할 수 있다. 이렇듯 평소 긍정적으로 판단하고 흠모하던 인물들을 때로는 폄하하는 태도를 취하였는데, 이는 객관적 사실을 인식함에 있어 시기와 처지에 따라 변화하는 자신의 주관적 생각에 맞추는 것으로, 모든 판단의 중심에 바로 자기 자신을 두었기 때문이다.

자기를 중심으로 세상을 바라보는 이러한 관점은 자신에 대한 타인의 칭찬과 더불어 자부심, 자신감, 오만함 등으로 나타났으며, 이러한 성격과 자기중심적 가치관은 상승작용을 하며 더욱 그 강도를 더해 갔다. 예를 들면, 〈겨울에 용문에서 부모님을 뵈러 회남으로 가는 친척동생 이영문 경조참군을 보내는 서문[冬日於龍門送從弟京兆參軍令問之淮南覲省序]〉에서 "항상 취하면 나를 보며 말하기를 '형님의 심장, 간, 오장육부가 모두 비단으로 수를 놓은 듯합니다. 그렇지 않고서야 어찌 입만 열면 문장이 이루어지고, 붓을 휘두르면 안개가 흩어지는 듯합니까?'라고 하였다. 내가 이 말을 듣고는 박수를 치고 크게 웃으며 눈썹을 치켜뜨고는 당연하다고 여겼다. 만일 왕징이 다시 이 말을 듣는다면 또한 다시 옳다고 생각하며 기절하여 엎어지리라. 붓이 여러 사물을 묘사하고 그 생각이 신령의 명석함에 통하여, 용 같은 문장이 환히 빛나는 것이 나타나는 것을 보리라.[常醉目吾曰, 兄心肝五藏, 皆錦繡耶. 不然, 何開口成文, 揮翰霧散. 吾因撫掌大笑, 揚眉當之. 使王澄再聞, 亦復絶倒. 觀夫筆走群象, 思通神明, 龍章炳然, 可得而見.]"라고 하였는데, 친척 동생인 이영문이 그의 시문을 보고 칭찬한 것에 대해 그는 당연하다고 여기고는 자신의 재능을 스스로 더욱 미화하였다. 이외에도 여러 문장에서 자신의 재능에 대한 타인의 칭찬을 인용하며 자신의 재능에 대한 자신감과 자부심을 드러내었다.

타인의 칭찬과 인정 속에서 자신의 재능에 대한 자신감과 자부심은 때로는 오만함으로 비치기도 하였다. 그 대표적인 예로 〈이옹께 올리다[上李邕]〉를 들 수 있다.

大鵬一日同風起, 대붕이 하루아침에 바람을 받아 일어나면
摶搖直上九萬里. 회오리바람을 차고 곧장 구만 리를 올라가고,
假令風歇時下來, 설령 바람이 멈춰 때때로 아래로 내려오더라도
猶能簸却滄溟水. 푸른 바닷물을 흔들 수 있습니다.
時人見我恆殊調, 세상 사람들은 제가 늘 특이하다고 여기고는
見余大言皆冷笑. 큰 뜻을 지닌 저의 말을 듣고도 모두 비웃는데,
宣父猶能畏後生, 공자도 후학을 두려워할 만하다 하였으니
丈夫未可輕年少. 대장부라면 어리다고 가볍게 생각해서는 안 될 것입니다.

여기에서 이백은 자신을 대붕에 비유하여 재능을 과시한 뒤에 이를 알아주지 않는 이옹에게 일침을 날리고 있다. 당시 이옹은 유주자사를 역임하고 있었으며 이백은 관직도 없는 일개 청년에 불과했다는 사실을 염두에 둔다면 이러한 자신감은 이미 당시의 봉건적 신분질서 체계를 넘어서는 오만함이었다. 그가 한림공봉에 재직할 때 "웃고 말

하며 임금님과 노닐고[談笑遊軒皇]", "천자가 불러서 와도 배에 오르지 않[天子呼來不上船]"는 것과 같은 현종에 대한 수평적인 태도나 고력사와 양귀비에 얽힌 고사와 같은 술 마신 뒤의 안하무인적인 태도에서 이러한 경향의 극단을 볼 수 있다.

이백은 이렇게 자신의 재능에 대해 과도한 자신감과 자부심을 가짐으로 해서 자신을 둘러싼 객관적인 상황을 잘못 판단하고 자신만의 환상에 사로잡히는 결과를 초래하기도 했다. "세상을 깔보고 공적을 가벼이 여겼으나 마음속에 책략이 없었던 것은 아니니, 만고의 현인들을 조롱하며 그들의 업적을 아이들 장난으로 여겼네.[慢世薄功業, 非無胸中畫. 謔浪萬古賢, 以爲兒童劇.]"라고 하면서 자신의 재능에 대해 극도의 자신감과 자부심을 표현하였지만, 실제로는 아무도 그의 재능을 인정하지 않아 관직에 오르는 데 실패하였으며, 한림공봉의 짧은 재직 시기 동안에도 별다른 공적을 이룩하지 못하였다. 그러나 그는 "황제께서 가의를 그리워하시니 마땅히 붉은색 봉인한 조서를 내리시리라.[聖朝思賈誼, 應降紫泥書.]"라고 하면서 천자가 자신을 흠모하고 있어서 언젠가 불러 주리라는 기대를 접지 않았으며, "형문산에서는 굴원과 송옥을 능가했고 양원에서는 추양과 매승을 능가했지만, 사람들은 내가 너무 뻐긴다고 비웃었으니 날 알아줄 이는 진정 어디에 있는가?[荊門倒屈宋, 梁苑傾鄒枚. 苦笑我夸誕, 知音安在哉.]"라고 하면서 실패의 원인을 자신의 재능을 알아주지 못하는 타인들의 무지로 돌려 버렸다. 천자는 자신을 흠모하고 있지만 타인들은 자신의 재능을 알아주지 않는다고 착각하였으니, 이는 자신이 관직에 오르지 못하는 원인을 자신의 내부에서 찾기보다는 외부 상황에서 찾으려고 한 것으로, 이 또한 주관적 바람이 반영된 것이다. 그리고 그가 생각한 외부적 원인 역시 주관적 바람에 의해 왜곡된 것이었다.

당시 성당사회가 아무리 역동적이고 다양하였다고 해도, 이러한 자기중심적 가치관은 봉건적 제국 사회로서는 기이한 것이며 소수적인 것이었다. 대다수 문인들은 유가사상에 입각하여 국가와 천자를 위해 자신의 몸을 희생할 것을 자신의 사명으로 여겼지만, 이백은 자신의 개성을 발휘하여 '남다른 존재'로서의 자신을 과시하려고 하였다. 이는 당 제국의 체제를 벗어나는 탈주성을 가진 것이며, 당대 다수자들의 눈에는 '미친' 것으로 보였을 것이다. 누군가에게 '미쳤다'라고 말한다면 이는 사회적 보편성에 익숙해지지 않아서 사회의 다수가 공유하고 있는 보편적인 신념을 인정하지 않기 때문이다. 이는 시대의 보편성에 대항하는 것을 넘어서 초월하는 것이며, '비시대성'을 가진다. 시대성이 주는 '중력의 힘'은 경험, 관습, 도덕, 법률, 법칙 등 다양한 것들 속에 머물면서 자유로운 비상을 가로막는다. 그러나 이백은 비시대성을 가지고 탈주함으로써 그 중력의 힘을 떨쳐 버리고 붕새처럼 날아오르려 하였다.

2) 다원적 자아추구

자기중심적인 가치관을 가진 이백이 지향한 이상은 구체적으로 어떤 것이었을까? 우선 〈광릉의 여러 공들을 떠나다[留別廣陵諸公]〉를 한 번 살펴보자.

1 憶昔作少年, 지난날 젊었을 때를 생각하면
2 結交趙與燕. 사귀던 이들이 모두 조 땅과 연 땅의 호걸이었고,
3 金羈絡駿馬, 금 굴레를 한 준마를 타고
4 錦帶橫龍泉. 비단 허리띠에 용천검을 비껴 찼으니,
5 寸心無疑事, 마음속에는 조금도 의심하는 일이 없었고
6 所向非徒然. 가는 곳마다 헛걸음한 적이 없었네.

7 晩節覺此疏, 늘그막에 이러한 것이 졸렬하다는 것을 깨닫고는
8 獵精草太玄. 정화를 얻어《태현경》을 썼는데,
9 空名束壯士, 헛된 명성은 굳센 선비를 속박하고
10 薄俗棄高賢. 경박한 세속은 고아한 현인을 내쳐 버렸네.
11 中迴聖明顧, 중년에 황제의 돌봐 주심을 얻어서
12 揮翰凌雲烟. 휘두르는 붓이 구름과 안개를 뛰어넘었지만,
13 騎虎不敢下, 호랑이를 탄 처지라 감히 내려올 수 없었고
14 攀龍忽墮天. 용에 매달려 있다가 갑자기 하늘에서 떨어졌네.
15 還家守清眞, 집으로 돌아와 맑은 마음을 지키며
16 孤潔勵秋蟬. 홀로 깨끗이 가을 매미처럼 정진하면서,
17 煉丹費火石, 단약을 정련하려 불과 돌을 쓰고
18 採藥窮山川. 약초를 캐러 산과 들을 다 다녔네.
19 臥海不關人, 바다에 누워 세상사 신경 쓰지 않고
20 租稅遼東田. 관녕처럼 요동의 밭에서 세를 내며 살다가,
21 乘興忽復起, 흥을 타고 홀연 다시 일어나서
22 棹歌溪中船. 시내에 배 띄우고 뱃노래를 불렀네.
23 臨醉謝葛彊, 취하여 갈강과 헤어질 때
24 山公欲倒鞭. 산간처럼 채찍을 거꾸로 잡을 듯,
25 狂歌自此別, 미친 듯 노래하며 이제 작별하고는
26 垂釣滄浪前. 푸른 강가에 가서 낚시를 드리우리라.

이 시는 이백이 한림공봉을 그만두고 강남 지역을 떠돌다가 광릉을 떠나면서 같이 지내던 지인들에게 남긴 것이다. 여기서 그는 자신의 생애를 간략하게 정리하고 있는데, 이를 통해 평소 그가 추구하고자 했던 것들에 대해 알아볼 수 있다. 우선 제1~6구까지는 젊었을 때 협객들과 노닐면서 호방한 기개를 떨쳤다고 하였다. 제7~10구에서는

나이가 들면서 젊었을 때의 이러한 호기가 잘못이었음을 깨닫고, 양웅이 《태현경》을 쓰면서 자신의 주장을 펼친 것처럼 학식의 정화를 펼치고자 하였지만, 세속의 경박한 풍속이 자신의 고고한 뜻을 알아주지 못하였음을 한탄하였다. 이상에서는 비록 시간적인 차이는 있지만 그가 추구했던 것이 문무 양 방향에서 재능을 펼쳐 타인의 인정을 받고자 했던 것임을 알 수 있다. 제11~14구에서는 황제의 인정을 받아 궁중에서 활약하였지만, 그것 또한 여의치 않아서 떠나게 된 상황을 묘사하였다. 제15~18구에서는 약초를 캐고 단약을 정련하여 장생불사를 추구했음을 서술하였고, 제19~22구에서는 세속을 떠나 자연 속에서 유유자적하는 생활을 하는 모습을 적었으며, 내용적으로는 지금 여기 광릉에서 노닌 것을 포함한다. 제23~24구에서는 고양지에서 술을 마신 산간의 고사를 인용하면서 광릉에서 헤어지는 장면을 표현한 것인데, 세속의 규율을 뛰어넘어 여러 사람들과 교유하는 모습을 묘사하였다. 그리고 마지막 두 구절에서는 지금 이렇게 작별하고는 다시 자연 속으로 돌아가 유유자적하는 생활을 하겠다는 뜻을 적었다. 이러한 내용들이 단편적으로 서술되어 있지만 호쾌하고 거침없이 써내려 간 것에서 자유분방한 힘이 느껴진다. 이 시에서 그가 추구하고자 했던 이상을 정리해 보면 다음과 같다.

우선 황제의 부름을 받아서 궁중에 들어가 재능을 펼쳤다는 것이다. 이는 그가 "나라를 경영하고 백성을 구제할 재능을 품고 소보나 허유의 절개에는 맞섰으니, 문장으로는 풍속을 변화시킬 수 있고 학문으로는 하늘의 이치와 사람의 도리를 다할 수 있다.[懷經濟之才, 抗巢由之節, 文可以變風俗, 學可以究天人.]"라고 한 것이나 "관중과 안영의 주장을 펼치고 제왕의 통치술을 모의하여 그 지식과 재능을 떨쳐 군주를 보필하고, 천하를 크게 안정시키고 온 나라를 말끔히 정리하고자 한다.[申管晏之談, 謀帝王之術, 奮其智能, 願爲輔弼. 使寰區大定, 海縣淸一.]"라고 한 것과 같이, 천자를 보좌하여 나라를 안정시키고 백성을 구제하는 공적을 세우는 것을 말한다. 그리고 이를 통해 자신의 이름을 역사서에 올려서 영원히 기억되고자 하였는데, 이것은 바로 유가에서 말하는 삼불후(三不朽) 중의 입공(立功)에 해당한다. 또한 양웅이 《주역》을 본떠서 《태현경》을 쓴 것을 본받겠다는 것은 삼불후 중의 입언(立言)에 해당한다. 이렇듯 그는 자신의 뛰어난 재능이 당대뿐만 아니라 영원히 기억되기를 바랐다.

이러한 현실 참여적인 적극적 입세의 관점은 중국 전통시기 문인들 대부분이 가지고 있었던 것이다. 그러나 이들은 모두 현실적 태도로 사회를 바라보고 정치 체제 내에서의 지난한 실천을 통해 자신의 정치적 이상을 실현하고자 한 반면에, 이백은 자기중심적이고 주관적인 태도로 사회를 바라보고 비체계적이고 우연한 기회를 통해 정치적 공명을 이룩하고자 하였다. 이들의 목적이 정치적 실현을 통해서 성인의 가치를 실현하고자 하는 것이었다면, 이백의 목적은 이를 통해 자신의 남다름을 입증하고자 하는 것이었다.

따라서 이백은 현실정치권 내에서 공명을 세우는 것에만 자신의 이상 추구를 제한하지 않았으며, 체제를 벗어난 곳에서도 자신의 남다름을 입증하고자 하였다. 그중 하나가 장생불사의 추구다. 당시만 해도 장생불사는 하나의 신념으로서 실현가능한 것으로 인식되었으며, 현재처럼 비과학적이고 허무맹랑한 것으로 여겨지지는 않았다. 그는 실제로 연단술을 배워 신선이 되어 장생불사를 이룩하여 자신의 존재를 영원으로까지 확장하고자 하였다.

또 다른 하나는 자연 속에 은거하면서 자연의 이치를 깨달아서 인간의 한계를 뛰어넘고 유유자적하는 생활을 하고자 한 것이다. 인간 생명의 유한성과 부귀영화의 허망함을 깨닫고 자연의 이치에 순종하는 삶을 영위함으로써, 자신의 존재를 자연과 우주의 영역으로 확장시키고자 하였다. 이 역시 자연과 우주의 중심에 위치한 자신의 존재를 확인하고자 하는 것이었다.

이러한 세 가지 영역에서의 이상의 추구, 즉 정치적 공명, 장생불사, 유유자적하는 삶 등의 추구에서 무엇보다 중요한 것은 혼자만의 만족이 아니라 타인의 인정이다. 즉 타인이 그의 초월적인 존재를 인정해 줄 때에야 비로소 그의 이상은 실현된다. 비록 그가 자기중심적인 사고를 가지고 안하무인격인 태도를 취했지만 이러한 이유로 인해 타인과의 교유는 그의 삶에 있어서 무시할 수 없는 비중을 차지하고 있었다. 그러나 그 교유방식에 있어서는 또한 자기중심적 개성이 드러나면서 그만의 독특한 모습을 발견할 수 있다. 예컨대 그는 많은 송별시를 남겼는데, 어떤 경우에는 여타 문인들의 송별시와는 달리 헤어지는 사람들을 전혀 배려하지 않고 있다. 그 사람들과 함께 노닐었던 추억, 이별하면서의 애달픈 감상, 이별 후에 다시 만날 기약이나 그리워할 것이라는 언급 등 일반적인 이별시에 있어야 할 것이 전혀 없고, 대신 자신이 여태 살아오면서 느낀 감회를 주로 서술하고 있다. 이러한 것에서도 그의 교유관계는 통상적인 격식에서 벗어나 있었음을 알 수 있다. 실제로 그는 당시 봉건적 위계질서를 부정하면서 모든 계급과 계층의 사람들과 허심탄회한 수평적 교유를 추구하였다. 이는 자신을 중심에 둔 채 다른 사람들과의 교유를 설정하는 것으로, 자기중심적 가치관이 반영된 것이라고 볼 수 있다. 이러한 탈규범적인 교유양상은 독특한 개성을 가진 인물로서 그의 이름이 타인들에게 널리 전파되고 깊게 각인될 수 있게 하였을 것이다. 이를 통해서도 그는 남다른 존재로서의 자신을 인정받을 수 있었다.

이상을 요약하면, 이백이 궁극적으로 추구하고자 했던 이상은 '남다른 존재'로서의 자신을 과시하는 것으로, 구체적으로 공명, 생명, 자연, 사회적 교유 등 네 가지 영역에서 각각 역사적 영웅, 영원한 생명,

자연과의 합일을 통한 인간 한계의 극복, 수평적 교유를 지향하였다. 이러한 네 가지 영역에서의 이상 추구는 그의 여타 시문에서도 골고루 드러나 있어서, 그가 이 네 가지의 이상을 중요시하고 실제로 추구했음을 확인할 수 있다.

이러한 네 가지의 이상 추구는 여러 특징을 가지고 있는데 우선 '양방향성'을 들 수 있다. 네 가지의 이상은 크게 두 부류로 나눌 수 있는데, 공명의 영역은 체제 내부를 지향하는 반면에, 나머지 세 영역은 체제를 초월하거나 체제 외부를 지향하는 성격을 가지고 있다. 이러한 양방향성이 이백의 이상 추구에 있어서 가장 특징적인 것이라고 할 수 있다. 그렇다면 이러한 각 영역에서의 이상 추구에 있어 자기중심적 가치관은 어떤 의미를 가지고 있었으며 어떻게 발현되었을까? 그와 동시대에 살았던 은번(殷璠)은 《하악영령집(河岳英靈集)》에서 "이백의 성격은 술을 좋아하고 그 뜻은 구속되지 않아서 숲에 은거한 것이 십 수 년이었다. 그러므로 그의 문장은 모두 자유분방하다. 〈촉으로 가는 길이 험난하구나[蜀道難]〉와 같은 작품들은 기이하고 또 기이하다고 할 수 있으니, 굴원 이래로 이러한 격조는 드물었다."라고 하였다. 여기서 "자유분방[縱逸]"이라는 표현은 그의 시문을 평가한 것이지만 또한 그의 성격을 표현한 것이기도 한데, 그가 사회적인 규범에 얽매이기를 싫어하고 그 틀을 벗어나려고 했던 성격을 말한 것이다. 즉 유가적 종법체계에 입각한 당 제국의 질서체제를 거부하는 경향을 가지고 있었음을 알 수 있다.

당시 이백의 이러한 경향에 대해서는 단적으로 효와 충에 대한 태도에서 확인할 수 있다. 우선 효라는 것은 윤리도덕 질서의 핵심범주를 구성하는 것으로 유가 윤리 체계를 지탱하는 기반이라고 할 수 있으며 유가적 질서 체제를 기반으로 한 당 제국에서도 법률로써 효를 강제하였다. 그러나 이백은 25세 즈음에 촉 땅을 떠난 이후로 줄곧 고향을 다시 찾지 않았으며, 시문에도 부모를 거의 언급하지 않았다. 유가체계에서 효는 충으로 이어지며, 부모에 대한 도리가 군주에 대한 도리로 확장된다. 효에 대한 이백의 모습은 천자에 대한 태도로 이어지며, 이는 그가 천자를 비롯한 왕공들에게 안하무인격인 태도를 취한 것에서 그 실상을 확인할 수 있다. 이백의 시문에 조정과 황제를 그리워하는 구절들이 보이기도 하지만, 이는 진정으로 황제를 존경의 대상으로 삼아서라기보다는 관직에 나아가고자 하는 자신의 욕망을 표출한 것으로 보아야 한다.

이백의 자기중심적 가치관은 당시 당 제국의 강력한 중앙집권체제와 봉건적 종법체제가 자신보다는 국가를 더 중시해야 할 것을 요구하는 것과는 배치되는 것으로 체제 바깥을 지향하거나 체제를 초월하는 '탈주'적 성격을 강하게 띠고 있다. 그러나 천하가 공인할 업적을 세워 역사적 영웅이 되는 것으로 '공명'을 추구함에 있어, 국가체제 속으로 편입되는 방법을 택함으로써 체제 지향적인 방향성 역시 가지고 있었다. 그가 국가체제 속에 편입되어 공명을 실현하겠다는 것은 국가체제의 내부에서의 활동을 중시하는 유가나 종횡가의 영향 때문이었다. 다른 한편으로는 그의 삶 전체를 규정하는 장이 당 제국이었기 때문에, 자신의 이름을 역사에 남기는 방법 중 가장 효율적이고 효과적인 방안을 택한 것이라고 할 수 있다. 그러나 이는 탈주적 가치관과 배치되는 면이다. 이러한 탈주적 성격과 체제 지향적인 방향성으로 인해 이백의 자아추구 양상은 양방향성을 가지고 있었다.

신선술과 연단술에 의한 장생불사 역시 마찬가지다. 당시 도교가 왕실에 의해 인정되어 널리 퍼짐에 따라서 이는 체제 내적인 성격을 가지고 있었다. 또한 왕실에서 도사를 존중하고 우대하는 경향은 결국 종남첩경을 만들어 내었으며, 이는 도사에게 관직을 주고 사회적 명망을 부여함으로써 종교인을 제도 내로 포섭시킨 것이다. 이러한 배경하에서 이백은 실제 도가적 명망에 의해 관직 진출을 시도하였으니, 이는 체제내적인 요소를 함께 가지고 있었다. 그러나 신선술과 연단술을 통해 장생불사를 이루어 자신의 존재를 영원히 남기고자 한다는 것은 기본적으로 체제를 초월하는 성격을 가지고 있었다.

자연에 은일하여 유유자적하는 삶을 살면서 인간의 한계를 극복하여 자연과 합치되는 존재가 되는 것은 그 자체로 체제 외부를 지향하는 것이다. 그러나 이백은 정치적 공명을 이루겠다는 또 다른 이상의 추구로 인해 이 이상의 추구는 지속적으로 방해를 받았다. 따라서 이 역시 체제 내적인 요소의 영향으로부터 자유롭지 못하였다.

사회적 교유를 통해 '남다른 존재'로서의 자신을 인정받는 것은 기본적으로 사회관계 내부에서 발생하는 일이다. 그러나 이백은 그 추구과정에서 사회적 질서를 뛰어넘는 탈체제적인 모습을 보여 주었기 때문에, 체제 내부와 외부의 성격을 동시에 가지고 있었다.

그리고 이 네 가지 영역에서의 이상 추구는 '다원성'을 가지고 있으며, 이는 '동시성'과 '전이성'을 특징으로 한다. 네 가지의 이상 추구는 '남다른 존재'로서의 자신을 드러낸다는 목표 아래에 독립적으로 존재하였으며, 동시에 추구될 수 있었을 뿐만 아니라 자신이 처한 상황에 따라 자유롭게 전이되며 추구될 수 있었다. 즉 이러한 네 가지 영역은 그의 이상 추구에서 '네 개의 고원(plateau)'을 형성한다. 고원은 원래 지질학 용어로 높은 고도의 너른 평원을 의미하는데, 그레고리 베이트슨이 처음 문화인류학에 적용하였다. 그는 정점을 향해 가게 하지도 않고 또 외적인 종결에 의해 중단되게 하지도 않는 그런 방식으로 구성되는 연속적인 강렬함의 지역이라는 뜻으로 고원이라는 개념을 사용하였다. 이 개념을 들뢰즈와 가타리가 차용하여 "기관 없는 신체"를 구성하는 요소로 설명하였다. 기관 없는 신체는 하나의 유기체가 하나의 기능만을 가지는 것에 대립되는 개념으로, 특정한 기능을 가진 특화된 기관이 없는 신체를 말한다. 기관 없는 신체는 주위의 배치에 따라 그 기능을 변화시키며 창조적 생성을 이끌어 낸다. 따라서 접속하는 이웃항에 따라서 다른 본성을 가지게 된다. 예를 들면 입이라는 기관은 숟가락과 만나면 먹는 기관이 되지만, 피리와 만나면 음악 기관이 되며, 공기의 흐름과 만나면 말하는 기관이 된다. 여러 고원들은 각기 하나의 기관 없는 신체를 형성하면서 매끄러운 공간 위를 질주하며 다양한 연결접속을 통해 욕망의 강도를 키워 나간다. 어느 하나가 주도적인 지위를 차지하는 것이 아니라 고른 강도를 가지고 독립적으로 추구되며, 자신이 처한 개별적인 상황에서 달라진 배치 관계에 따라 상이한 욕망이 발현된다. 자신을 관직에 등용해 줄 인물을 만나면 정치적 공명과 관련한 욕망이 발현되었으며, 신선이나 도사를 만나면 영원한 생명과 관련한 욕망이 발현되었으며, 고즈넉한 자연 속에서 은자를 만나면 자연과의 합일과 관련된 욕망이 발현되었다. 또한 자신의 재능을 알아주고 막역한 교유를 할 수 있는 사람을 만나면 수평적 교유의 실현이라는 욕망이 발현되었다. 각각의 욕망은 독립적인 영역을 가지고 있어서 개별적으로 발현되며, 각 욕망 사이의 전이는 매우 매끄럽고 그 문턱이 낮아서 자유자재로 이동하는 특성을 가지고 있다.

이렇게 이백의 이상 추구는 각각의 영역에 있어서 체제 내적인 요소와 체제 외적인 요소가 서로 얽혀 있었다. 사실 리좀과 수목은 그 발생 계기에 있어서 상호성을 가지고 있다. 즉 리좀에도 수목적 가지들이 뻗어 나갈 수 있는 마디를 가지고 있으며, 수목의 뿌리에도 리좀이 발생할 수 있는 싹이 있다. 아무리 리좀 체계에서 탈주선을 그리더라도 마디를 형성함으로써 수목적 체계로 바뀌면 국가 장치 내부로 편입될 수 있으며, 수목적 체계 내부에 있더라도 몇 개의 선을 새로 긋는 행위를 통해 국가의 중력을 벗어나 탈주선을 그릴 수 있다. 따라서 탈주선과 경직된 몰적 선분은 절대적으로 구분되는 것이 아니라 상황과 배치에 따라서 변화할 수 있다.

그러므로 이백의 자기중심적 가치관에 입각한 자아실현에 있어서 체제를 기준으로 그 내외를 구분하거나 체제초월적임을 규정하는 것은 어떤 의미에서는 무의미하다. 왜냐하면 그에게 중요한 것은 자신의 이상을 실현하는 것이지 이를 실현하는 방법이나 통로가 아니었기 때문이다. 그가 현실정치에서 관직에 올라 공을 세우는 노력이 성과를 얻지 못하였을 때 일시적으로 현실정치에 회의를 품으며 다른 방향에서의 자아실현을 모색하기는 하지만 결코 현실정치에서의 자아실현을 포기하지는 않았다. 영원한 생명이나 자연과의 합일과 같은 영역에서도 마찬가지의 현상을 보여 주었다. 한쪽에서의 실패와 좌절로 인해 다른 쪽으로 경도되는 현상이 있기는 하였지만, 결단코 한쪽의 실패로 인해 그것을 완전히 포기한 채 다른 쪽을 선택하는 것은 아니었다. 그가 젊은 시기에 쓴 시문을 보면 공명을 추구하기 위해 간알하는 시, 관직에 오르지 못해 한탄하는 시, 신선이 되어 영원한 생명을 추구하고자 하는 시, 자연 속에 은일하며 유유자적하려는 시 등이 고루 보이며 간알을 하는 내용과 관직에 오르지 못해 슬퍼하는 내용은 그의 일생 전체에 걸쳐 고루 보인다. 특히 〈태산 유람 6수[游太山 六首]〉는 742년 한림공봉이 되기 직전에 쓴 것이어서 관직 진출에 대한 열망과 장생불사에 대한 열망이 동시에 나타났음을 잘 알 수 있다. 이러한 사실은 여러 이상의 추구가 동시에 나타났음을 입증하는 증거가 될 수 있다.

중국 전통시기 문인들에게 출세와 처세(혹은 입세)의 문제는 항상 큰 화두였다. 중국 문화에서 처세는 현실정치에 참여하여 관직에 올라 백성들을 구제하고 천자를 보좌하여 공적을 세우는 것이며, 출세는 정치생활을 벗어나서 자연에 은거하는 것을 말한다. 전통 시기 중국에서 관직에 나아가는 행위는 문인들의 필수적인 지향 중의 하나였으며 인생에서 가장 큰 가치를 차지하는 부분이었다. 그러나 이러한 성취는 일부 관직 진출자만이 이룩할 수 있는 것으로, 대부분의 문인들에게는 주어지지 않았다. 따라서 일부 문인들은 관직 진출의 꿈을 포기하고 도가나 불가로의 사상적 전환을 통해 은일을 지향하기도 하였지만, 대다수는 관직 진출의 꿈과 은일로의 도피 사이에서 갈등하며 고뇌하였다. 이러한 두 가지 방향으로의 자아추구는 서로 대립적이고 모순적인 것으로 조화되기 어려웠다. 그러나 이백은 출세와 처세를 자신이 주관하여 실행함으로써 이를 미묘하게 통일시켰다.

먼저 대은(大隱) 개념을 들 수 있다. 대은은 산림에 은거하는 소은(小隱)과 대비되는 것으로 중앙관직에 있으면서도 은일 생활을 하는 것이다. 이백이 한림공봉으로 재직할 때 매일같이 술을 마시고 돌아다닌 것에는 정국에 대한 환멸도 작용했겠지만 관직생활에 대한 자신의 가치관도 작용하였을 것이다. 그가 여러 관원들과 연회를 벌이면서 지은 글인 〈여름날 사마무공을 받들어 모시며 여러 어진 이들과 고숙정에서 연회를 베푼 서문[夏日奉陪司馬武公與群賢宴姑孰亭序]〉에서 "대저 속관이나 고위관직에 크게 어진 자가 있다면 푸른 산을 노닐고 흰 구름에 누운 것처럼 이리저리 마음껏 노닐 것이니 어찌 마땅하지 않겠는가? 하찮은 재주를 가진 자가 있다면 궁색하고 스스로 구속당하여 족쇄나 수갑을 찬 듯 근심할 것이니, 맑은 바람과 환한 달빛, 아름다운 강과 빼어난 산은 모두 버려진 물건과 같을 것이어서 어찌 걸맞겠는가?[且夫曹官紱冕者, 大賢處之, 若遊青山臥白雲, 逍遙偃傲, 何適不可? 小才居之, 窘而自拘, 悄若桎梏, 則淸風朗月河英嶽秀, 皆爲棄物, 安得稱焉?]"라고 하였는데, 이는 훌륭한 재능과 인품을 가진 사람이 관직에 있어야 비로소 아름다운 풍광 속에서 그 흥취를 느낄 수 있음을 말한 것이다. 이러한 생각은 출사와 은일을 통일적으로 바라보는 시각을 가지고 있어야 가능한 것이었다. 그가 공성신퇴(功成身退)를 주장하는 것에도 동일한 생각이 들어 있었다. 비록 몸을 물려 은일하기 위해서는 공을 이루어야 된다는 전제조건이 있기는 하지만, 두 가지를 순차적으로 만족스럽고 원만하게 이룩할 수 있다는 생각이 있기 때문에 가능하다. 은일하다가도 시대적 요청이 있으면 세상에 나와 공적을 세운 뒤 다시 은일한 상산사호(商山四皓)의 경우나, 관직생활을 하다가도 자신의 필요에 의해 스스럼없이 관직을 그만두고 은일한 노중련, 범려, 소광(疏廣)과 소수(疏受), 장한(張翰)의 경우 등 여러 역사적 사실을 통해서 이백은 공성신퇴에 대한 자신감을 가지고 있었다. 자신의 의지에 따라 출사와 은일을 선택할 수 있다는 생각을 가지고 있었기 때문에 체제 내적으로의 자아추구와 체제 초월적인 자아추구라는 양방향성이 하나의 사고체계 안에서 융합할 수 있었다. 따라서 체제 내부와 외부를 구분하는 것은 그의 정신세계를 분석하기 위한 편의에 따른 것일 뿐이며, 그의 실제 정신세계에서는 그 구분이 무의미하다.

그러나 이러한 탈주적 행위에는 심각한 위험이 도사리고 있는데, 들뢰즈와 가타리는 이를 "검은 구멍"이라고 하였다. 긍정적 탈주선을 그리며 탈영토화한다고 해서 그것이 모든 지층에서 탈주하는 절대적 탈영토화를 뜻하는 것이라고는 할 수 없다. 그것이 거꾸로 검은 구멍을 만들 위험이 있고, 그런 식으로 탈주선이 죽음의 선을 그리게 될 위험이 있기 때문이다. 몰(mole)적인 강직한 선, 분자적 선분의 선, 탈주선, 이 세 가지 선은 그 자체로 어떤 초월적인 지위를 갖지 않으며, 다른 선에 의해 침범되지 않는 고유영역을 형성하지도 않는다. 몰적인 선분성의 선과 분자적 선분성의 선이 겹치거나 교차하기도 하고, 탈주선과 분자적 선분성의 선이 교차하며 방해하기도 하며, 혹은 탈주선과 몰적인 선분성의 선이 상호결합하거나 상호촉발하는 경우조차 있다. 그리고 심지어 상이한 탈주선들이 충돌하여 방해하는 경우도 얼마든지 있다. 이백의 경우는 체제 내부를 향하는 몰적인 선분성의 선과 체제 바깥을 향하는 탈주선이 서로 부딪치면서 방해하는 경우에 해당되며, 이 경우 탈주선은 탈영토화를 하는 긍정적인 의미를 획득하지 못하고 검은 구멍으로 빠져들게 된다. 그 결과 그는 자신의 영토를 확보하지 못한 채 슬픔과 외로움에 몸부림쳐야 했다. 그의 죽음과 관련하여 《당척언(唐摭言)》에서 "이백이 궁중 비단으로 만든 옷을 입고 채석강을 노닐었는데, 거드름을 피우며 스스로 만족하니 옆에 아무도 없는 듯하였다. 취해서 물에 들어가 달을 잡으려다가 죽었다.[李白著宮錦袍, 遊采石江中, 傲然自得, 旁若無人, 因醉入水中捉月而死.]"라고 하였다. 이렇게 혼자 궁중 비단으로 만든 옷을 입고 자아 도취한 상태에서 달을 잡아 자신의 꿈인 신선이 되려고 하였으나, 결국은 죽음으로 빠져 버렸다. 이는 그가 체제 양쪽을 향하는 자아추구에서 자신의 탈주성을 창조적으로 승화시키지 못하고 결국 검은 구멍에 빠진 것을 잘 설명하고 있다.

제3장

이백의 자아추구 양상

1. 정치적 공명의 추구

1) '공성신퇴'의 지향

이백은 체제 내부에서 자신의 이상을 추구하기 위해 훌륭한 공적을 세워 역사적 영웅으로서 자신의 이름을 영원히 후세에 남기고자 하였다. 이는 〈고시를 본뜨다 12수[擬古 十二首]〉 중 제7수에 잘 드러나 있다.

世路今太行,	세상살이가 지금 태항산과 같으니
回車竟何托.	수레를 돌리려 해도 결국 어디에 기탁할 수 있을까?
萬族皆凋枯,	만물이 모두 시들고 말라
遂無少可樂.	도무지 즐거운 일이라고는 없는데,
曠野多白骨,	광야에는 백골이 널려 있고
幽魂共銷鑠.	혼백들은 모두 사라져 버렸네.
榮貴當及時,	부귀영화는 마땅히 제때에 누려야 하고
春華宜照灼.	봄꽃은 응당 빛나야 하는 법,
人非崑山玉,	사람은 곤륜산의 옥이 아니니
安得長璀錯.	어찌 오래도록 빛날 수 있으리오.

身沒期不朽,　　사람이 죽은 뒤 썩지 않기를 기약하려면
榮名在麟閣.　　영광스런 이름이 기린각에 있어야 하리라.

여기서 그는 태항산을 오르는 것과 같이 힘든 세상살이에서 젊음이나 부귀영화는 영원히 존재할 수 없고, 오직 영원한 것은 자신의 이름을 길이 남기는 것뿐이라고 하였으며, 그 구체적인 장소는 기린각이라고 하였다. 기린각은 한나라 미앙궁 안에 있던 누각으로 선제가 곽광 등 11명의 공신의 초상을 그려서 그들의 업적을 기리도록 한 장소다. 이로부터 기린각은 나라에 큰 공을 세운 사람들이 영원히 그 이름을 남기는 상징적인 장소가 되었는데, 이백은 그 기린각에 자신의 이름을 남기고자 하였다. 그는 또 〈긴 노래[長歌行]〉에서 "공명을 일찍이 드러내지 못했으니 역사서에 장차 어찌 이름을 펼칠까?[功名不早著, 竹帛將何宣.]"라고 하면서 공명을 드러내어 역사서에 이름을 올리고자 하였다.

이렇게 이름을 남기기 위해서는 우선 위대한 공적을 세워야 하는데, 이를 위한 구체적인 방법과 내용에 대해서는 〈맹 현위의 힐책하는 글에 수산을 대신하여 답하는 글[代壽山答孟少府移文書]〉에서 확인할 수 있다. 이 글은 개원 15년(727)에 촉 땅을 떠나서 강남 일대를 유람하고 안륙에서 허씨와 결혼한 후 안륙 북쪽에 있는 수산에 은거할 때 지은 것으로, 맹 현위가 수산의 규모가 은거에 적합하지 않음을 책망하는 것에 대한 답변으로 보인다. 대체로 수산이 맹 현위를 반박하는 형식을 띠고 있는데, 수산에 은거하고 있는 이백이란 자가 곧 관직에 나아가 공명을 이룩하면 수산이 명망 있는 산으로 인정받을 것이라는 내용을 담고 있다. 여기서 이백은 비록 수산에서 은자의 생활을 하고 있지만 그 지향은 영원히 세상을 등지고 신선이 되어 날아가는 것이 아니라, "관중과 안영의 주장을 펼치고 제왕의 통치술을 모의하여 그 지식과 재능을 떨쳐 군주를 보필하고, 천하를 크게 안정시키고 온 나라를 말끔히 정리하여, 임금을 모시는 도가 이루어지고 부모님을 영광스럽게 하는 의로움을 다하는 것[申管晏之談, 謀帝王之術, 奮其智能, 願爲輔弼. 使寰區大定, 海縣清一, 事君之道成, 榮親之義畢]"임을 분명히 말하고 있다. 그리고 이어서 "그 후에, 범려나 장양처럼 오호를 떠돌고 푸른 물가에서 노니는 것이 어렵지 않으리라.[然後與陶朱留侯, 浮五湖, 戲滄洲, 不足爲難矣.]"라고 하여 공명을 이룩한 뒤에 몸을 물려 은일을 추구하겠다는 '공성신퇴'의 지향을 밝히고 있다.

여기서 언급한 공성신퇴의 특징은 공을 이룬 뒤에 몸을 물리는 두 단계로 이루어져 있다는 것이다. 즉 공을 이룩하는 것이 몸을 물리는 것의 전제조건이 되며, 따라서 공을 이루지 못한 상태에서는 은일을 생각할 수 없다. 또한 '공성'의 내용은 관중과 안영처럼 재상이 되어 군주를 보필하여 온 나라의 혼란을 평정시키고 백성의 삶을 안정시키는 것이다. 그래서 궁극적으로 신하로서 임금을 모시는 도리를 다하고 부모님의 명예까지 드높이는 의로움을 행하는 것이다. 관중과 안영은 전국시대 제나라의 재상을 지냈는데, '공성'에 있어 이백이 정치적 모델로 삼은 이들은 이들 외에도 강태공, 부열, 제갈량, 사안 등이 있었다. 이들은 모두 역사상 정치적 격동기에 군주로부터 재능을 인정받아 훌륭한 업적을 세운 사람들이다. 한편 '신퇴'에 있어서는 범려와 장양을 모델로 삼았다. 범려는 월나라 왕 구천의 재상으로 있으면서 그를 도와 오나라를 멸망시킨 후 관직을 버리고 조각배를 타고 오호를 떠돌아다녔다. 그리고 장양은 한나라 유방을 도와 천하를 제패하게 한 후에는 신선술에 몰두하여 신선인 적송자를 따라 은일하려고 하였다. 두 사람 모두 왕을 도와 큰 업적을 세운 뒤 이에 연연하지 않고 은일하였다는 공통점이 있다. '공성신퇴'의 또 다른 모델은 전국시대의 노중련이었는데, 많은 시문에서 그의 업적과 인품을 칭송하면서 흠모하였다.

노중련은 전국시대의 인물로서 원래 맹상군의 식객으로 있었다. 그가 조나라에 있을 때 진나라가 조나라를 포위하였고, 위나라는 신원연을 파견하여 장차 조나라로 하여금 진나라를 황제국으로 받들게 하려 하였다. 노중련은 신원연을 만나 진나라를 받드는 이해득실에 대해 격렬한 논쟁을 벌여 결국 그를 굴복시켰으며, 이 소식을 전해 들은 진나라 장군은 군사를 오십 리 후퇴시켰다. 마침내 위나라의 신릉군이 병사를 이끌고 조나라를 구하러 오니 진나라 군대는 포위를 풀고 떠나갔다. 진나라 군대가 물러간 후, 조나라의 평원군이 노중련에게 천금을 주며 높은 벼슬에 봉하려 하였으나 그는 사양하고 떠나 버렸다.

이상에서 보듯이 이백의 공성신퇴는 현실정치에 적극적으로 개입하여 공적을 세운 뒤 초탈한 태도로 은일하는 것이다. 그리고 그 특징은 적극적으로 현실정치에 개입한다는 것과 은일보다는 공을 이루는 것이 우선적이고 큰 비중을 차지한다는 것이다. '공성'은 적극적으로 현실정치에 개입하여 공적을 세우는 것인데, 그 목적은 세상을 평정하는 것이라기보다는 역사적 영웅이 되어 명성을 영원히 남기는 것이었다. '신퇴'는 은일을 그 궁극적 목적으로 하기보다는 공적을 세울 여건을 형성하거나 성과를 돋보이게 하려는 부차적인 기능만을 가지고 있는 것으로 보인다. 아래에서 이에 대해 보다 상세하게 살펴보겠다.

이백은 적극적으로 현실 세상에 뛰어들어 자신의 재능을 발휘하여 공명을 이룩하려고 하였는데, 이는 유가의 "나라를 안정시키고 백성들을 구제한다.[安社稷, 濟蒼生.]"라는 정치적 기본 덕목을 실현하기 위한 것으로 보인다. 그러나 그 기저에는 단순히 '공을 세우겠다'는 의식만 작용하고 있었을 뿐이며, 실제적으로 사회현실을 바로잡아야 되겠다는 책임의식은 발견하기 힘들다. 그 이유로는 다음과 같은 몇 가지 사항을 들 수 있다.

첫째, 이백이 은일을 선언한 것은 정치 현실에 관념적으로 접근했기 때문이다. 유가에서는 국가와 백성을 위하는 일에 있어 지속성과 실제성을 강조하여 평생 그 일에 매진해야 한다고 주장하지만 그는 어느 정도 공적을 이룬 후에는 은일하겠다고 하였다. 세상이 완전히 안정된 이후에는 더 이상 할 일이 없기 때문에 은일할 수 있다는 논리가 가능할 수도 있겠지만, 그런 상황은 현실적으로 불가능하다. 그러나 그는 그러한 상황을 상정하고서, 자신이 공적을 세운다면 필히 그런 상황이 될 것이며 그때 비로소 은일하겠다고 하였다. 이는 자신의 재능에 대한 과도한 자신감에서 기인하기도 하지만, 다른 한편으로는 정치적 실천을 너무 관념적으로 생각하기 때문이기도 하다. 이러한 생각의 밑바탕에는 그가 공적을 세우겠다는 것이 현실 정치의 안정이라는 목적을 위해 설정된 것이 아니라, 자신의 재능을 입증하여 자신의 존재를 드날리기 위한 수단이었기 때문이다.

둘째, 이백은 국가적 난리 상황을 외면하고 도피하는 모습을 보이기도 했다. 그가 한림원을 떠난 때는 천보 초년으로 이미 현종의 환락과 중앙 집권자들의 부패로 인해 당 제국이 쇠퇴의 길로 들어서기 시작한 때이다. 진정 그가 사직을 위했다면 체념하고 궁궐을 떠나기보다는 상황을 개선시키기 위해 더욱 분발했어야 했다. 또한 안녹산(安祿山)의 난이 일어나서 낙양이 함락되고 중원이 유린되는 상황에서 이백은 여산에 숨어 버렸다. 이는 당시 장안에 억류되어 있던 두보가 탈출하여 봉상으로 피신한 숙종을 찾아간 것과는 대조적인 행위라고 할 수 있다. 태평성세를 구가하던 성당시기에 백성을 구제하겠다는 말을 하는 것이나, 위기의 시기에 혼자 산속에 숨는 행위는 동전의 양면과 같은 것이다. 즉 선언적으로만 그 지향을 드러낼 뿐 실제 현실정치에 개입하여 어지러운 정국을 해결하려는 구체적인 행동은 취하지 않았다.

셋째, 이백은 공명 실현에 있어 몽상적 태도를 가지고 있었다. 그의 재능은 정치적 공명을 실현하기에는 객관적으로 부족하였지만, 이를 인식하지 못하고 오히려 과신함에 따라서 공명 실현에 대해 과도한 자신감을 보였다. 그가 영왕의 막부에 들어가서 지은 시들 중에는 세상을 평정하겠다는 자신감을 드러내는 것들이 많은데, 모두 돈키호테식의 자신감을 연상시킨다. 예컨대 〈수군의 연회에서 막부의 여러 시어에게 주다[在水軍宴贈幕府諸侍御]〉에서는 "비록 초야에 있는 사람이 허리에 용천검을 차고 있음을 알랴마는, 하늘의 구름이라도 한 칼에 벨 수 있으니 유주와 연주를 쓸어버릴 것을 맹세하네.[寧知草間人, 腰下有龍泉. 浮雲在一決, 誓欲淸幽燕.]"라고 하였으며, 〈영왕의 동쪽 순행 11수[永王東巡歌 十一首]〉 중 제2수에서는 자신을 사안에 비유하여 "다만 동산의 사안을 등용하기만 하면 임금을 위해 담소하면서 오랑캐 모래를 평정하리라.[但用東山謝安石, 爲君談笑靜胡沙.]"고 하였다. 또 〈수군의 연회가 열린 위자춘 사마의 누선에서 기녀들을 바라보다[在水軍宴韋司馬樓船觀妓]〉는 영왕의 막부에 있으면서 수군의 연회에 참석하여 지은 것인데, 아무리 연회 자리라고는 하지만 당시는 전시였기 때문에 향락을 즐기는 태도에도 비장함이 있어야 함에도 불구하고, 전혀 그런 기색이 없이 태평성세와 동일한 모습을 보여 주고 있다. 이러한 것에서도 시국의 엄정함을 제대로 느끼지 못하고 낭만적인 태도로 일관하는 모습을 볼 수 있다. 또, 이후 영왕의 군대가 패해서 남쪽으로 달아나면서 쓴 〈도망가는 도중에 5수[奔亡道中 五首]〉 중 제3수에서 "담소하며 삼군을 물리치는 계책을 가지고 있었지만 일곱 귀족과의 교유는 소원해졌네. 여전히 내게 화살 한 대가 남아 있지만 노중련처럼 활로 편지를 쏘아 적을 물리치지는 못했구나.[談笑三軍卻, 交游七貴疏. 仍留一隻箭, 未射魯連書.]"라고 하여, 완전히 패배의 형국에 들어섰음에도 불구하고 여전히 상황을 파악하지 못한 채 자신의 재능을 과시하였으며, 적을 물리칠 기회를 얻지 못한 것을 안타까워하였다.

넷째, 이백의 정치적 이상은 관념적이고 비현실적이었다. 이백의 정치적 이상이 매우 추상적이라는 주장이 있는데, 이는 그의 포부와 이상이 너무 크다는 것과 관련이 있다. 너무 큰 범주의 내용을 말하다 보니 자연히 선언적이고 공허해졌다. 뿐만 아니라 그 내용 역시 유가의 현실적인 것이라기보다는 도가의 이상적이고 관념적인 것이 대부분이다. 그가 지방을 떠돌면서 지방 장관들에게 준 시를 통해 그가 추구하고자 했던 정치적 이상의 구체적인 내용을 파악할 수 있는데, 대부분 '무위지치(無爲之治)'와 도화원과 같은 이상향을 언급하고 있다. 그가 자신의 정치적 이상을 언급하면서 호방하고 장쾌한 표현을 사용하였지만 기실 구체적인 내용은 없었으며, 단순히 왕업과 패업을 선언적으로만 말하고 여러 역사적 영웅들을 본받겠다는 말만 할 뿐이었다. 결국 그 사람들의 이름을 빌어 자기 자신을 과시하고 자기 자신을 숭배할 따름이었다.

이렇게 그의 공명의식은 백성을 구제하는 현실참여적인 성격보다 자신의 명성을 드날리기 위한 개인적인 성격이 강했다. 이를테면 이백의 시에는 당시 현실정치를 언급하며 비판적인 시각을 드러낸 예가 있는데, 대개 자신의 존재를 드러내거나 심정을 토로하기 위한 목적과 연결되어 있다. 예를 들어 〈변새 위에서[塞上曲]〉, 〈종군[從軍行]〉과 같이 변방의 난리를 제압하여 나라가 안정되기를 바란 것은 협객을 닮은 자신의 영웅적 기개를 과시하기 위해서였다. 〈사나운 호랑이[猛虎行]〉, 〈어사중승 송약사가 오 땅 병사 삼천을 거느리고 하남으로 가서 군대가 심양에서 머물렀는데, 날 감옥에서 석방시키고 막부의 참모로 삼았기에 이에 이 시를 주다[中丞宋公以吳兵三千赴河南軍次尋陽, 脫余之囚, 參謀府, 因贈之]〉에서와 같이 나라의 혼란을 없애겠다는 주장은 자신의 재능을 과시하거나 상대방의 기상과 업적을 칭송하기 위한 수단이었다. 〈북쪽으로 가며[北上行]〉, 〈오송산 아래 순씨 부인의 집에서 묵다[宿五松山下荀媼家]〉에서 어려운 삶을 겪고 있는 백성들의 모습을 그린 것은 자신의 비참한 신세를 묘사하기 위한 것이었으며, 〈고풍 59수〉 중 제 35수, 〈먼 이별[遠別離]〉, 〈왕씨가 차가운 밤에 홀로 술을 마시다 생각한 바를 쓴 시에 답하다[答王十二寒夜獨酌有懷]〉에서 왕권을 유린하는 신하들의 전횡과 관료들의 부정부패를 비판하는 것은 자신의 재능이 인정받지 못하는 상황의 배경을 설명하기 위한 것이었다. 그러나 〈성의 남쪽에서 전쟁하다[戰城南]〉, 〈고풍 59수〉 중 14수와 34수에서와 같이 조정의 호전성을 비판하고 전쟁으로 인해 고통 받는 백성들의 모습을 그린 것은 당시의 사회현실을 비판한 것이라고 할 수 있다. 그렇지만 그가 일반 백성들과도 허심탄회한 교유를 하였다는 사실을 상기한다면 이는 의식적인 현실 비판이라기보다는 그들에 대한 연민의 표현으로 볼 수도 있다.

한편, 이백의 공성신퇴에서 '신퇴'는 은일을 뜻하는 것으로 공명을 이룩한 뒤에야 비로소 고려할 수 있는 것이다. 따라서 공성신퇴에서 은일이 의미하는 바는 공명을 실현했다고 할 수 있는 한림공봉 시기나 그 직후에 쓴 시를 통해 확인해 볼 수 있다. 우선 한림공봉을 그만둔 다음 해인 천보 4년(745)에 명고산(鳴皐山)에 은거하러 가는 잠훈(岑勛)을 보내면서 쓴 〈명고산으로 돌아가는 잠훈을 보내다[送岑徵君歸鳴皐山]〉를 살펴보자.

1 岑公相門子, 그대는 재상 가문의 후손으로
2 雅望歸安石. 청아한 명망은 사안 같은 그대에게 돌아갔네.
3 奕世皆夔龍, 대대로 모두 기나 용 같은 훌륭한 관리였지만
4 中台竟三拆. 재상을 지낸 세 분은 결국 피살되었지.
5 至人達機兆, 지극함을 가진 사람은 기미에 통달하여
6 高揖九州伯. 구주의 수장에게 읍하고 떠났는데,
7 奈何天地間, 어찌하여 이 넓은 천지에서

8 而作隱淪客. 도리어 은자가 되었는가?
9 貴道能全眞, 도를 귀하게 여겨야 참됨을 보전할 수 있으니
10 潛輝臥幽鄰. 광채를 숨기고 그윽한 곳에 누워서,
11 探元入窅默, 현묘한 도를 찾아 혼묵한 곳으로 들어가서는
12 觀化游無垠. 조화로움을 보며 가없는 곳까지 노닐게 된다네.
13 光武有天下, 광무제가 천하를 다스릴 때
14 嚴陵爲故人. 엄릉이 그의 친구였지만,
15 雖登洛陽殿, 비록 낙양의 궁궐에 가서도
16 不屈巢由身. 소보나 허유 같은 몸을 굽히지 않았지.
17 余亦謝明主, 나 또한 밝은 임금님을 떠나서
18 今稱偃蹇臣. 지금은 오만한 신하라 칭해지는데,
19 登高覽萬古, 높은 곳에 올라서 만고를 둘러보고
20 思與廣成鄰. 광성자와 이웃하기를 생각하네.
21 蹈海寧受賞, 노중련처럼 바다로 들어갈지언정 어찌 상을 받으랴?
22 還山非問津. 산에 돌아온 것은 나루터를 물으려는 것이 아니네.
23 西來一搖扇, 서쪽으로 가서 부채를 한번 흔들어
24 共拂元規塵. 함께 원규의 먼지를 털어 보세.

이 시의 제1~8구에서는 잠훈의 선조가 높은 관직을 역임했지만 잠훈이 선조의 뒤를 따르지 않고 세속의 일에 관심이 없이 은거하였다고 하였다. 제9~16구에서는 잠훈이 자연의 참된 이치를 따르기 때문에 온 세상을 노닐면서 엄릉(嚴陵)같이 부귀공명을 초월할 수 있었다고 하였는데, 이는 이백이 추구하는 모습이기도 하다. 제17~24구에서는 이백 자신의 이야기를 하고 있는데, 자신은 노중련처럼 상을 거부하고 자연에서 노닐겠다는 뜻을 밝히고 있다. 마지막 구절에 나오는 원규는 진(晉)나라의 유량(庾亮)인데, 그가 비록 수도 외곽에 있었지

만 조정의 대권을 장악하였고 막강한 군사력을 가지고 있어 조정의 많은 사람들이 그를 따랐다. 그러나 왕도(王導)만은 그에 굴복하지 않았는데, 매번 서풍이 불어 먼지가 날려 오면 부채를 펴 막으면서 “유량의 먼지가 사람을 더럽히는구나”라고 하였다. 따라서 이 두 구절은 세속의 부귀영화를 비속하게 보면서 멀리하려고 한 왕도를 본받겠다는 의지를 드러낸 것이다. 이 시를 전체적으로 살펴보면 마치 이백이 궁중에 있을 때는 엄릉처럼 천자와 막역한 관계를 유지하면서도 공을 세웠지만, 지금은 공적에 대한 상을 사양하고 노중련처럼 공성신퇴를 실현한 것 같은 느낌을 받는다. 이러한 상황이 진실이라면 진정 공성신퇴를 이룩했다고 할 수 있고, 관직에 오르기 전에 은일을 주장한 것도 모두 진심이었다고 할 수 있다. 그러나 실상은 그러하지 않았다.

우선 그가 만일 한림공봉 시기에 공업을 세웠다고 한다면 그 이후에는 더 이상 관직에 오르려는 생각을 하지 말았어야 하는데, 수많은 간알시와 그의 행적을 보면 그렇지 않았다는 것을 알 수 있다. 또한 그가 한림공봉 당시에 공적을 세웠다는 사실은 어디에서도 확인할 수가 없다. 우선 그가 한림원에 재직할 때 쓴 〈한림원에서 글을 읽다가 감회를 말하여 집현전 학사들에게 주다[翰林讀書言懷, 呈集賢諸學士]〉를 보자.

1 晨趨紫禁中, 　새벽에는 궁궐 안을 종종걸음으로 다니고
2 夕待金門詔. 　저녁에는 금문에서 조서를 기다리면서,
3 觀書散遺帙, 　책을 보느라 옛 서적을 흩어 놓고
4 探古窮至妙. 　옛 일 탐구하며 지극히 묘한 것을 궁구하노라니,
5 片言苟會心, 　작은 글귀라도 마음을 깨치면
6 掩卷忽而笑. 　책을 덮고 홀연 미소 짓네.
7 靑蠅易相點, 　쉬파리는 오점을 남기기 쉽고
8 白雪難同調. 　〈백설〉노래에 함께 부르기 어려운 법.

9 本是疏散人,　본래 나는 구속에 매이지 않은 사람인데
10 屢貽褊促誚.　누차 편협하다는 질책을 받았네.
11 雲天屬清朗,　구름 뜬 하늘은 마침 맑고 상쾌하여
12 林壑憶游眺.　숲과 계곡에서 노닐던 때가 기억나는데,
13 或時淸風來,　혹 때때로 맑은 바람이 불어오면
14 閒倚欄下嘯.　한가하게 난간 아래 기대어 휘파람을 불어 보네.
15 嚴光桐廬溪,　엄광은 동려의 물가에서 낚시질 하였고
16 謝客臨海嶠.　사령운은 임해의 산을 올랐으니,
17 功成謝人間,　공을 이루면 인간세상을 떠나서
18 從此一投釣.　이제부터 낚싯대를 한번 던져 보리라.

이 시의 제1~6구는 한림원에 있으며 일하는 내용을 적었는데, 자신의 업무 상황에 대해 상당히 만족하는 모습을 볼 수 있다. 그러나 그 다음에 나오는 제7~10구를 보면 그 속사정이 다른 것을 알 수 있는데, 자신의 재능을 알아주지 못하는 소인들이 자신을 모함하였으며 구속받지 않는 성격으로 인해 질책을 받았다는 내용이다. 이어서 제11~18구에서는 자신이 예전에 은거하던 때를 그리워하면서 다시금 은거하려는 생각을 드러내었다. 그리고 그 전제조건은 마지막 두 구절에 나오듯이 공을 이루어야 한다는 것이다. 그러나 현재의 상황에서 그는 아직도 자신이 은거할 수 있을 만한 공적을 세우지 못했으며, 참언과 비난이 자신을 뒤덮어 재능을 펼칠 수도 없었다. 이렇게 공을 세우지 못한 상황에서 은일을 생각한다는 것에서, 그가 생각한 은일이 공적을 세운 이후에 비로소 따라오는 것이 아님을 알 수 있다. 그리고 마지막 두 구절에서 언급한 공성신퇴는 상투적인 수사에 불과하다는 것을 알 수 있다.

그렇다면 이백이 말하는 은일은 어떤 것인가? 그가 말하는 은일

에는 여러 가지 성격이 혼재되어 있다. 주로 간알 성격의 작품에 나타나는 '공성신퇴'와 관련된 은일은 급시행락이나 자연과의 합일과 관련된 은일과 구분할 필요가 있다. 우선 급시행락과 관련한 은일에서는 노자의 화복론과 연결되어 있다. 즉 복이라는 것은 화를 배태하고 있는 것이어서 도리어 자신에게 해로운 것이 될 수 있으니 적절한 정도에서 피해야 한다는 내용이다. 실제로 이백은 공명을 성취한 이후에 은일하지 않아서 죽음을 당한 이사나 석숭과 같은 역사적인 예를 들면서 은일해야 한다고 주장하였다. 그리고 당시 이옹과 배돈복이 관직에 있다가 이임보의 농간에 의해 죽음으로 내몰린 사실도 지적하였다. 그러나 이런 예가 있는 시문을 자세히 보면 모두 자신이 관직에 나아가지 못한 상황에서 부귀공명에 연연하지 않고 급시행락을 추구하자는 내용과 관련이 있다. 따라서 이러한 예들은 관직에 진출하지 못한 자신을 안위하고 근심을 해소하기 위해 은일하고자 하는 마음을 표현한 것이다. 이에 반해 자연과의 합일을 위한 은일은 속세를 떠나 실제로 자연 속에서 유유자적하는 생활을 하고자 하는 실질적인 은일을 말한다. 이에 관해서는 뒤에서 자세히 서술하겠다.

이러한 은일과는 달리 공성신퇴와 관련된 은일은 실질적인 은일을 말하는 것이 아니라 상징적이고 선언적인 의미가 강하다. 그리고 이는 신선적 풍모를 지닌 도가적 이미지를 통해 자신의 존재를 인정받고자 하는 상황과 연결되어 있다. 즉 애초에 은자로서 부귀공명을 초월하고 자연의 이치를 지향하는 존재이기 때문에 공적을 이룬 후에도 그런 연속성을 보여 주어야 하는데, 이러한 선언으로 인해 세속과 거리를 둔 은자적 이미지를 더욱 공고하게 할 수 있다. 이는 〈비서성의 위자춘께 드리다[贈韋秘書子春]〉라는 시에서 확인할 수 있다.

1 谷口鄭子眞,　　곡구사람 정자진은

2 躬耕在巖石.　바위산에서 몸소 농사를 지었는데,

3 高名動京師,　고아한 명성이 수도를 뒤흔들었고

4 天下皆籍籍.　온 천하에 자자했습니다.

5 斯人竟不起,　이 사람은 끝내 일어나 출사하지 않고

6 雲臥從所適.　구름 속에 누워 자기 마음 가는 곳을 따랐는데,

7 苟無濟代心,　만일 세상을 구제할 마음이 없다면

8 獨善亦何益.　홀로 자신을 수양한들 또 무슨 이득이 되겠습니까?

9 惟君家世者,　생각건대 그대는 유서 깊은 집안의 사람인데

10 偃息逢休明.　태평성세를 맞아 편안히 누워계시면서,

11 談天信浩蕩,　하늘의 이치를 말하니 진실로 호탕하고

12 說劍紛縱橫.　검의 도리를 말하니 종횡으로 거침이 없으십니다.

13 謝公不徒然,　사안은 헛되이 가만히 있지 않고

14 起來爲蒼生.　일어나 백성들을 위했는데,

15 秘書何寂寂,　비서성은 정말로 적적할 뿐이니

16 無乃羈豪英.　빼어난 재주를 묶어 두는 것이 아니었겠습니까?

17 且復歸碧山,　게다가 다시 푸른 산으로 돌아가셨으니

18 安能戀金闕.　어찌 궁궐에 연연하겠습니까?

19 舊宅樵漁地,　옛날 집은 나무하고 물고기 잡던 곳인데

20 蓬蒿已應沒.　쑥대가 이미 다 덮었을 것이니,

21 卻顧女几峰,　여궤봉을 돌아볼 때

22 胡顏見雲月.　무슨 낯으로 구름과 달을 보았겠습니까?

23 徒爲風塵苦,　그저 세속의 고달픔으로 인해

24 一官已白髮.　미관말직으로 이미 백발이 되었을 뿐입니다.

25 氣同萬里合,　만 리 떨어진 곳에서도 기운이 서로 합쳐져서

26 訪我來瓊都.　저를 찾아 신선들의 마을에 오셨으니,

27 披雲睹青天,　구름을 헤치고 푸른 하늘을 바라보고는

28 捫虱話良圖. 이를 잡으며 원대한 계책을 이야기합니다.

29 留侯將綺里, 장양과 상산사호는

30 出處未云殊. 출사와 은거의 지향이 다르다고 할 수 없으니,

31 終與安社稷, 마침내 더불어 사직을 안정시키고

32 功成去五湖. 공이 이루어지자 오호로 떠났지요.

이 시를 받는 위자춘은 일찍이 저작랑(著作郎)을 지내다가 천보 8년(757)에 이임보의 모함으로 죽은 함녕태수 조봉장(趙奉璋)의 사건에 연루되어 단계현위로 폄적된 후 관직을 사임하고 은거하였다. 이후 영왕이 군대를 일으켰을 때 그의 참모가 되었는데, 이 시는 위자춘이 여산에 있는 이백을 찾아와서 정세에 대한 의견을 나누고 영왕의 막부에 들어올 것을 요청했을 때 지은 것이다. 제1~8구에서는 정자진이 은일하면서 유유자적하게 살면서 나라가 위기에 처했을 때도 일어서지 않은 것을 비판하였다. 이는 당시 위자춘이 은일하다가 난리를 구하기 위해 일어난 것을 칭송한 것이고, 이백 자신 역시 이러한 지향이 있음을 말한 것이다. 제9~16구에서는 위자춘의 재능을 찬미한 것으로, 사안처럼 나라가 어지러울 때 일어나서 그 재능을 발휘해야 하는데 비서성의 관직은 걸맞지 않음을 말하였다. 제17~24구에서는 위자춘이 관직에서 물러나 은거한 것을 말하였는데, 한때 공명의 추구를 위해 은거지를 떠나 황폐하게 만든 것을 안타까워했음을 말하였다. 제25~32구에서는 장양이 상산사호를 방문해 세상으로 나올 것을 권유한 것에 자신들의 상황을 비유하면서, 출사하여 함께 공을 세운 뒤에는 다시 원래의 지향대로 은거하며 살자는 당부로 마무리하였다.

위자춘과 이백은 처지나 지향이 비슷한 사람이라고 할 수 있다. 중앙관직에 있다가 모함을 받아 쫓겨나서 은거를 하였고, 다시 영왕의 군대에 들어가 공을 세우고자 하며, 그 후에는 원래의 지향을 좇아

은거하려고 하였다. 이 시에서 언급된 사안과 상산사호는 모두 이백이 존경한 역사적 인물로서, 모두 은일하고 있다가 나라의 위급한 상황에 세상으로 나와서 공을 세우고 다시 은거한 자들이다. 이들이 기본적으로 지향하였던 바는 은일이었기 때문에 잠시 세상에 나오는 것이 크게 문제될 것은 없었다. 세상에서 공을 세우더라도 전혀 연연하지 않고 다시 은일하면 그만이었다. 그들이 은일생활을 함에 있어서도 공을 세우겠다는 생각은 전혀 가지고 있지 않았다. 하지만 이백과 위자춘의 은일은 좀 다른 면이 있다. 위의 시에서 정자진과 같이 나라가 위기에 처했을 때조차도 은일생활을 계속하는 것을 비판하였으며, 또 다른 시에서는 소보나 허유, 백이와 숙제 같이 자신의 정절을 위해 세속과 완전히 절연하고 산 은자들을 노골적으로 비판하기도 하였다. 즉 이백의 은일은 공명의 추구와는 떼려야 뗄 수 없는 밀접한 관계를 가지고 있는 것이며, 공명의 추구가 없는 은일은 생각할 수 없는 것이다. 나아가 이백의 지향은 애초부터 자신의 존재를 부각시키기 위해서 관직에 나아가 공적을 세우는 것이므로, 관직에 나아가기 전의 은일은 관직에 나아가기 위한 수단으로밖에 존재하지 않는 경향이 있다. 따라서 공명을 이룩한 뒤에 은일하겠다는 것 역시 부귀공명에 연연하지 않는 자신의 호방함을 표현함으로써 자신의 은자적 명망을 높여 관직 획득을 보다 효율적으로 이루기 위한 수단으로 사용되었다. 즉 은일-출사 후 공명 실현-은일의 과정에서 주된 목적은 공명의 실현이었으며, 첫 번째의 은일은 출사를 위한 수단일 뿐이고, 두 번째의 은일은 첫 번째 은일의 연장선상에 있는 것으로 출사를 위한 수사적이고 선언적인 표현에 불과했다.

2) 명망의 추구와 간알의 시도

이백은 체제 내적으로 자신의 이름을 영원히 남기기 위해 관직에 올라 공명을 실현하려고 하였는데, 그 과정 역시 당시 여타 문인들과는 다른 양상을 보였다. 과거시험과 같은 공식적인 방식을 채택하지 않고 자신의 존재를 직접적으로 과시하기 위해 은자의 명망을 쌓거나 중앙 권력자들에게 간알을 하였다. 간알 과정에서 때로는 상대방에게 굽히는 모습을 보이기도 했지만, 자존심을 지키면서 자신감과 자부심을 당당하게 드러내었다. 그리고 그는 관직에 있을 때도 자신의 탈속적 성격으로 인해 관료사회 내에서 마찰을 일으킬 수밖에 없었으며 결국 관직을 떠나야 했다. 그러나 그 이후에도 한림공봉으로 재직할 당시의 화려했던 생활을 기억하면서 다시 정치적 공명을 실현하려는 시도를 포기하지 않았다.

성당시기에는 관직에 오를 수 있는 방법이 다양했는데, 이백은 자신의 존재를 직접적으로 인정받고자 하여 도사와의 교유, 고위관리에 대한 간알, 천자에게 부를 지어 바쳐는 헌부(獻賦) 등의 방법을 시도하였다.

당시 관직에 오를 수 있는 가장 보편적인 방법 중의 하나는 과거시험이었는데, 이백이 과거시험에 응시했다는 기록은 찾을 수 없다. 여러 연구자들이 이에 대해 이유를 밝히고 있지만 대부분 추측에 불과하다. 일부 연구자들이 그가 한족이 아니라는 혈통을 문제 삼기도 하지만 당시 일본인인 조형(晁衡, 698~770)이 진사과에 합격한 예를 보면 이러한 주장은 타당하지 않다. 더구나 그가 한족이 아니라는 증거도 충분하지 않다. 또 다른 연구자들은 그의 집안이 상업을 주로 하였기 때문에 과거시험을 볼 자격이 없었다고 주장하지만, 그의 집안이 상업을 전업으로 하였다는 것은 정황증거에 의한 추측일 뿐 근거가 미약하다.

아마도 이백은 과거에 응시할 기회를 포착하지 못했을 것으로 보인다. 당시에는 간알을 통해 과거합격자가 사전에 정해지는 경우가 자주 있었다. 즉 과거시험은 단순한 요식행위에 불과했으며, 과거시험을 관리 감독하는 지공거나 당시 유력인사에게 행권과 온권과 같은 간알을 통해 사전에 인정받는 것이 과거에 급제하는 가장 효과적인 방법이었다. 따라서 이러한 간알이 성공하지 못한 상태에서 과거시험을 보는 것은 의미가 없는 행위였다. 이백이 오랜 기간 동안 여러 계층의 인물을 찾아다니며 간알했지만 성과를 거두지 못했기 때문에 과거시험에 응시할 기회를 포착하지 못했을 가능성이 높다. 다른 한편으로는 그가 과거제도의 체제 포섭적이고 관제적인 성격을 거부하였기 때문에 과거시험에 응시하지 않았으리라고 생각한다. 과거라는 관료선발제도는 당 제국의 가치규범에 부합하는 사상을 가진 사람들만을 선발하는 것으로, 문인들의 사상적 통일을 이루려는 목적을 가지고 있었는데, 그는 탈체제적인 성격으로 인해 그러한 규범화를 거부하고 과거에 응시하지 않은 것으로 보인다.

또 다른 관직 진출 방법으로 군대에 들어가서 공을 세우는 종군을 들 수 있는데, 그는 당시 당 제국이 추진하였던 변방이민족과의 전쟁을 중립적이거나 비판적으로 바라보았기 때문에 이 방법을 선택하지 않은 것으로 보인다. 일례로 천보 8년(749) 토번이 점령하고 있던 석보성(石堡城)을 가서한(哥舒翰)이 탈환하는 과정에서 수만의 병사가 죽은 일과 천보 10년(751) 선우중통(鮮于仲通)이 남조(南詔)를 공격하다가 패배하여 수십만의 병사가 몰살당한 사건을 들 수 있다. 당시 이 사건에 대해 저광희(儲光羲), 고적, 한굉(韓翃), 왕유 등은 오히려 이들의 공적을 찬양하는 시와 문장을 지었는데, 당시 이러한 태도가 문인들 사이에서는 보편적이었다. 그러나 이백은 이들과 달리 비판적인 태도를 취했다. 그는 〈왕씨가 차가운 밤에 홀로 술을 마시다 생각한 바를 쓴 시에 답하다[答王十二寒夜獨酌有懷]〉에서 "그대는 하지 못하지, 가서한을 본받아서 밤에 칼을 차고 청해에서 이리저리 날뛰면서 서쪽 석보성을 학살하여 관직을 얻는 것을.[君不能, 學哥舒橫行靑海夜帶刀, 西屠石堡取紫袍.]"이라고 하면서 가서한을 직접적으로 비판하였다. 선우중통에 대해서는 〈고풍 59수〉 중 제34수에서 "오월에 노강을 건너 장차 운남으로 정벌간다네. 겁먹은 군졸은 전사가 아니며 더운 지역이라 멀리 가기도 힘들지. 부모와 이별하느라 길게 울부짖으니 해와 달도 그 빛을 바래는데, 눈물 다하니 이어서 피눈물을 흘리고 마음이 아파 양쪽 모두 소리도 나지 않네. 지친 들짐승으로 사나운 호랑이를 맞서게 하고 곤궁한 물고기로 날뛰는 고래의 미끼로 쓰는 격이니, 천 명이 가면 한 명도 채 돌아오지 못하는데 몸을 던지면 어찌 목숨을 부지하리오.[渡瀘及五月, 將赴雲南征. 怯卒非戰士, 炎方難遠行. 長號別嚴親, 日月慘光晶. 泣盡繼以血, 心摧兩無聲. 困獸當猛虎, 窮魚餌奔鯨. 千去不一回, 投軀豈全生.]"라고 하였으며, 〈감회를 써서 상 남릉현승에게 주다[書懷贈南陵常贊府]〉에서는 "오월에 운남 지방에서 노강을 건너는 군인들이 번번이 죽었으니, 독초로 한나라 말을 죽이고 포진한 병사는 진나라 깃발을 빼앗았네. 이제껏 서이하엔 흐르는 피가 시체들을 에워싸고 있는데, 장수에게 칠종칠금의 책략이 없어 노나라 여자가 밭의 아욱을 애석해하네.[雲南五月中, 頻喪渡瀘師. 毒草殺漢馬, 張兵奪秦旗. 至今西二河, 流血擁僵屍. 將無七擒略, 魯女惜園葵.]"라고 하면서 그의 패배에 대해 정면으로 비판하였다. 정벌전쟁에 관한 이백의 이러한 태도는 당시 여타 문인들의 태도와는 사뭇 상이하다. 그 이유로는 그가 집안 배경으로 인해 변방이민족 문화와 친밀했다는 사실을 들 수 있으며, 이는 또한 중화중심주의적 가치관을 가지고 있었던 당시 문인과는 달리 그가 탈중심적인 가치관을 가지고 있었던 것과 관련지을 수 있다.

천자에게 부를 지어 바치는 헌부 역시 관직 진출 방법 중의 하나로서 한나라 이래로 상례화되었다. 당대의 예로는 두보가 〈삼대례부(三大禮賦)〉를 지어 바쳐 현종의 인정을 받아 집현전대조(集賢殿待詔)를 배수한 것을 들 수 있다. 이백도 이러한 시도를 했던 것으로 보이는데, 당시 그와 교유하였던 사람들의 기록에서 그 흔적을 찾아볼 수 있다. 독고급(獨孤及)이 "예전에 그대가 진 땅에 들어왔을 때 황제께서 막 〈자허부〉와 같은 작품을 읽으시고는 사마상여 같은 이와 동시대에 있음을 기뻐하셨다.[曩子之入秦也, 上方覽子虛之賦, 喜相如同時.]"라고 하였고, 위만(魏萬)이 "초 땅의 노래를 부르며 오 땅의 술을 마주하고서 애당초 황제의 은총을 어찌 받았는지 물어보니, 궁에서 〈장문부〉를 사서 보고는 천자가 수레를 보내 맞이했다고 하네.[楚歌對吳酒, 借問承恩初. 宮買長門賦, 天迎駟馬車.]"라고 한 것으로 보아 이백이 궁중에 들어가게 된 것은 하지장(賀知章)과 옥진공주(玉眞公主)의 추천 이외에 헌부와도 관련 있었음을 알 수 있다. 그리고 그의 시에서도 "예전에 〈장양부〉를 바치니 하늘이 열려 천자의 은택에 기뻐하였네. 당시 승명전에서 조서를 기다렸는데 모두들 양웅 같은 재주가 대단하다고 말했으며, 천자께서 비룡의 두 천마를 하사하셨으니 황금빛 머리장식에 백옥 안장이었지.[昔獻長楊賦, 天開雲雨歡. 當時待詔承明裏, 皆道揚雄才可觀. 敕賜飛龍二天馬, 黃金絡頭白玉鞍.]"라고 한 것으로 보아 그가 헌부를 통해 관직에 오르려고 하였음을 알 수 있다. 또 "글을 바쳐서 궁궐로 들어가 향기로운 술을 따르며 임금님 연회석을 받들었네.[獻書入金闕, 酌醴奉瓊筵.]"라고 하여 궁궐에 들어가게 된 계기가 헌서이었음을 직접적으로 밝히고 있다.

이백은 또한 도사와의 교유를 통해 도교적 명망을 쌓아 관직에 진출하는 "종남첩경"을 기도하였다. 그가 젊은 시절 사마승정과 만난 것은 인생에 있어서 기념비적인 사건 중의 하나일 것이다. 사마승정은 남조 도교의 주요인물인 도홍경의 3대 제자인데, 측천무후와 예종 때

누차 조정의 부름을 받아 극진한 대우를 받았다. 개원 9년(721) 현종은 관리를 파견하여 그를 조정으로 불러들여 친히 도록을 받았으며, 이듬해 천태산으로 돌아갈 때는 직접 시를 지어서 주었다. 이백은 아마도 나이 여든이 된 사마승정을 만났을 터인데, "신선의 풍격과 도가의 풍골을 가졌으니 세상의 끝에서 함께 정신적으로 노닐 수 있겠다.[有仙風道骨, 可與神游八極之表.]"라는 칭찬을 들었다. 이에 매우 감격하고 기뻐한 그는 〈대붕부〉를 짓기도 하였다. 이후 이백은 그의 명망을 목도함으로써 도교적 명망을 통해 관직에 오르려는 마음을 굳게 가졌다. 그래서 여러 도교 명산들을 찾아다니며 신선술을 연마하고 도교적 명망을 쌓았다. 그 결과 신선다운 풍모를 갖춘 도사의 실질과 명망을 인정받아 하지장으로부터 "적선(謫仙)"이라는 칭호를 얻게 되었으며, 이후에는 현종의 부름을 받아 한림공봉이 되었다. 이러한 방식의 관직 진출 시도는 그가 한림공봉을 떠난 이후에도 계속되었는데, 안녹산의 난이 일어났을 때 여산에 은거한 것 역시 결과적으로 그러한 성과를 거두게 하였다. 이백이 안녹산의 난이 일어났을 때 피신한 것은 자신의 안위를 위해서였으나, 결과적으로는 그곳에 은거한 은자로서 발탁되어 영왕의 군대에 참여하게 되었다.

그러나 이백은 도사들과의 교유과정에서 명망만을 쌓겠다는 당시의 통속적인 무리와는 달리 도사들과의 허심탄회한 교유나 산수 유람을 통한 자연과의 친화 등을 추구하기도 하였다. 이러한 모습은 그의 탈체제적 가치관이 체제 내부에서의 세속적 자아실현 과정에 반영되어 나타난 것이다. 비록 그가 종남첩경이라는 실용적이고 현실적인 목적을 가지고 체제 내부를 지향하였지만 때로는 이와 다른 모습을 보여주기도 하여 체제를 초월하거나 체제 외부를 지향하기도 하였다. 이로 인해 때로는 입세에서의 좌절을 위로받기도 하고, 때로는 입세와 출세의 욕망이 서로 충돌하기도 하였다.

관직에 진출하는 또 다른 방법으로 간알을 들 수 있다. 자신의 재능에 대한 과도한 자신감과 자기중심적 가치관을 가지고 있었던 그는 자신을 굽혀 다른 사람에게 간알을 하는 것을 부끄럽게 생각하였으며, "한 번 울어 제쳐 사람을 놀라게 한 후 하늘로 곧장 올라가고자[一鳴驚人, 一飛沖天.]" 하였다. 비록 젊어서부터 문학적 재능을 인정받기도 하였지만, 현실적으로 일개 평민에 불과한 그가 당 제국에서 전국시대의 종횡가나 협객들의 방식으로 재능을 인정받아 관직에 오르는 것은 상당히 어려운 일이었다. 실제 그의 안하무인격인 태도는 〈이옹께 올리다[上李邕]〉에서 볼 수 있듯이 타인의 질타를 받았을 것이다. 이러한 경험과 자각을 통해 이후 그는 다소 공손한 태도로 간알을 하기 시작하였으며, 마정회 안주도독, 이경지 안주장사, 배 안주장사, 한조종 형주장사 등 여러 지방 관리들을 찾아갔다. 자신만만한 태도와 자기 과시로 일관하는 간알 태도는 주로 청년기에 보이며 장성한 뒤의 간알 태도는 사뭇 다르다. 대부분의 간알시는 상대방에 대한 칭송과 자기 재능의 과시가 적절히 배분되어 구성되어 있다. 이러한 점에서 볼 때 그가 청년기의 실패를 통해 간알 태도와 방식을 다소 수정하였으리라고 추측할 수 있다.

당시 어진 사람을 추천하는 것을 지극히 공정한 방법으로 여기는 생각이 널리 퍼지면서 문인들 사이에서는 간알이 보편화되었다. 이러한 분위기가 진취적이고 역동적인 성당기상과 맞물리면서 간알자는 보다 당당한 태도로 간알하였으며, 또한 자신의 존재를 돋보이고자 하는 개성적인 간알방식을 모색하기도 하였다. 이러한 과정에서 간알자와 간알 대상자 간에 지위 고하의 차이를 드러내기보다는 대등한 입장을 유지하려는 경향이 존재하기도 하였으며, 때로는 오히려 상대방을 훈계하는 모습을 보이기도 하였다. 이백에게서도 다양한 형태의 간알을 발견할 수 있는데, 우선 평범한 간알의 모습을 보여 주는 것으로는

〈상 시어에게 주다[贈常侍御]〉를 들 수 있다.

安石在東山,	사안은 동산에 있을 때
無心濟天下.	천하를 구제하는 데 관심이 없었지만,
一起振橫流,	한 번 일어서자 어지러운 시국을 구하고
功成復瀟灑.	공을 세운 뒤 다시 유유자적하였네.
大賢有卷舒,	큰 현인은 자신이 처신하는 방법을 아는데
季葉輕風雅.	말세에는 그런 기풍의 고아함을 가벼이 여기네.
匡復屬何人,	나라를 구할 이는 어떤 사람인가?
君爲知音者.	그대는 사람을 잘 판단하는 자라네.
傳聞武安將,	전해 듣기로 무안의 장군이
氣振長平瓦.	그 기세가 장평의 기와를 뒤흔들었다네.
燕趙期洗淸,	연 땅과 조 땅이 깨끗이 소탕되기를 기대하고
周秦保宗社.	주 땅과 진 땅의 종묘사직을 보위해야 하니,
登朝若有言,	만일 그대가 조정에 들어가 천자께 말씀을 올린다면
爲訪南遷賈.	남쪽으로 옮겨 간 가의 같은 나를 찾아야 한다고 하게.

이 시는 안녹산의 난이 일어났을 때 강남에 머물다가 만난 상 시어에게 준 것이다. 이때 상 시어는 중앙관직으로 불려 가는 중이었는데, 그가 궁중에 가서 자신을 천거해 주기를 바라는 마음을 적었다. 도입부에서는 사안의 이야기를 썼는데, 은일하고 있다가 나라가 위급할 때 일어서는 것은 현재 상 시어의 모습이면서 또한 미래 자신의 모습이다. 그 다음에는 상 시어가 인재를 잘 판단하는 능력을 갖추었음을 칭송하였다. 이어서 현재와 같은 난리를 평정하기 위해서는 자신과 같은 인재가 조정에 필요하다는 것을 역설하고는 자신을 천거해 달라는

당부의 말로 끝맺었다. 이 시는 전형적인 간알시로 한편으로는 세상을 평정할 자신의 재능을 과시하고 다른 한편으로는 상대방의 인품을 찬양하면서 자신을 이끌어 주기를 노골적으로 말하였다. 이백이 다른 사람에게 간알을 할 때는 대체로 이러한 격식을 크게 벗어나지는 않는 것으로 보인다.

그러나 때로는 권력질서를 무시하거나 권력자의 부정부패 특히 인재 선발의 부당함을 직접적으로 비판하는 모습을 보여 주기도 하였다. 〈이옹께 올리다[上李邕]〉에서는 "공자도 후학을 두려워할 만하다 하였으니 대장부께서는 어리다고 가볍게 생각해서는 안 될 것입니다.[宣父猶能畏後生, 丈夫未可輕年少.]"라고 하면서 봉건적 위계질서를 뛰어넘어 자기를 과시하였다. 또 〈오래도록 비 내리는 옥진공주의 별관에서 장 위위경께 드리다 2수[玉眞公主別館苦雨, 贈衛尉張卿 二首]〉 중 제2수에서는 "직과 설이 하늘과 사람을 조화시켜야 하는데 음과 양은 여전히 교만합니다.[稷契和天人, 陰陽乃驕蹇.]"라고 하여, 비가 계속 쏟아지는 상황에 빗대어 관료들이 인재를 제대로 헤아려서 등용하지 못하는 상황을 넌지시 비판하였다. 앞의 예에서 간알 대상자인 이옹은 당시 유주자사였으며, 뒤의 예에서 장 위위경은 당시 우승상 장열의 둘째 아들 장기(張垍)로서, 그는 영친공주와 결혼해서 부마도위가 되었으며 옥진공주의 조카사위다. 이를 감안할 때 이러한 간알시에 보이는 태도는 당시 성당시기 간알 풍토의 일면이 반영된 것이기도 하지만 남다른 자신을 과시하려는 이백의 호방한 기상 또한 반영된 것이었다.

이상에서 본 것과 같이 이백은 헌부, 도사와의 교유, 권력자에 대한 간알 등의 방식으로 관직에 진출하려고 하였다. 이는 모두 자신의 재능을 직접적으로 중앙관직자에게 인정을 받는 것으로, 자신의 존재를 과시하는 명망 위주의 시도였으며, 근본적으로 '남다른 존재'로서의 자신을 영원히 남기겠다는 이상을 실현하기 위한 수단이었다.

이백이 관직에 올랐다고 할 수 있는 경우는 모두 네 번이라고 할 수 있다. 첫 번째는 도사의 풍모와 뛰어난 문학적 재능을 인정받아 하지장과 옥진공주의 추천으로 한림공봉이 된 것이고, 두 번째는 영왕 이린의 군대에 들어갔을 때다. 세 번째는 이백이 영왕 이린의 일에 연루되어 심양의 감옥에 갇혔다가 어사중승 송약사의 도움으로 석방되었는데, 당시 송약사가 자신의 막부 참모로 삼아 주었을 때다. 네 번째는 젊어서 촉 지방에 있을 때 현에서 내실을 담당하는 작은 관리가 되었을 때다. 하지만 세 번째는 형식적인 예우에 그쳤을 가능성이 높으며 네 번째는 《당시기사(唐詩紀事)》에 인용된 내용이라 신빙성이 떨어진다. 따라서 대체로 이백의 관직 생활은 한림공봉과 영왕의 막부 생활에 한정된다. 그중 이백은 한림공봉 시기에 대한 자부심이 대단하였는데, 이는 그가 황제의 인정을 직접 받았으며 황제를 가까이에서 모셨기 때문이다. 이양빙의 〈초당집 서문[草堂集序]〉에 이백이 한림공봉으로 들어갔을 때 현종이 어떻게 대하였는지에 대해 자세히 기록되어 있다.

> 천보 연간에 현종이 조서를 내려 금마문으로 들어오게 하였다. 현종이 가마에서 내려 걸어서 맞이하면서 마치 상산사호를 대하듯 하였다. 칠보상에 음식을 내리면서 친히 국의 맛을 보고는 그에게 떠먹였다. 말하기를 "그대는 평민의 신분인데도 그 명성을 내가 알게 되었으니 평소 쌓아 놓은 도의가 아니라면 어찌 이곳에 이르렀겠는가?"라고 하고는, 금란전에 두고서 한림원을 출입시켰다. 국정에 대해 묻고 조서를 남몰래 작성하게 하였으니, 다른 사람들은 아무도 몰랐다.[天寶中, 皇祖下詔, 徵就金馬, 降輦步迎, 如見綺皓. 以七寶牀賜食, 御手調羹以飯之. 謂曰, 卿是布衣, 名爲朕知, 非素蓄道義, 何以及此. 置於金鑾殿, 出入翰林中, 問以國政. 潛草詔誥, 人無知者.]

이로 보아 현종이 극진한 대우를 한 것으로 여겨지는데, 그러나 이러한 대우는 황제가 사마승정, 노홍일, 왕희이 등의 도사를 환대했던 것과 비슷한 예법이었을 뿐이었다. 또 이백의 명성에 대한 현종의 칭송도 의례적인 수사였을 가능성이 높다. 그리고 현종이 이백에게 국정에 대해서 물어보았으며 조서를 남몰래 기초하였다는 것에 대해서도 고증할 수 없다. 오히려 이백은 어용문인으로서 연회에 참석하여 흥을 돋우는 시를 지었을 따름이었다. 그러나 이백 스스로는 이렇게 천자의 극진한 대접을 받고 또 측근에서 천자를 모시고 다닌 것에 대해서 한편으로는 감격하고 다른 한편으로는 남다른 자부심을 가졌을 것이다. 이러한 자부심으로 인해 그는 더욱 유아독존적인 태도를 견지했을 것이며 스스로 국정의 핵심에 참여하고 있다는 오해를 했을 것이다. 그가 한림공봉 시기에 어떠한 행위를 했으며 스스로 어떻게 느꼈는지에 대해서는 〈고시를 본뜨다 2수[效古 二首]〉 중 제1수에 잘 나타나 있다.

朝入天苑中,　　아침에 황제의 궁원에 들어
謁帝蓬萊宮.　　봉래궁에서 황제를 배알하니,
青山映輦道,　　푸른 산은 연도를 비추고
碧樹搖煙空.　　푸른 나무는 안개 서린 하늘에 흔들렸네.
謬題金閨籍,　　외람되이 금문의 장부에 이름을 적고
得與銀臺通.　　은대문에 들어갈 수가 있었으니,
待詔奉明主,　　조서를 기다리며 밝은 임금님을 받들고
抽毫頌清風.　　붓을 들어 맑은 바람을 노래하였네.
歸時落日晚,　　돌아갈 무렵에 해가 떨어지고
蹀躞浮雲驄.　　부운마를 타고 가는데,
人馬本無意,　　사람과 말이 모두 본래 무심하여

飛馳自豪雄. 나는 듯 달리니 절로 호걸이고 영웅이었네.
入門紫鴛鴦, 문으로 들어가니 자줏빛 원앙이 있고
金井雙梧桐. 금장식한 우물에는 오동나무 두 그루가 있으며,
淸歌紘古曲, 청아한 노래에 옛 곡조를 타고
美酒沽新豐. 좋은 술은 신풍에서 사온 것이라,
快意且爲樂, 마음이 유쾌하고 즐거운데
列筵坐群公. 사방에는 여러 공이 앉았네.
光景不可留, 시간은 한 번 가면 붙잡을 수 없고
生世如轉蓬. 이 세상을 사는 것은 굴러다니는 쑥대와 같아서,
早達勝晩遇, 일찍 출세하는 것이 늙어서 인정받는 것보다 나으니
羞比垂釣翁. 낚싯대 드리웠던 강태공과 비교되는 것은 부끄럽네.

이 시는 한림공봉으로 재직할 때 쓴 것으로 추측되는데, 당시 자신이 했던 행위들이 자세히 묘사되어 있다. 궁궐에 들어가서는 황제의 조서를 기다리거나 태평성세를 노래하였고, 궁궐 밖에서는 공들과 어울리며 술을 마시고 노래를 불렀다. 이러한 묘사에서 눈여겨볼 것은 그가 실제 어떤 일을 했느냐는 것을 기술하기보다는 그 분위기의 화려함을 서술하는 데 주안점을 두고 있다는 것이다. 관원이면 궁궐에 출근하여 이름을 적고 황제를 배알하는 것이 일상사이지만, 그는 전반 여섯 구절을 할애해 가며 그 과정을 장황하게 적고 있다. 그런 후에 그가 했던 업무에 관해서는 두 구절로 간략하게 적고 있을 뿐이다. 또 그가 한 일로는 퇴근 후에 여러 공들과 어울려 논 것인데, 이 역시 화려한 모습을 아주 상세하게 그려내고 있다. 이렇게 그 스스로도 자신이 이루었던 정치적 업적보다는 자신의 존재를 과시하는 것을 더 중시하였음을 알 수 있다. 이러한 경향은 〈산으로 돌아가며 금문의 친구들을 떠나다[還山留別金門知己]〉, 〈친척 동생인 이지요 남평태수에게 주다 2

수[贈從弟南平太守之遙 二首]〉 중 제1수, 〈온천궁에서 천자를 모시다가 돌아와서 친구를 만나다[溫泉侍從歸逢故人]〉, 〈수레가 온천궁을 떠난 뒤 양 산인에게 주다[駕去溫泉宮後贈楊山人]〉 등 당시에 썼거나 당시를 기억하며 적은 다른 시에서도 발견된다.

그는 궁궐을 떠난 뒤로도 줄곧 이러한 기억들을 되새기면서 장안에서의 관직생활을 그리워하였으며, 다시 천자가 자신을 불러주기를 학수고대하였다.

胡人吹玉笛,	서역 사람이 옥 피리를 부는데
一半是秦聲.	절반은 진나라의 곡이네.
十月吳山曉,	시월 오 땅 산의 새벽에
梅花落敬亭.	경정산에 〈매화락〉이 들리고,
愁聞出塞曲,	근심스레 〈출새〉 곡을 들으니
淚滿逐臣纓.	눈물이 쫓겨난 신하의 갓끈에 가득하네.
卻望長安道,	장안으로 가는 길을 돌아보니
空懷戀主情.	천자를 그리는 마음이 공연히 생겨나네.

이 시는 〈서역 사람이 피리 부는 것을 보다[觀胡人吹笛]〉인데, 한림공봉을 그만두고 선성의 경정산에 머물던 중 서역 사람이 부는 피리소리를 듣고 자신의 감회를 쓴 것이다. 서역 사람이 부는 피리소리이지만 그 가락의 대부분은 중원지방의 것이다. 그 노래는 〈매화락〉과 〈출새〉와 같은 곡조인데, 모두 변방에 있으면서 고향을 그리는 서글픈 마음을 표현한 것이다. 이백의 고향은 어디인가? 그의 실제 고향은 서역이나 촉 지방일 것이지만, 그의 마음속 고향은 바로 천자가 있는 장안이다. 지금은 쫓겨나 지방을 전전하지만 화려했던 당시를 회상하면서 다시금 천자가 자기를 불러주기를 기다리고 있다. 이러한 감정들을 서

술한 것은 〈선보현의 동쪽 누각에서 가을밤에 진 땅으로 가는 문중 동생 이심을 보내다[單父東樓秋夜送族弟沈之秦]〉, 〈추방된 후에 은혜가 내려졌지만 혜택을 못 받다[放後遇恩不霑]〉, 〈노 땅에서 장안으로 과거시험 보러 가는 두 친척 동생을 보내다[魯中送二從弟赴擧之西京]〉와 같은 시에도 보이는데, 대부분 황제를 언급하고 있다는 특징을 가지고 있다. 즉 그가 진정 관직을 그리워했던 것은 나라가 위기에 빠져서 그 혼란을 구제하기 위해서가 아니라, 황제 곁에 머물러 있기 위해서였다. 그러기 위해서는 그 누구도 아닌 최고 권력자인 황제의 인정이 필요하였다. 이러한 것에서도 그가 궁극적으로 추구하고자 했던 것은 자신의 존재에 대한 과시와 타인의 인정이었음을 알 수 있다.

다시 장안으로 돌아가기 위해 이백은 가는 곳마다 지방 관리들에게 간알을 하였으며, 기회가 있으면 공적을 세우려고 하였다. 그 주요 활동으로 757년 영왕 이린의 군대에 참여하였다가 반역죄로 몰려 투옥되었으며, 죽기 1년 전인 761년에 사조의를 정벌하러 가는 이광필의 군대에 합류하기 위해 가다가 도중에 병을 얻어 돌아온 것을 들 수 있다. 이렇게 그는 자신의 화려했던 한림공봉 시절을 회고하면서 다시금 관직에 진출하여 정치적 공명을 실현하고자 끊임없이 시도하였다.

이백이 공적을 이룩할 수 있는 기회는 평생 두 번 있었는데, 한림공봉으로 있을 때와 영왕의 군대에 합류했을 때다. 그러나 그가 이러한 자리에 있을 때 한 것이라고는 연회 자리에서 흥을 돋우기 위해서 시를 지은 것뿐이다. 그가 관원으로 발탁된 이유는 뛰어난 학식이나 책략이 아니라 기이한 도사의 풍모나 빼어난 문학 창작 능력이었기 때문에, 정책 입안과 같은 실질적인 정치 행정에 참여할 수는 없었다. 따라서 그는 다만 이른바 어용문인으로서의 역할밖에 못하였다. 이백이 비록 자신의 이상은 패업을 이룩하는 것이라고 주장하였지만, 정치 권력에서 그를 바라보는 시선은 아주 냉철한 것이었으며, 이들의 판단기준은 정치권력을 안정시키고 질서를 유지시킬 능력이 있는가라는 것이었다. 즉 정치권력에서는 그를 한낱 글을 잘 써서 연회 자리에서 흥을 돋우는 광대에 불과한 존재로밖에 보지 않았다. 자신의 뜻을 마음껏 펴고 싶은 이백과 궁궐의 짜인 틀에 맞춰지기를 바라는 권력자들 간의 모순 속에서 그는 어쩔 수 없이 권력자들의 입맛에 맞는 행락시만 지을 수밖에 없었다. 이백이 한림공봉으로 있을 때 지은 것으로는 〈의춘원에서 황제를 모시다가, 황제의 명을 받들어 용지의 버들 색이 비로소 푸릇해지고 새로 나온 꾀꼬리가 사방에서 지저귀는 것을 듣고서 읊다[侍從宜春苑, 奉詔, 賦龍池柳色初靑聽新鶯百囀歌]〉, 〈청평조사 3수(淸平調詞 三首)〉, 〈궁중의 즐거움 8수[宮中行樂詞 八首]〉가 있는데 모두 천자가 연 연회의 즐거움을 읊은 것이다. 영왕의 군대에서 지은 것으로는 〈영왕의 동쪽 순행 11수[永王東巡歌 十一首]〉, 〈수군의 연회에서 막부의 여러 시어에게 주다[在水軍宴贈幕府諸侍御]〉가 있는데 모두 영왕이 난리를 제압하고 공을 세우기를 기원하는 내용을 담고 있다. 이러한 작품들을 통해 어용문인 이백의 모습을 확인할 수 있다. 앞에서 살펴보았듯이 그는 이러한 행락시를 지은 것 자체에 대해서는 부정적으로 여기지는 않았다. 그러나 패업을 이룩하려는 정책을 제시할 수 없었던 것이나, 궁궐의 구속을 뛰어넘어 마음대로 돌아다니며 행동하지 못하도록 제한받았던 것 등에 대해서는 부정적으로 생각하였다. 자신의 개성을 발휘하려 할수록 그러한 제한은 더욱 심해졌으며 이로 인한 참언과 비방도 그 수위를 더해 갔을 것이다. 이러한 상황을 견디지 못하고 이백은 궁중을 떠날 수밖에 없었다.

2. 영원한 생명의 추구

1) 신선술의 실제적 추구

이백은 자신의 존재를 영원히 남기고자 영원한 생명을 추구하였다. 그리고 이는 궁극적으로 자신이 자유롭게 노닐 수 있는 영원한 시간과 광대한 공간을 추구한 것으로, 자유로운 자아의 발현이라고 할 수 있다. 그가 신선술과 장생불사를 통해 시공을 초월하며 노니는 모습은 〈고풍 59수〉 중 제41수에 잘 나타나 있다.

朝弄紫泥海,	아침에는 자니해를 희롱하고
夕披丹霞裳.	저녁에는 붉은 노을 옷을 걸쳤고,
揮手折若木,	손을 휘둘러 약목을 꺾어
拂此西日光.	이 서쪽 태양을 쳤네.
雲臥遊八極,	구름에 누워 세상 끝까지 노닐다 보니
玉顔已千霜.	옥 같은 얼굴로 이미 천 년을 보냈구나.
飄飄入無倪,	표표히 하늘 끝으로 들어가
稽首祈上皇.	머리를 조아리며 상제께 고하니,
呼我遊太素,	나를 불러 태소에서 노닐 게 하고
玉杯賜瓊漿.	옥배에 신선이 마시는 경장을 내리시네.
一飡歷萬歲,	한 번 마시면 만 년을 살게 되니
何用還故鄉.	고향으로 돌아가 뭐하리?
永隨長風去,	멀리 부는 바람을 따라 영원히 떠나서
天外恣飄揚.	하늘 밖에서 멋대로 노니리라.

처음 네 구절에서 이백은 태양을 가지고 논다. 아침에는 동쪽의

태양이 떠오르는 자니해에서 놀고 저녁에는 태양이 지는 서쪽으로 가서 저녁노을로 만든 옷을 입고 약목을 꺾어 태양을 가지고 논다. 그렇게 구름 속에서 세상 끝까지 노닐다가 천 년을 보낸다. 하늘로 올라가 상제를 만나고 푸른 하늘 높은 곳인 "태소"에서 노닐고 신선들의 음료인 "경장"을 마신다. 그렇게 또 만 년을 살면서 영원히 바람 따라 하늘 밖에서 멋대로 노닐고자 한다. 그의 시간은 천 년과 만 년으로 헤아리는 우주적 시간이고 그의 공간은 하늘 바깥으로 뻗어가는 우주적 공간이다. 온 천지와 자연의 운행이 그의 손 안에 있으며 그는 결코 늙지 않는다. 이렇게 그는 자신의 시간과 공간을 끝없이 넓혀 가면서 자신의 존재를 우주적 시공간 안에 영원히 간직하고자 하였다.

그가 이렇게 신선술에 의탁하게 된 배경과 이유로는 여러 가지를 들 수 있다. 우선 사회적 배경으로는 국가적으로 만연했던 도교적 분위기, 황제를 비롯한 권력층의 열광적인 믿음, 관직에 오를 기회를 제공하는 종남첩경을 들 수 있고, 개인적인 이유로는 실의했을 때 현실로부터 도피하고 고민을 해소할 필요성, 흘러가는 세월 속에서 느끼는 인간 생명의 유한성을 극복하고자 하는 바람 등을 들 수 있다. 그러나 가장 근본적인 원인은 세속의 구속을 싫어하고 자유를 추구하고자 한 그의 성격이라고 할 수 있다. 나아가 체제를 벗어난 자유로운 존재를 과시하려는 욕망을 실현하기 위해서였다. 그가 장생불사를 위해 신선술을 추구하게 되는 개별적인 동기는 시기와 처지에 따라 다양했지만, 평생에 걸쳐 일관되게 추구하였다.

이백은 젊어서 도가의 여러 명산을 돌아다니면서 장생불사를 추구하였는데, 예를 들면 〈아미산에 오르다[登峨嵋山]〉를 들 수 있다.

蜀國多仙山,	촉 땅에 신선이 사는 산이 많지만
峨嵋邈難匹.	아미산이 아득하여 필적하기 어렵지.

周流試登覽,	두루 돌아서 한번 올라 바라보더라도
絶怪安可悉.	빼어남과 기괴함을 어찌 다 알겠는가?
靑冥倚天開,	짙푸른 산세는 하늘에 의지해 열려 있고
彩錯疑畫出.	화려한 경관은 그림에서 나온 듯한데,
泠然紫霞賞,	사뿐히 올라 자줏빛 노을을 감상하노라니
果得錦囊術.	과연 비단 주머니의 비결을 얻겠구나.
雲間吟瓊簫,	구름 사이에서 옥으로 만든 소를 불고
石上弄寶瑟.	바위 위에서 화려한 슬을 튕겨보니,
平生有微尙,	평소에 조그만 바람이 있었는데
歡笑自此畢.	즐겁게 웃으며 이로써 다 이루었네.
煙容如在顔,	안개로 가려진 모습이 내 얼굴에도 있는 것 같고
塵累忽相失.	세속의 번뇌가 홀연 사라졌으니,
儻逢騎羊子,	만일 양을 탄 이를 만난다면
攜手凌白日.	손을 붙잡고 밝은 태양을 넘어가리라.

이 시는 이십대 초반 아미산에 올라 느낀 바를 쓴 것이다. 전반부에서는 아미산이 신선의 산 중에 가장 빼어나다고 말하면서 그 기이한 산세와 화려한 경관을 표현하였다. 그곳에서 신선의 기운을 느끼다 보니 장생불사의 비결을 얻은 듯하여 평소의 소원을 성취한 것을 즐거워하였다. 또 세속에서 힘들게 살며 걱정하던 마음까지 사라졌음을 기뻐하며, 양을 탄 신선을 만나면 영원히 신선의 세계로 가고자 하는 마음을 표현하였다. 이러한 바람을 실현하기 위해 그는 여러 도사들을 찾아다니며 연단술과 신선술을 배웠다.

神農好長生,	신농씨가 장생불사를 좋아하여
風俗久已成.	풍속이 오래전에 이미 형성되었네.

復聞紫陽客,	또 듣기에 자양진인 주의산이
早署丹臺名.	일찍이 선계에 이름을 올렸는데,
喘息餐妙氣,	호흡을 하며 오묘한 기운을 들이마시고
步虛吟眞聲.	허공을 걸어다니는 신선의 소리를 읊으니,
道與古仙合,	도는 옛 신선과 합쳐지고
心將元化並.	마음은 자연의 이치와 나란하네.
樓疑出蓬海,	누대는 봉래산에서 나온 것 같고
鶴似飛玉京.	학은 옥경에서 날아온 것 같은데,
松雪窗外曉,	소나무의 눈빛으로 창 밖에 새벽인 듯하고
池水階下明.	못 물은 계단 아래에 밝네.
忽耽笙歌樂,	갑자기 생황 노래의 즐거움에 빠져들면서
頗失軒冕情.	관직에 대한 마음이 자못 사라져 버렸는데,
終願惠金液,	끝내 금액의 은혜가 내려져서
提攜凌太清.	손을 잡고 높은 하늘 넘어가기를 바라네.

이 시는 〈수주 호자양 선생의 벽에 쓰다[題隨州紫陽先生壁]〉인데, 이백이 삼십대 즈음에 지금의 호북성에 있는 수주의 도사인 호자양의 집을 방문하고 쓴 것이다. 호자양은 이백의 친구인 원단구의 스승이기도 하며, 그가 죽은 후에는 이백이 비명을 쓰기도 하였다. 이 시에서 이백은 전체적으로 호자양의 신선다운 풍모와 그 거처의 신령스런 분위기를 묘사하면서 그를 찬양하였으며, 그곳에 머물며 신선술을 연마하여 신선이 되기를 바라는 마음을 적었다. 이러한 행적은 평생 동안 계속되어 말년에도 여전히 신선술을 추구하였다. 예컨대 50세 때에는 원단구가 은거한 곳으로 온 가족이 이사하여 신선술을 수련하고자 하였으며, 60세 즈음에는 지금의 안휘성 잠산현에 있는 환공산을 바라보며 연단을 단련하고자 하였다.

이백의 시문에 장생불사의 모습이 환상적으로 그려져 있으며 신선의 존재가 허구적이라는 현대인들의 관념으로 인해 신선술과 연단술을 추구하는 것이 비현실적인 것이라고 생각할 수도 있지만, 이백에게 있어서 이는 상당히 현실적이었고 그 방법은 상당히 실제적이었다. 왜냐하면 당시 사람들은 신선의 존재를 확신하였으며 연단술이나 신선술이 하나의 기술로서 구체적으로 존재했기 때문이다. 그래서 그는 옛 도사들의 자취를 찾아 여러 산을 다니면서 그 비법을 전수받았다. 그리고 그 비법에 따라 단약 재료를 채취하여 단약을 만들었고, 마침내 단약의 제조에 성공하기도 하였다. 그리고 천보 3년(744) 겨울 제주(지금의 산동성 제남)에 있는 자극궁에서 고존사 여귀도사로부터 도록을 받아 정식 도사가 되었다. 《수서·경적지》에 도록을 전수받는 과정이 서술되어 있는데 다음과 같다.

> 도록을 전수받는 법도로는, 처음에는《오천문록》을 전수받고 다음에는《삼동록》을 전수받으며, 그 다음에는《동현록》을 전수받고 또 그 다음에는《상청록》을 전수받는다. 도록은 모두 흰 비단에 쓰여 있으며, 여러 천신과 그가 부리는 관속 좌리들이 얼마나 있는지를 적고 있다. 또 그 사이에다 부적을 적어 넣는데 그 무늬가 기괴해서 속인들은 알아볼 수가 없다. 도록을 받는 사람은 반드시 먼저 청결하게 재계한 후에 금반지 한 개와 여러 가지 예물을 가지고 가서 스승을 뵙는다. 스승은 그 예물을 받고 도록을 주는데 그때 금반지를 반으로 나누어 각각 한 쪽씩 가져 신표로 삼는다. 그리고 제자는 받은 도록을 봉함해서 몸에 지니고 다닌다. 또 결재의 방법으로는 황록재, 옥록재, 금록재, 도탄재 등이 있다. 세 개의 단이 있는데 각 단에는 솜으로 만든 줄을 쳐서 경계로 삼고 한쪽에 각각 문을 내고는 모두 현인의 상을 둔다. 결재하려는 사람은 인원에 제한이 있는데 순서대로 그 솜줄 안으로 들어가, 일렬로 손을 뒤로 묶고는 자

기가 지은 죄를 신에게 고백한다. 주야를 가리지 않고 일 주일이나 이 주일 동안 행한다. 결재하는 정원 이외의 사람이 있으면 다 솜줄 밖에 있는데, 그들을 재객이라 하며 다만 절하며 감사할 뿐 손을 뒤로 묶지는 않는다.[受道之法, 初受五千文籙, 次受三洞籙, 次受洞玄籙, 次受上清籙. 籙皆素書, 紀諸天曹官屬佐吏之名有多少, 又有諸符錯在其間, 文章詭怪, 世所不識. 受者必先潔齋, 然後齎金環一, 并諸贄幣, 以見於師. 師受其贄, 以籙授之, 仍剖金環, 各持其半, 云以爲約. 弟子得籙, 緘而佩之. 其潔齋之法, 有黃籙玉籙金籙塗炭等齋. 爲壇三成, 每成皆置緜蕝, 以爲限域, 傍各開門, 皆有法象. 齋者亦有人數之限, 以次入于緜蕝之中, 魚貫面縛, 陳說愆咎, 告白神祇, 晝夜不息. 或一二七日而止. 其齋數之外有人者, 並在緜蕝之外, 謂之齋客, 但拜謝而已, 不面縛焉.]

이를 보면 도록을 전수받는 과정이 얼마나 복잡하고 힘든지를 알 수 있다. 이백 역시 이러한 모든 과정을 감내하면서 도사가 되었으니, 신선술과 연단술에 대한 그의 집착이 얼마나 강했는지를 알 수 있다. 그리고 아마도 당시에 이백이 장생불사를 추구하는 것에 대해서 비난하는 이들이 있었던 것 같은데, 이들에게도 그는 비판의 소리를 높였다. "도는 천지에 귀중한 것이라서 헌원은 광성자를 스승으로 삼아, 천자의 자리도 매미 날개처럼 가벼이 여기고 불로장생을 추구하였다네. 저급한 선비들 크게 비웃는 소리는 파리 소리와 같을 뿐이네.[道重天地, 軒師廣成. 蟬翼九五, 以求長生. 下士大笑, 如蒼蠅聲.]"라고 하였고, "시끌벅적하게 말세의 사람들은 닭이 울면 네 관문으로 달려가며, 단지 금마문만을 알 뿐이니 누가 봉래산을 알겠는가? 백발 되어 죽어 가도록 비단 폭에 둘러싸여 웃고 노래하느라 쉴 틈이 없네. 좋은 술을 마시며 단약을 비웃는 동안 아리따운 여인의 흰 얼굴은 시들어 간다네.[擾擾季葉人, 鷄鳴趨四關. 但識金馬門, 誰知蓬萊山. 白首死羅綺, 笑歌無休閑. 淥酒哂丹液, 青娥凋素顏.]"라고 하면서 연단술의 효능을 비웃고 무시하는 이들을 도리어 비웃는 태도를 보여 주었다. 이렇게 그는 신선술과 연단술을 진심으로 믿고 실현하고자 하였다.

2) 일상 속의 신선

이백이 실제적으로 신선술과 연단술을 추구하였기 때문에 그에게 있어 신선은 더 이상 신화 속의 존재가 아니라 현실적인 존재였다. 당시 전국적으로 도교가 흥성하였고 왕실에서도 도교를 숭배하였기 때문에 도사가 많았으며 이들은 모두 신선과 같은 풍모를 가지고 있었을 것이다. 그리고 이백 역시 신선의 풍모로 이름이 났으며, 그를 만나 본 사람들은 그를 신선으로 여기기도 하였다. 하지장은 이백에게 "적선"이란 별명을 지어 주기도 하였으며, 가까운 친구인 최성보도 "하늘 밖에서 항상 태백을 찾아다녔는데 금릉에서 술 취한 신선을 잡았네.[天外常求太白老, 金陵捉得酒仙人.]"라고 하면서 신선으로 인정하였다.

이백은 어려서부터 여러 명산을 찾아다니며 신선을 동경하였는데, 이는 그의 일방적인 동경이 아니라 신선 간의 상호 동경이었다. 대표적인 예로 〈신선을 그리워하다[懷仙歌]〉를 살펴보자.

一鶴東飛過滄海, 한 마리 학이 동쪽으로 날아가 창해를 건너
放心散漫知何在. 제 마음대로 다니니 어디에 있는지 아는가?
仙人浩歌望我來, 신선이 소리 높여 노래하며 내가 오길 바라니
應攀玉樹長相待. 응당 옥나무를 잡고서 줄곧 나를 기다리리.
堯舜之事不足驚, 요순의 일도 놀랄 만한 일이 못 되니
自餘囂囂直可輕. 그 나머지 시끌시끌한 일들은 단지 하찮을 뿐이네.
巨鰲莫載三山去, 큰 자라는 삼신산을 지고 가지 말지니
我欲蓬萊頂上行. 내가 봉래산 정상에 가고자 하노라.

이 시에서는 신선을 동경하여 봉래산에 가서 만나 보고자 하는 내용을 표현하였다. 그런데 제3~4구를 보면 신선들 또한 이백이 오길 바라며 기다리고 있다고 하면서 상호 인정하는 수평적인 관계를 형성하고 있음을 알 수 있다. 이백이 신선을 동경하였을 뿐만 아니라 이백 역시 신선들이 동경하는 존재였다. 그 이유로는 제5~6구에 나타나 있듯이 요순의 일도 놀랄 만한 일이 아니고 나머지 세속의 일도 하찮은 것일 뿐이라는 그의 호방하고도 탈속적인 태도였다. 이렇게 신선은 이백이 동경하는 존재이면서 같이 노니는 친구 같은 존재였다. 그에게 신선은 더 이상 환상세계의 존재가 아니라 일상적인 존재였으며 '지금-여기' 함께하는 존재였다.

이렇게 신선이 친근한 존재였기 때문에, 이백은 지인들을 형용할 때도 자주 신선에 비유하였다. 신선과 같은 풍모를 가지고 있는 이들과 교유할 때 그들의 거처를 "선거(仙居)"라고 하고, 그들의 풍모를 "선골(仙骨)", "금골(金骨)", "선표(仙標)"라고 하였으며, 그들의 가문을 "선가(仙家)"라고 하기도 하였다.

이백의 시문에 따르면, 그와 함께 교유한 도사나 은자는 원단구, 고여귀, 개환, 위갈, 손태충, 옹존사, 초련사, 최 명부, 양 산인, 채 산인, 고 산인 등을 들 수 있는데, 이들 이외에도 상대방을 신선으로 묘사한 경우가 간혹 있다. 〈은좌명께서 오운구를 주신 것에 보답하다[酬殷佐明見贈五雲裘歌]〉를 보자.

(……)

群仙長嘆驚此物, 여러 신선들이 길게 감탄하며 이 물건에 놀라니
千崖萬嶺相縈鬱. 수많은 벼랑과 고개가 서로 겹쳐 빼곡하기 때문인데,
身騎白鹿行飄颻, 몸은 흰 사슴을 탄 듯 걸음이 날 듯하고
手翳紫芝笑披拂. 손은 영지를 감춘 듯 웃으면서 노니네.

相如不足誇鷫鷞，　사마상여의 숙상구는 자랑할 거리가 못 되고
王恭鶴氅安可方．　왕공의 학 깃털옷도 어찌 견줄 수 있으리오.
瑤臺雪花數千點，　요대의 눈꽃 수천 송이가
片片吹落春風香．　나풀나풀 날아 떨어져 봄바람에 향기가 퍼지네.
爲君持此凌蒼蒼，　그대를 위해 이 옷을 가지고 푸른 하늘을 넘어
上朝三十六玉皇．　높이 올라가 서른여섯 분의 옥황상제를 조회하리라.
(……)

이 시는 은좌명이란 사람이 오운구를 준 것에 감사하며 쓴 것이다. 오운구는 갖옷의 일종인데 오색구름이 있는 선경으로 장식하여 신선의 기풍을 한껏 드러낸 옷이다. 위에 인용한 부분의 첫 구절에서 신선들이 와서 이 오운구를 보고 놀라 감탄하는 장면을 묘사하였다. 아마도 이백이 이 오운구의 화려한 모습을 여러 사람들에게 자랑하며 같이 구경하는 장면일 것인데, 그 사람들을 모두 신선이라고 하였다. 그래서 오운구를 입은 자신은 신선들도 부러워하는 존재가 되었다. 오운구를 입고 신선이 된 그가 하늘로 올라가 옥황상제에게 조회하는 것도 당연한 일이다. 또 〈왕익 보궐과 송체 혜장태자묘승이 헤어지면서 준 시에 답하다[酬王補闕翼惠莊廟宋丞泚贈別]〉에서도 왕익과 송체를 신선이라고 묘사한 것을 볼 수 있다.

學道三十春，　도를 배운 지 삼십 년이라
自言羲和人．　스스로 희황상인이라 말하노니,
軒蓋宛若夢，　수레 타던 관직은 마치 꿈과 같고
雲松長相親．　구름과 소나무와 오래도록 친하게 지냈다네.
偶將二公合，　우연히 두 사람과 만나서
復與三山鄰．　다시 삼산과 이웃이 되었으니,

喜結海上契, 바닷가의 인연을 기쁘게 맺어
自爲天外賓. 절로 하늘 밖을 노니는 손님이 되었네.
(……)

첫 네 구절에서 30년 동안 도를 연마해서 세속의 공명을 멀리하고 자연 속에서 유유자적하게 살았음을 말하면서, 이미 자신들이 신선의 풍모를 가지고 있음을 표현하였다. 다음 네 구절은 왕익과 송체를 만나서 사귀게 된 상황을 묘사한 것인데, 이들을 만나 "삼산의 이웃[三山鄰]"이 되었다고 하였다. "삼산"은 동해에 신선들이 산다고 하는 세 산인 봉래산, 방장산, 영주산을 가리키는데, 이를 통해 이들 역시 삼신산에 사는 신선이라고 묘사하였다. 만일 이 시의 제목에 두 사람의 이름이 없다면 이백이 정말 신선을 만나 노닐었다고도 할 수 있을 것이다.

이러한 상황은 다른 시문에도 많이 보이는데, 때로는 신선의 풍모를 가진 사람과 노닐었는지 아니면 진짜 신선과 노닐었는지를 확실하게 구분할 수 없는 경우가 있다. 〈고풍 59수〉 중 제7수에서 "손님 중에 학을 탄 신선이 있어서 훨훨 드넓은 하늘을 넘어가는데, 푸른 구름 속에서 큰 소리로 말하기를 스스로 이름이 안기생이라고 하네.[客有鶴上仙, 飛飛凌太淸. 揚言碧雲裏, 自道安期名.]"라고 하였는데, 정말 신선 안기생을 만난 것인지 아니면 안기생이라 자부하는 도사를 만난 것인지 알 수가 없다. 학을 타고 하늘을 날아다니며 푸른 구름 속에서 큰 소리를 치는 것은 실제로는 불가능한 일이기 때문에 일반인은 할 수 없는 것이며, 아무리 신통한 도사라 하더라도 쉽게 할 수 있는 일이 아니다. 그러나 이것이 도사에 대한 수사적 기교라면 납득할 수 있을 것이다. 하지만 그의 시문에는 이보다 더 환상적인 상황을 자신의 경험인양 생생하게 묘사했기 때문에 실제 신선을 만나 교유했다고 인정해 주어야 할 경우가 더러 있다.

〈고시를 본뜨다 12수[擬古 十二首]〉 중 제10수

仙人騎彩鳳,	신선이 오색 봉황을 타고
昨下閬風岑.	어제 낭풍산에서 내려왔는데,
海水三淸淺,	바닷물이 세 번 맑아졌다 얕아졌다고 말하고는
桃源一見尋.	무릉도원으로 나를 찾아왔네.
遺我綠玉杯,	나에게 푸른 옥잔을 주었고
兼之紫瓊琴.	더불어 자줏빛 옥으로 장식된 금도 주었으니,
杯以傾美酒,	술잔으로는 좋은 술을 기울이고
琴以閑素心.	금으로는 소박한 마음을 한가롭게 했네.

(……)

〈지난날엔 많이 힘들었네[來日大難]〉

(……)

仙人相存,	신선이 내게 안부를 묻고는
誘我遠學.	나더러 멀리 가서 배우라고 이끄니,
海淩三山,	바다로는 삼산을 넘고
陸憩五岳.	육지로는 오악에서 쉬네.
乘龍天飛,	용을 타고 하늘로 날며
目瞻兩角.	눈으로는 두 뿔을 쳐다보는데,
授以神藥,	내게 신선들의 약을 주니
金丹滿握.	금단이 손에 가득하네.

(……)

〈태산 유람 6수[游太山 六首]〉 중 제1수

(……)

玉女四五人,	선녀 네댓 명이

飄颻下九垓.	훨훨 날아 높은 하늘에서 내려와서,
含笑引素手,	미소를 머금고 흰 손을 내밀어
遺我流霞杯.	내게 유하잔을 건네주네.
(……)	

이 외에 많은 시에서 그가 신선들을 직접 만나서 교유하는 장면을 확인할 수 있다. 이렇게 그는 스스로 신선이라 부르고 남들도 신선임을 인정해 주는 상황에서 실제로 신선과 만나서 친구처럼 즐겁게 노닐었다고 생각했을 것이다. 이러한 환상적 존재의 현실감 있는 설정을 통해 그는 현실세계의 규범과 한계를 뛰어넘는 존재가 될 뿐만 아니라 신선으로서의 존재를 세속사람들로부터 인정받아 자신의 명성을 영원히 남기고자 하였다.

그러나 과학적으로 보았을 때 신선술과 연단술은 실현 불가능한 것이기 때문에 그가 추구한 영원한 생명은 일시성과 몽환성이라는 한계를 가지고 있다. 또 그는 술이라는 매개체를 통해 신선이 되는 경험을 했을 것으로 보인다.

熱暖將來賓鐵文,	뜨겁게 데워 가져온 무늬 있는 빈철 술그릇
暫時不動聚白雲.	잠시 가만 있는 사이에 흰 구름이 모이네.
撥卻白雲見靑天,	흰 구름을 걷어내면 푸른 하늘이 보이는데
掇頭裏許便乘仙.	그 속으로 머리를 옮기자 신선이 되어 오른다네.

이 시는 〈술을 데우다[暖酒]〉인데, 술을 데우는 과정에 보이는 여러 현상을 묘사한 것이다. 술을 데울 때 하얀 거품이 이는 것을 흰 구름에 비유하였으며, 그 거품 아래에 잘 익은 맛좋은 술이 있는 것을 푸른 하늘에 비유하였다. 마지막 구절에서는 "그 속으로 머리를 옮기자 신선

이 되어 오른다네."라고 하여, 술을 마셔 하늘로 날아오르는 기분을 묘사하였다. 이 시는 단지 술을 마셔서 기분이 좋아지는 상황만을 묘사한 것일 수도 있지만, 이로 유추해 볼 때 그가 직접 느낀 신선의 감정은 술을 통한 몽환일 수도 있다. 또는 〈꿈에 천모산을 노닌 것을 읊고서 떠나다[夢遊天姥吟留別]〉, 〈길을 떠나 석문의 옛집으로 돌아가다[下途歸石門舊居]〉에서는 그 경험이 실제로는 꿈이었다고 지적하기도 하였다. 이러한 것은 일시적인 경험밖에 되지 않아서 술에서 깨거나 잠에서 깨어나면 사라진다. 꿈에서는 신선의 세계를 노닐었지만 그 꿈에서 깨어나 다시 현실로 돌아오면 그 신선세계는 사라지고 자신 역시 다시 평범한 인간의 몸으로 돌아왔다. 그리고는 다시 그 신선세계를 동경하였다. 그러나 이러한 반복에도 불구하고 그는 결코 좌절하지 않고 굳건한 믿음을 가지고 지속적으로 신선술을 추구하였다.

1 我昔東海上, 나는 지난날 동해 가에 있는
2 勞山飡紫霞. 노산에서 자줏빛 노을을 먹었고,
3 親見安期公, 직접 안기생을 만나서
4 食棗大如瓜. 대추를 먹는데 외만큼 컸네.
5 中年謁漢主, 중년에 임금을 뵈었지만
6 不愜還歸家. 마음이 맞지 않아 집으로 돌아오니,
7 朱顏謝春暉, 붉은 얼굴에서 봄볕이 사라지고
8 白髮見生涯. 흰 머리카락에서 내 인생을 보네.
9 所期就金液, 기약하는 바는 금액을 만들어
10 飛步登雲車. 날아가 구름수레를 타는 것이니,
11 願隨夫子天壇上, 원컨대 그대를 따라 천단 위에서
12 閑與仙人掃落花. 한가로이 신선과 함께 떨어진 꽃잎을 쓸고 싶네.

이 시는 〈왕옥산에 사는 맹대융에게 부치다[寄王屋山人孟大融]〉인데, 왕옥산에 은거하며 신선술을 연마하고 있는 맹대융이란 자에게 보내는 것이다. 제1~4구에서는 자신이 예전에 신선술을 연마한 경험을 썼는데 직접 안기생을 만나서 외만한 대추를 얻어먹은 것을 구체적으로 적었다. 제5~8구에서는 한림공봉으로 재직하다가 물러나서 늙어가는 자신의 모습을 한탄하였다. 예전에 신선술을 배웠다면 아마도 늙지 않는 것이 정상일 터인데, 한림공봉을 하며 세속에 몸을 담았기 때문에 그 효력이 사라진 것일지도 모른다. 제9~12구에서는 다시금 예전의 기약을 따라서 연단술에 주력하여 맹대융과 함께 신선이 되어 장생불사 하겠다는 다짐을 하였다. 이렇게 이백에게 있어서 신선술과 연단술은 평생토록 생활의 일부였으며 이를 끝까지 성취하겠다는 집념을 보여 주었다.

3. 자연과 합일의 추구

1) 은일의 지향

이백의 시문에는 번다한 세속을 벗어나서 부귀공명을 멀리하고 자연속에서 소박하고 평온하게 지내는 것에 대한 언급이 많이 나온다. 자연 속에서 이러한 삶을 추구한 이유로는 다음과 같은 것을 들 수 있다. 첫째, 은자로서의 명망을 얻어 종남첩경을 이루려고 하였다. 둘째, 공명 추구에 실패하자 위안을 얻기 위해 현실로부터 도피하고자 하였다. 셋째, 장생불사를 위한 신선술과 연단술을 익히고자 하였다. 넷째, 자연의 이치를 수용하여 자연과의 합일을 추구함으로써 인간의 한계를 극복한 초월적 존재가 되고자 하였다. 첫째와 둘째의 경우는 공명의 실현과 관련된 것으로 체제 내부를 지향하는 성격을 가지고 있다. 이는 은일 자체를 궁극적인 목적으로 하지 않고 잠시 체제와 거리를 두면서 다시금 체제 속으로 편입할 기회를 엿보는 과정에 불과한 것으로, 일시적인 장소의 이동일 뿐이었다. 셋째 경우는 비록 탈체제적인 본성에서 발로한 것이기는 하지만 연단술과 신선술을 익히기 위한 장소로 자연이라는 공간을 선택한 것일 뿐, 은일 자체를 목적으로 하지는 않았다. 여기서는 넷째 경우에 해당하는 은일에 관해서 살펴보고자 한다.

스스로 "오악에서 신선을 찾으려 먼 곳을 사양하지 않았고 일생 동안 명산에 들어가 노닐기를 좋아했지.[五岳尋仙不辭遠, 一生好入名山遊.]"라고 하였는데, 비록 신선을 찾고자 하는 목적을 부기하기는 했지만 일생 동안 명산에 들어가 노닐기를 좋아했음을 알 수 있다. 그리고 이어서 "높은 하늘 위에서 한만과 먼저 기약했으니 노오와 함께 태청에서 노닐기를 바라네.[先期汗漫九垓上, 願接盧敖遊太清.]"라고 하여 그 활동 범위를 이 세상의 끝까지 확장하였음을 확인할 수 있다. 노오는 연나라 사람으로 진시황 때 박사를 지냈는데, 진시황이 그에게 신선을 찾아보게 하였다. 그가 세상을 두루 돌아다니다가 한 선비를 만났는데 자기보다 더 넓은 세상을 돌아다닌 것을 알고는 그와 사귀고자 하였다. 하지만 그는 한만과 구해 밖에서 만나기로 했다면서 구름 속으로 사라졌다. 이백은 노오나 한만과 같은 이들처럼 이 세상 끝까지 다 노닐어 보려는 의지를 가지고 있었다. 이는 그의 지향이 단순히 신선을 찾아다니는 것이 아니라 세속을 벗어나려는 것에 있음을 보여 준다. 그리고 그가 노닐고자 하는 세상의 넓이는 세속을 벗어나려는 욕망의 크기를 나타낸다고 할 수 있다. 그래서 이백은 많은 은자들과 사귀면서 그들의 생활을 부러워하며 본받고자 하였다.

이백은 한림공봉에 재직할 때조차도 은일의 지향을 가지고 있었는데, 당시 알고 지내던 은자에게 보낸 시에서 이러한 심정을 분명히 살펴볼 수 있다.

1 君還石門日,　그대가 석문으로 돌아간 날이
2 朱火始改木.　불을 취하는 나무를 바꾸는 초여름이었지만,
3 春草如有情,　봄풀이 마치 정감을 가진 듯
4 山中尚含綠.　산속에는 푸름을 여전히 머금고 있었다지.
5 折芳媿遙憶,　꽃을 꺾은 뒤 멀리서 그리워함이 부끄러웠고
6 永路當自勖.　길이 멀다고 마땅히 스스로 면려할 뿐이었는데,
7 遠見故人心,　멀리서 친구의 마음을 보게 되니
8 平生以此足.　평생 이것만으로도 충분하리라.
9 巨海納百川,　거대한 바다가 백 줄기의 강물을 받아들이듯
10 麟閣多才賢.　기린각에는 뛰어난 인재들이 많이 있는데,
11 獻書入金闕,　글을 바쳐서 궁궐로 들어가
12 酌醴奉瓊筵.　향기로운 술을 따르며 임금님 연회석을 받들면서,
13 屢忝白雲唱,　황송하게도 서왕모의 〈백운요〉를 여러 번 부르고
14 恭聞黃竹篇.　목천자의 〈황죽편〉을 공손히 들었네.
15 恩光照拙薄,　천자의 은혜가 졸렬한 이 몸을 비추시어
16 雲漢希騰遷.　은하수 높은 곳까지 오르기를 바라는데,
17 銘鼎儻云遂,　만일 공을 세워 솥에 이름을 새긴다면
18 扁舟方渺然.　물러나 조각배 타고 아득한 곳으로 떠나리라.
19 我留在金門,　나는 금마문에 머물러 있고
20 君去臥丹壑.　그대는 떠나 깊은 숲 속에서 수련하며 누웠는데,
21 未果三山期,　내가 삼산에서의 기약을 이루지 못했지만
22 遙欣一丘樂.　멀리서나마 산림에 은거한 즐거움을 기뻐하였네.
23 玄珠寄罔象,　검은 구슬은 망상에게 기탁하였으니

24 赤水非寥廓. 적수는 머나먼 곳이 아니어서,
25 願狎東海鷗, 기심 없이 동해의 갈매기와 친해지고
26 共營西山藥. 서산의 약초를 함께 경작하고자 하는데,
27 栖巖君寂滅, 그대는 바위에 은거하며 적멸의 경지에 들었지만
28 處世余龍蠖. 나는 속세에 처해서 몸을 웅크리고 있네.
29 良辰不同賞, 좋은 시절을 같이 감상하지 못하지만
30 永日應閑居. 그대는 긴 세월 응당 한가롭게 지내겠지.
31 鳥吟簷間樹, 새는 처마 사이의 나무에서 지저귀고
32 花落窗下書. 꽃은 창 아래 책으로 떨어지며,
33 緣溪見綠篠, 시냇물 옆으로는 푸른 조릿대를 보고
34 隔岫窺紅蕖. 산 너머로 붉은 연꽃을 쳐다보겠지.
35 採薇行笑歌, 고사리 캐며 오다가다 웃으며 노래할 터인데
36 眷我情何已. 나를 생각하는 감정이 어찌 그치겠는가?
37 月出石鏡間, 달은 반질반질한 바위 위로 떠오르고
38 松鳴風琴裏. 소나무는 바람으로 금을 타는 듯 울리면,
39 得心自虛妙, 마음에 맞아 절로 현묘해지고
40 外物空頹靡. 외물은 다만 스러져 없어질 뿐이니,
41 身世如兩忘, 나는 이 몸과 이 세속을 다 잊어버리고
42 從君老煙水. 그대 따라 안개 피는 물에서 늙어 가리라.

이 시는 〈금마문에서 소 수재에게 답하다[金門答蘇秀才]〉인데, 한림공봉으로 있을 때 석문산에 은거하고 있는 소 수재로부터 근황을 적은 편지를 받고 답한 것이다. 모두 42구로 되어 있는 장편 고시인데 편폭으로 보아도 그 애틋한 정을 느낄 수 있다. 제1~8구에서는 석문산에 은거한 소 수재가 멀리서 편지를 보내 온 사실과 함께 그 인정에 감사하는 마음을 썼다. 제9~18구에서는 자신이 한림공봉으로 있는 상황을

쓰고는 공을 세운 후에는 반드시 은일하겠다는 다짐을 썼다. 이로써 자신에게 은일의 지향이 원래 있었음을 밝혔다. 제19구 이하에서는 은일하며 유유자적하는 생활을 하고 있는 소 수재의 모습과 관직에 얽매여 몸을 웅크리고 살고 있는 자신의 모습을 대비시키면서 함께 은일하고자 하는 의지를 표명하였다. 특히 마지막 두 구절을 통해 지금 소 수재가 자연 속에서 살고 있는 모습이 바로 이백이 추구하고자 하는 삶의 모습이며 그가 세속의 온갖 욕망이 사라진 천연의 삶을 추구하고자 하였음을 알 수 있다.

은일에 대한 이러한 동경은 다른 시에서도 많이 보이는데, 예를 들면 〈상 남릉현승과 함께 오송산을 노닐다[與南陵常贊府游五松山]〉는 오송산을 함께 노닐면서 쓴 것으로 "산 위의 용당정사에서 묵을 수 있다면 나는 그리 돌아가 성심껏 수양하고 싶네.[龍堂若可憩, 吾欲歸精修.]"라고 하였다. 또 〈여구 처사에게 주다[贈閭丘處士]〉는 지금의 안휘성 숙송현에 있는 사당피에 별장을 지어 놓고 머물고 있던 여구 처사에게 주는 것으로, 그가 한가롭게 살고 있는 모습을 상상하면서 부러워하고는 "만약 복숭아와 자두나무를 심을 수 있다면 나를 위해 띠집을 만들어 주시게.[如能樹桃李, 爲我結茅茨.]"라고 하였다. 그리고 〈종남산을 바라보며 자각봉의 은자에게 부치다[望終南山寄紫閣隱者]〉는 한 은자가 머물고 있는 자각봉의 모습을 형용하면서 "때때로 흰 구름이 일어나 하늘가에서 저절로 모이고 흩어지는데, 내 마음도 이와 더불어 그러하니 흥을 기탁함이 매번 얕지 않았네.[有時白雲起, 天際自舒卷. 心中與之然, 託興每不淺.]"라고 하였다. 저절로 모이고 흩어지는 구름의 모습은 자신의 처신을 마음대로 할 수 있는 것을 비유하는데, 자각봉의 은자는 그러하지만 자신은 세속적 욕망에 얽매여 그렇게 하지 못하는 상황을 표현하였다. 그러고는 마지막에 "어느 때에야 은자를 찾아가 자취를 감추고 높은 산꼭대기에 깃들일까?[何當造幽人, 滅跡棲絶巘.]"라고 하여 그 은자를 좇아 은거하고자 하는 마음을 드러내었다.

그는 이러한 평소의 바람을 실천하여 자연 속에서 아무런 구속을 받지 않는 생활을 하기도 하였다. 예를 들면 〈북산에서 홀로 술을 마시며 위씨에게 부치다[北山獨酌寄韋六]〉에서는 은일의 즐거움을 만끽하면서 위씨에게 자랑하는 내용을 담고 있다.

巢父將許由,	소보와 허유가
未聞買山隱.	산을 사서 은거했다는 이야기는 들은 적이 없고,
道存跡自高,	도가 있으면 그 자취는 절로 높은 것이니
何憚去人近.	인간세상과 가깝다고 어찌 꺼렸으리요.
紛吾下茲嶺,	내가 이 산에 와 보니
地閑諠亦泯.	땅이 한적하여 떠들썩한 소리도 사라졌는데,
門橫群岫開,	문은 뭇 봉우리를 가로 펼친 채 열어 놓고
水鑿衆泉引.	물은 여러 샘을 파서 끌어들이네.
屛高而在雲,	병풍 같은 산은 높아 구름 속에 있고
竇深莫能準.	산의 굴은 깊어서 헤아릴 수 없으며,
川光晝昏凝,	시내의 빛은 낮에도 어둑하니 엉기어 있고
林氣夕淒緊.	숲의 기운은 저녁이면 더욱 싸늘해지네.
於焉摘朱果,	이곳에서 붉은 과실을 따서는
兼得養玄牝.	아울러 현묘한 생성의 본원을 기르며,
坐月觀寶書,	달빛 속에 앉아 귀한 서적을 보고
拂霜弄瑤軫.	서리를 떨치며 옥 금을 튕기네.
傾壺事幽酌,	술병을 기울이며 그윽이 술 마시기를 일삼는데
顧影還獨盡.	그림자를 돌아보며 다시 홀로 잔을 비우고는,
念君風塵遊,	바람 먼지 속에 떠돌고 있는 그대를 생각하며
傲爾令自哂.	오만하게 그대가 스스로를 비웃게 하네.

이 시는 전체적으로 북산에 은거한 이백 자신의 모습을 묘사하고 있는데, 이를 통해 속세를 멀리하고 자연과 어울려 한가로운 생활을 하면서 원기를 양생하고 있음을 알 수 있다. 이러한 생활에서 빠지지 않는 것이 있으니 바로 술이다. 비록 혼자 있지만 외로움을 느끼지 않는 것은 자연을 벗 삼았기 때문이기도 하지만, 그림자를 초청하여 달빛 속에서 술을 마실 수 있기 때문이기도 한데, 이러한 흥취는 이백만이 느낄 수 있는 것이다. 그리고는 마지막 두 구절에서 아직도 속세를 떠돌고 있는 위씨를 생각하며 오만한 태도로 그가 스스로를 비웃게 만드는 모습에서 이 생활에 대한 만족도를 느낄 수 있다.

음주는 자연을 즐기는 감흥을 더욱 증폭시키는데, 〈술을 기다리는데 오지 않다[待酒不至]〉에서 "산에 핀 꽃이 나를 향해 웃으니 술잔 물기 딱 좋은 때이고, 동쪽 창가에서 저녁에 마시면 꾀꼬리가 다시 이곳에 있겠지.[山花向我笑, 正好銜杯時. 晩酌東窗下, 流鶯復在茲]"라고 하여, 꽃이 웃어 주고 꾀꼬리가 찾아오는 등 자연이 자신에게 접근하는 모습을 표현하였다. 이러한 흥취 속에서 더운 여름날 숲 속에서 "흰 깃 부채도 흔들기 귀찮아서 푸른 숲 속에서 옷을 벗고는, 두건을 벗어 석벽에 걸어 놓고 머리를 드러내어 솔바람을 쐬는[懶搖白羽扇, 裸袒青林中. 脫巾挂石壁, 露頂灑松風.]" 등 세속의 어떠한 규범에도 얽매이지 않는 자유분방한 모습을 보여 주기도 했다.

그가 자연 속에 은일하고자 한 것은 세속에서의 이상 추구가 좌절된 것과 전혀 무관한 것만은 아니었다. 이러한 은일은 때로 현실 세계의 근심을 해소하기 위한 도피처로서 기능하였다. 현실의 좌절로 인한 번민의 과정, 그 번민을 잊어버리고자 하는 망각의 과정, 모든 번민을 초월하여 향락만을 추구하는 과정 등 여러 단계의 인식 전환을 거치면서 자연 속에 은일하려고 하는 욕망은 더욱 증대되었다.

何處聞秋聲, 어디에서 가을 소리가 들리는가?
翛翛北窗竹. 쏴쏴하며 흔들리는 북쪽 창의 대나무라네.
迴薄萬古心, 순환하며 변화하는 만고의 마음은
攬之不盈掬. 움켜쥐어도 손에 차지 않네.
靜坐觀衆妙, 조용히 앉아 온갖 오묘함을 보노라니
浩然媚幽獨. 호연하게 홀로 고요히 있음을 좋아하는데,
白雲南山來, 흰 구름이 남쪽 산에서 와서
就我簷下宿. 내가 있는 처마 아래에 머무네.
嬾從唐生決, 당거를 찾아 관상을 보는 것도 귀찮고
羞訪季主卜. 계주를 찾아 점을 치는 것도 부끄럽나니,
四十九年非, 49년 동안 잘못된 일
一往不可復. 한번 지나가면 돌이킬 수 없네.
野情轉蕭散, 구속받지 않는 정취는 도리어 한가롭고 자유로운데
世道有翻覆. 세상의 도리는 엎치락뒤치락하니,
陶令歸去來, 도연명처럼 전원으로 돌아가면
田家酒應熟. 시골집에는 술이 응당 익어 있겠지.

이 시는 〈심양 자극궁에서 가을에 느낀 바가 있어 짓다[尋陽紫極宮感秋作]〉로 50세 쯤 되어서 지은 것인데, 한림공봉을 그만두고 도록을 받아 정식도사가 된 지 5년이 더 지난 때였다. 심양은 지금의 강서성 구강시이며 자극궁은 노자의 사당인데, 어느 가을날 노자의 사당에 앉아서 느낀 감정을 썼다. 밖에 대나무에 부는 바람 소리가 들리는 가을에 상념에 잠긴 그는 여태 세상을 살아오면서 자연의 추이에 따라 항상 마음이 변화하였는데 그 이치를 헤아리려고 하지만 손에 잡히지 않아 알 수 없다고 하였다. 세상의 모든 일이 자기 뜻대로 되지 않았기 때문이다. 하지만 지금 이렇게 홀로 조용히 앉아서 아무 미련 없이 자

연을 대하고 있으니 마음이 너무나 호젓하고 좋다. 그래서 남쪽 산의 흰 구름도 자기를 만나고자 다가오는 것 같다. 그렇게 그는 자연과 어울리고 있다. 여태까지 잘못된 일들은 어찌할 수 없는 것이고 앞으로의 일에 대해서는 점쟁이들한테 물어볼 필요도 없다. 세상의 도리가 아무리 엎치락뒤치락하면서 자신의 공명을 이루어 주지 못하더라도, 본성은 구속받지 않으며 초연하게 사는 것이니 이러한 본성에 맞추어서 도연명처럼 전원에 은거하며 살겠다는 생각이다.

2) 자연의 이치에 대한 깨달음

이백이 자연 속에 은일하면서 느낀 것은 무엇이었을까? 단지 자연과 함께 있는 시간이 즐겁고 좋아서 그렇게 했던 것은 아닐 것이다. 그가 자연 속에서의 삶을 추구하고자 했던 것은 탈속적인 가치관과 관련이 있는 것으로서, 그 자체로 체제의 가치규범을 거부하는 것이다. 즉 세속에서 추구하는 명성이 덧없는 것임을 깨닫는 순간 체제 내부를 향하는 운동성은 사라지게 된다. 그러나 이백에게 있어서 이러한 깨달음은 공명의 실현이라는 욕망을 완전히 사라지게 하는 것은 아니었으며, 이로 인해 일시성을 가지고 있었다. 그럼에도 불구하고 공성신퇴의 은일이 공명을 전제로 한 은일이라면, 이러한 은일은 공명을 부정한 은일이라고 할 수 있다. 더 나아가 생명의 유한성으로 인한 인생의 허무함을 철저하게 깨달음으로써 인간이 가진 원천적인 한계를 극복하여 초인의 단계로 올라갈 수 있다. 따라서 자연의 이치를 깨닫는 은일은 공성신퇴의 은일과는 차원이 다른 것으로서, 궁극적인 이상인 인간의 한계를 극복한 '남다른 존재'로서의 자아를 추구하는 것이다.

우선 세속의 부귀공명이 덧없음을 깨달은 것은 〈강 위에서 읊다[江上吟]〉에서 확인할 수 있다.

1 木蘭之枻沙棠舟, 목란나무로 만든 노와 사당나무로 만든 배에
2 玉簫金管坐兩頭. 옥 소와 금피리를 양쪽 뱃머리에 앉혔네.
3 美酒樽中置千斛, 좋은 술로 술항아리에 천 곡이나 채우고
4 載妓隨波任去留. 기녀 태우고 물결 따라 가는 대로 내버려두네.
5 仙人有待乘黃鶴, 신선은 의지할 것이 필요하여 누런 학을 탔지만
6 海客無心隨白鷗. 바닷가 나그네는 기심이 없어 흰 갈매기를 좇네.
7 屈平詞賦縣日月, 굴원의 시문은 해와 달처럼 걸려 있는데
8 楚王臺榭空山丘. 초왕의 누대에는 산과 언덕에 남아 있지 않네.
9 興酣落筆搖五岳, 흥에 겨워 붓을 휘두르면 오악이 흔들리고
10 詩成笑傲淩滄洲. 시가 완성되면 거만히 웃으며 창주를 능멸하네.
11 功名富貴若長在, 부귀공명이 만일 오래 유지된다면
12 漢水亦應西北流. 한수 역시 응당 북서쪽으로 흐르리라.

이 시는 강에 놀잇배를 띄우고 노닐면서 지은 것이다. 비록 화려한 배에 악사와 기녀를 대동하고 좋은 술을 마시는 호사스러운 자리이기는 하지만 이백으로서는 은일의 마음을 가지기에 충분한 듯하다. 제6구에서 언급한 흰 갈매기를 무심히 좇는 바닷가 나그네는《장자》에 나오는 인물로, 기심을 버리고 세속의 욕망을 던져 버린 존재다. 또한 제8구에서 언급한 초왕의 누대는 옛날의 화려했던 부귀영화를 상징하는 것인데, 그것이 지금은 사라져 버렸다는 것은 그 부귀영화가 덧없음을 의미한다. 그리고 마지막 두 구절에서 부귀공명이 오래도록 유지된다는 것은 마치 강물이 거꾸로 흐르는 것과 마찬가지로 불가능한 일임을 말하고 있다. 또한 제5구에서 신선이 누런 학을 타고 갔다는 것은 장생불사를 추구하는 신선술 역시 자신과 아무런 관련이 없다는 것이며, 이는 인간 생명의 유한성을 간파한 것이다. 그렇다면 이제 그가 해야 할 것은 무엇인가? 부귀공명은 순간적인 것이고 사람의 생명 또한 일

시적인 것이니, 자신의 존재를 영원히 남길 수 있는 방법은 굴원의 시문과 같은 훌륭한 문학 작품을 쓰는 것뿐이다. 그 문학 작품에는 마땅히 이러한 깨우침이 담겨 있을 것이고, 그 내용과 함께 자신의 이름도 영원히 남게 될 것이다. 이러한 것은 모두 그가 세속의 부귀영화에 미련을 가지지 않고 초월할 때만 가능한 것이고, 이는 은일자의 유유자적하는 생활에서 비롯된다.

그리고 〈고시를 본뜨다 12수[擬古 十二首]〉 중 제9수에서는 인간 생명의 유한함을 깨우치는 것을 확인할 수 있다.

生者爲過客,	살아 있는 자는 떠도는 나그네이고
死者爲歸人.	죽은 자는 집으로 돌아간 사람이며,
天地一逆旅,	천지가 하나의 객사이니
同悲萬古塵.	만고의 먼지가 되는 것을 함께 슬퍼하네.
月兎空搗藥,	달 속의 토끼는 불사약을 찧어도 헛수고이고
扶桑已成薪.	부상의 뽕나무도 이미 땔감이 되었는데,
白骨寂無言,	백골은 조용히 말이 없고
青松豈知春.	푸른 소나무가 어찌 봄을 알리오.
前後更嘆息,	앞뒤에서 번갈아 탄식하게 되니
浮榮安足珍.	헛된 영예가 어찌 귀하겠는가?

인간은 잠시 이 세상을 들렀다 가는 나그네일 뿐이고 죽음을 통해 비로소 자신의 고향으로 돌아간다는 것은 예로부터 전해 내려오는 가르침이다. 따라서 이 세상은 나그네가 잠시 머물다 떠나가는 객사일 뿐이니, 장생불사를 추구하는 것도 허망한 일일 뿐이다. 따라서 죽음 앞에서도 초연해질 수밖에 없는데, 유한한 인생살이 속에서 아옹다옹하며 공명을 추구하는 것은 또 얼마나 헛된 일인가? 지금 말없이 조용히

누워 있는 백골은 예전에 부귀영화를 누리며 살았던 이들이었다. 그 부귀영화를 영원히 누리지 못한 채 유한한 생명의 굴레에 갇혀 지금은 말없는 백골로 남았다. 봄에 잠깐 피었다가 지는 꽃도 마찬가지의 운명을 가지고 있다. 그러나 늘 푸른 절개를 지키고 있는 소나무는 잠깐 부귀영화를 누리다가 사라지는 봄의 운명을 알지 못하여 전혀 신경을 쓰지 않는다. 그가 지금 되고 싶은 것은 이런 소나무와 같은 존재다. 인간이 세상에 기탁해 있는 시간은 유한한 것이며 그동안 부귀영화에 연연하는 것은 쓸데없는 짓이다. 이러한 이치를 깨닫고 자신만의 지조를 지키며 담담하고 묵묵히 세상을 살아갈 수밖에 없다.

그렇다면 이백은 자연 속에서 어떠한 삶을 살고자 하였는가?

北風吹海雁,　　북풍이 바다의 기러기를 불어 보내
南渡落寒聲.　　남쪽으로 건너며 처량한 소리를 떨구니,
感此瀟湘客,　　소상의 나그네가 이를 느껴
淒其流浪情.　　떠돌아다니는 심사가 처량하네.
海懷結滄洲,　　바다를 향한 그리움이 창주에 맺히고
霞想游赤城.　　노을에 대한 상념이 적성을 노닐어,
始探蓬壺事,　　비로소 봉래산의 일을 탐구하니
旋覺天地輕.　　갑자기 천지가 하찮다는 걸 깨닫네.
澹然吟高秋,　　담담히 높은 가을을 읊조리고
閑臥瞻太淸.　　한가하게 누워 맑은 하늘을 바라보니,
蘿月掩空幕,　　여라에 걸린 달빛은 빈 장막을 덮고
松霜結前楹.　　소나무의 서리는 앞 기둥에 맺혔네.
滅見息群動,　　어둠 속에서 뭇 사물들의 움직임 사라지고
獵微窮至精.　　미묘함을 잡아 지극히 정밀한 도리를 궁구하니,
桃花有源水,　　복숭아꽃이 핀 물의 근원지에서

可以保吾生.　　내 생을 보존할 수 있으리라.

이 시는 〈가을밤에 생각을 쓰다[秋夕書懷]〉로서, 어느 가을밤에 소상강을 노닐다가 느낀 생각을 적은 것이다. 세속에서 아무런 성과를 이루지 못하고 정처 없이 떠돌아다니는 나그네 신세가 고달픈 가운데, 자신의 지향은 푸른 물가가 있는 바다이고 적성산의 노을이었음을 깨닫는다. 즉 그것은 먼지 쌓인 세속을 떠나 자연 속에서 유유자적하는 생활을 하는 것이다. 이러한 마음을 가지자 주위의 경물은 일변한다. 맑은 가을 하늘 위로는 여라가 걸린 달이 보이고 앞마당에는 서리 덮인 소나무가 있다. 예전에는 그리움과 처량함을 상기시키는 경물들이었지만, 지금은 오히려 뭔가 세밀하고 지극한 도리를 궁구하는 구도자의 모습으로 보인다. 이백 역시 이 사물들과 동화되어 함께 어둠 속에서 도리를 궁구해 보게 된다. 그것은 바로 세속을 떠나 무릉도원에서 유유자적하는 생활을 하는 것이다.

그 무릉도원에서의 삶은 어떠한지 〈달 아래서 홀로 술을 마시다 4수[月下獨酌 四首]〉 중 제3수를 살펴보자.

三月咸陽城,　　삼월 함양성에
千花晝如錦.　　천 가지 꽃이 대낮에 비단 같은데,
誰能春獨愁,　　누가 이런 봄에 홀로 근심하리오!
對此徑須飮.　　이 경치 보며 곧장 술을 마셔야지.
窮通與修短,　　출세와 수명의 장단은
造化夙所稟.　　자연의 조화가 일찍이 부여한 것이지만,
一樽齊死生,　　한 단지 술에 삶과 죽음이 같아지니
萬事固難審.　　세상만사 진실로 판단하기 어렵네.
醉後失天地,　　취한 후에는 천지를 잃어버리고

兀然就孤枕. 아무 것도 모른 채 홀로 잠이 드는데,
不知有吾身, 내 몸이 있는지도 모르니
此樂最爲甚. 이러한 즐거움이 최고로다.

그는 온갖 꽃이 만발한 곳에서 근심 없이 맘껏 즐기고 있다. 앞에서 살펴본 〈고시를 본뜨다 12수[擬古 十二首]〉 중 제9수에서는 봄꽃이 일시적인 부귀영화를 상징하는 것이라서 즐기지 못하고 한탄만 할 뿐이었지만, 이제 그는 자연의 이치를 깨우쳤기 때문에 봄꽃이 즐거움을 누리는 데 전혀 장애가 되지 않는다. 제5구의 "궁통(窮通)"에서 "궁"은 관직에 나아가지 못해 자신의 뜻을 펼치지 못한 것을 말하고 "통"은 그 반대로 관직에 나아가 자신의 뜻을 펼치고 공명을 세우는 것이다. 그리고 "수단(修短)"은 수명의 길고 짧음을 말한다. 이러한 출세와 수명에 관한 것은 모두 자연의 조화에 따라 주어지니, 부귀영화나 장생불사를 추구하는 것은 전혀 의미가 없다. 한 잔의 술을 마시면 삶과 죽음이 같아지고 세상의 일은 인간이 추측할 수 있는 것이 아니다. 다만 이러한 이치를 깨우치고 그 이치에 순응하면서 술을 마시고 노니는 것만이 자신이 해야 할 일이다. 술을 마시고 취하면 천지가 사라지고 자신도 잠이 들어 자신의 존재마저 사라지고 만다. 그야말로 물아일체의 경지에 들어서게 된다. 비록 술의 힘을 빌리기는 했지만, 이렇게 자연의 이치와 통하여 자신도 잊어버리는 경지에 이르러서는 인간의 한계를 초월하는 존재가 된다.

이러한 초인의 모습을 〈해는 뜨고 지네[日出入行]〉에서 확인할 수 있다.

1 日出東方隈, 태양이 동쪽 모퉁이에서 나오는 것이
2 似從地底來. 마치 땅 밑에서 나오는 것 같은데,

3 歷天又入海, 하늘을 지나 다시 바다에 들어가니
4 六龍所舍安在哉. 여섯 용이 쉬는 곳은 어디인가?
5 其始與終古不息, 그 처음과 끝을 예부터 쉬지 않는데
6 人非元氣, 사람이 원기가 아니니
7 安得與之久徘徊. 어찌 더불어 오래도록 노닐 수 있겠는가?
8 草不謝榮於春風, 풀은 봄바람에 꽃 피우는 것을 감사하지 않고
9 木不怨落於秋天, 나무는 가을에 낙엽 지는 것을 원망하지 않는데,
10 誰揮鞭策驅四運, 누가 채찍 휘둘러 사계절을 달리게 하는가?
11 萬物興歇皆自然. 만물의 성쇠는 모두 절로 그러한 것이라네.
12 羲和, 희화야,
13 羲和, 희화야,
14 汝奚汨沒於荒淫之波, 너는 어찌 음탕한 물결에 빠졌느냐?
15 魯陽何德, 노양공은 무슨 덕이 있다고
16 駐景揮戈. 해를 멈추려고 창을 휘둘렀나?
17 逆道違天, 이는 도를 거스르고 하늘을 어기는 것이니
18 矯誣實多. 하늘을 속인 것이 실로 크구나.
19 吾將囊括大塊, 나는 장차 천지를 주머니에 넣어서
20 浩然與溟涬同科. 호탕하게 자연의 원기와 동등하게 되리라.

제1~7구에서 이백은 끊임없이 뜨고 지는 것을 반복하는 태양을 언급하고는 사람이 원기가 아니라서 이 태양과 함께 오래도록 노닐 수 없다고 하였다. 여기서 주목해야 하는 사실은 "그와 더불어 오래도록 노니는 것"과 이를 위해서는 "원기"가 필요하다는 것이다. 전자는 장생불사하는 초월적 존재를 의미하며 후자는 초월적 존재를 가능케 하는 요소다. 장생불사를 위해서 신선술과 연단술에 의지하기도 했었지만 여기서는 "원기"에 의지하는 것이고, 이 원기는 바로 자연의 이치

를 그대로 수용하여 자신의 것으로 만든 것이다. 제8~11구에서 그 자연의 이치에 관해 설명하고 있다. 태양이 뜨고 지는 것과 함께 그 반복을 오랫동안 지속해 온 것이 있으니, 그것은 바로 자연의 만물이다. 사계절의 순환이 그러하고, 봄에 피는 꽃이 그러하고, 가을에 지는 나뭇잎이 그러하다. 봄에 꽃이 피었다가 지더라도 내년 봄에 또 꽃이 필 것을 알기에, 그리고 가을에 나뭇잎이 떨어지더라도 내년 봄에 다시 싹이 나올 것을 알기에 그들은 이러한 쇠락함을 원망하지 않는다. 자연의 이치를 그냥 받아들이기 때문이다. 만물이 흥성했다가 다시 시드는 것도 그리고 다시 흥성하는 것도 모두 그러한 이치에 합당하기 때문이다. 그러나 인간은 어떠했던가? 그 아래에 언급된 노양공은 전국시대 초나라 노양을 다스리던 이였는데, 한나라와 감(酣) 땅에서 전쟁을 하다가 태양이 저물려 하자, 창을 잡고 태양을 치니 태양이 별자리 세 개만큼 뒤로 물러갔다고 한다. 즉 자신의 영욕을 위해 인위로 자연의 순리를 역행시켰다. 그래서 이백은 하늘의 도를 어기고 태양을 뒤로 물린 희화를 비난하였다. 마지막 두 구절에서 그는 노양공과는 달리 자연의 이치를 깨치고 받아들여, 천지를 주머니에 넣어 다니며 호방한 기운을 쌓아 자연의 원기와 동등하게 되고자 하는 바람을 표현하였다. 이렇게 자연의 원기와 동등하게 되면 그는 영원히 자연의 이치에 맞추어 그 순환을 따라갈 수 있다. 그래서 "운명이 매여 있는 바가 있는 법이니 어찌 근심스런 생각에 괴로워하리오.[天命有所懸, 安得苦愁思.]"라고 하였고, 술을 마시며 유유자적하는 생활을 하며 마침내 "석 잔이면 큰 도와 통하고 한 말이면 자연과 합쳐지는[三杯通大道, 一斗合自然.]" 경지에 오를 수 있었다. 이렇게 자연은 노닐며 즐기던 공간에서 인생의 이치를 깨우쳐 주는 공간으로 변하였으며 이에 따라 이백도 인간의 운명을 극복한 초월적 존재가 되려고 하였다.

그러나 이렇게 자연과의 합일을 통해 인간의 한계를 극복한 상황은 정치적 공명이라는 또 다른 자아실현의 추구에 의해 동요되어 그 지속성을 확보하지 못하였다. 아무리 자연의 이치를 궁구하더라도 그것은 자기 혼자만의 일밖에 되지 못한다. 자연 속에 살면서 세상과 거리를 두게 된다면, 그런 고아한 이치를 깨우친 '남다른 존재'로서의 자신을 다른 사람에게 알릴 수 없다. 그래서 그는 또다시 세상 사람들에게 자신의 존재를 알려야 했고 그들과 접촉해야 했다. 그래서 때로는 은일하고자 하는 동료에게 이렇게 충고하였다.

君思潁水綠,	그대 영수의 푸르름을 그리워하여
忽復歸嵩岑.	홀연히 다시 숭산으로 돌아가니,
歸時莫洗耳,	돌아가서는 허유처럼 귀를 씻지 말고
爲我洗其心.	나를 위해 그대 마음을 씻어 주시게.
洗心得眞情,	마음을 씻으면 진정한 마음을 얻지만
洗耳徒買名.	귀를 씻으면 헛되이 명성을 살 뿐이니,
謝公終一起,	사안처럼 끝내는 한번 일어서서
相與濟蒼生.	더불어 백성을 구제하세나.

이 시는 〈숭산으로 돌아가는 배도남을 보내다 2수[送裴十八圖南歸嵩山 二首]〉 중 제2수인데, 은거하러 숭산으로 가는 배도남과 헤어지면서 지은 것이다. 숭산으로 돌아가서 수양을 통해 진정한 마음을 얻는 것이 좋은 일이기는 하지만, 그것이 허유처럼 자신만의 만족으로 끝난다면 오히려 헛된 명성이 될 뿐이니, 사안처럼 세상에 나와서 능력을 발휘할 것을 충고하였다.

이렇게 이백은 자연과 합일을 이루더라도 계속 그 속에 머무르지 못한 채 세속으로 다시 나와야 했으며, 은일과 출사 사이에서 진자운동을 반복할 수밖에 없었다. 그리고 자연과의 합일을 이루었다고 하는 상황을 보면 대개 음주와 관련되어 있는데, 음주가 몽환성과 일시성을 가지고 있음을 감안한다면, 그가 이룬 자연과의 합일 역시 일시적이었음을 이해할 수 있을 것이다.

4. 수평적이고 자기중심적인 교유관계의 추구

이백은 평생을 거의 떠돌아다녔는데 그 과정에서 수많은 사람들과 접촉하였다. 그가 '남다른 존재'로서의 자신을 다른 사람에게 과시하는 것을 중시하였다는 사실을 염두에 둔다면 그가 접촉한 인물이 많았다는 것은 당연한 일이다. 그의 교유 폭 역시 상당히 넓은데, 천자를 비롯한 왕족과 중앙 권력자, 조정의 관리들, 지방 장관 및 관리들, 도교의 도사와 불교의 승려들, 조정에 나아가지 않은 은자, 장안의 시정잡배들, 일반 평민들 등이 있었다. 이들과의 교유양상에서 가장 큰 특징은 수평성과 자기중심성이다. 그에게 있어 당시 사회적으로 규정된 봉건사회의 계급적 상하관계는 그다지 중요하지 않았으며, 오히려 그 상하관계를 무시하는 경향이 있어서 수평적 교유관계를 추구하였다. 또한 자신의 능력에 대한 인정 여부가 중요하였다. 〈벗에게 주다 3수[贈友人 三首]〉 중 제2수에서 "인생에서 귀한 것은 자신을 알아주는 것이지, 어찌 반드시 금과 돈이겠는가?[人生貴相知, 何必金與錢.]"라고 하였듯이, 다만 자신의 뜻에 동조하거나 자신의 능력을 인정해 주는 사람들과 교유할 뿐이었다.

1) 천자 및 중앙 권력자와의 교유

이백이 천자나 중앙 권력자와 교유할 수 있었던 시기는 한림공봉으로 재직하고 있을 때였다. 당시 그는 호방한 기상과 뛰어난 문장력을 인정받아서 현종에게 추천되었는데, 현종이 직접 음식의 간을 맞추어 주는 등 정성스런 대접을 하였다. 당시 이런 대접은 관례에 속하는 것이었지만, 그는 자신이 특별한 대우를 받는다고 생각하였을 것이며, 이로 인해 자존감은 더욱 높아졌을 것이다. 뿐만 아니라 천자를 측근에서 모시면서 뛰어난 재능으로 칭찬과 상을 받았다는 사실을 통해서도 그의 자긍심이 더 높아졌으리라는 것은 쉽게 추측할 수 있다.

우선 천자와의 관계를 살펴보자. 그는 한림공봉이라는 관직에 있는 신하이고 천자는 국가의 최고 지위에 있는 인물이기 때문에 기본적으로는 천자를 극진히 모셔야 했다. 즉 천자의 명령에 따라 조서를 작성하고, 연회에 참석해서는 연회시를 지어야 했다. 〈산으로 돌아가며 금문의 친구들을 떠나다[還山留別金門知己]〉를 통해 한림공봉으로 있을 때 천자를 어떻게 모셨는지 살펴보자.

1 好古笑流俗, 옛것을 좋아하여 세속을 비웃으며
2 素聞賢達風. 평소에 어진 분들의 풍모를 들어 흠모했으니,
3 方希佐明主, 현명한 임금님을 보좌하며
4 長揖辭成功. 공을 이룬 뒤 길게 읍하고 떠나기를 바랐네.
5 白日在靑天, 밝은 태양이 푸른 하늘에 있어
6 迴光矚微躬. 두루 비추는 빛으로 미천한 몸을 밝히시니,
7 恭承鳳凰詔, 공손하게 봉황의 조서를 받들고
8 欻起雲蘿中. 구름 같은 여라 속에서 은거하다가 떨쳐 일어섰네.
9 淸切紫霄逈, 높다란 황궁에서 중요한 직책으로 가까이서 모시며
10 優游丹禁通. 여유롭게 구중궁궐을 오고가니,
11 君王賜顔色, 임금께서 만족스런 얼굴빛을 보여 주시어
12 聲價凌煙虹. 명성은 하늘의 무지개를 넘어섰네.

13 乘輿擁翠蓋, 천자의 수레가 푸른 덮개를 하고
14 扈從金城東. 수행원들과 금성 동쪽으로 나가실 때,
15 寶馬麗絶景, 귀한 말 타고 아름다운 경치를 짝하며
16 錦衣入新豐. 비단옷을 입고 신풍으로 들어가서는,
17 依巖望松雪, 바위에 기대 눈 쌓인 소나무를 바라보고
18 對酒鳴絲桐. 술을 마주하며 오동나무 현악기를 울렸네.
19 方學楊子雲, 양자운을 본받아
20 獻賦甘泉宮. 감천궁에서 부를 지어 올렸더니,
21 天書美片善, 천자님이 글을 내려 미천한 재주를 칭찬하시어
22 淸芳播無窮. 맑은 향기는 한없이 펴져 나갔으니,
23 歸來入咸陽, 함양으로 돌아와서는
24 談笑皆王公. 웃으며 이야기하는 사람들이 모두 왕공들이었네.
(……)

이 시의 처음 여덟 구절에서는 자신의 명성이 펴지고 천자에게 나라를 구제할 책략을 알려서 궁궐로 들어오게 된 과정을 적었다. "미천한 몸[微躬]"과 "공손하게 받들다[恭承]"와 같은 표현으로 자신을 낮추고는 있지만, 제4구의 "장읍(長揖)"에서는 다소 다른 태도를 보여 주고 있다. "장읍"은 두 손을 모으고 위에서 아래로 크게 흔들어서 인사하는 것으로 높은 사람에게 하는 인사라기보다는 같은 서열의 사람에게 하는 인사이다. 이백이 평소 존경하는 인물로 엄광이 있는데, 그는 후한 때의 사람으로 광무제와 어릴 때부터 친구였다. 광무제가 황제가 된 후에 그에게 관직을 내렸지만, 그는 관직을 사양하고 부춘산에서 농사를 짓고 낚시를 하며 은거하였다. 또 이백은 역이기를 존경하였다. 한 고조인 유방이 병사를 이끌고 진류를 지날 때 그가 천하를 도모할 계책을 설파하니, 유방은 그를 높은 자리에 앉히고 그 책략을 청해 배웠

다. 엄광이 광무제에게 한 인사와 역이기가 유방 앞에 찾아가서 한 인사가 모두 "장읍"이었다. 엄광은 광무제와 친구 사이였기 때문에 그러했을 것이고, 역이기는 자신의 호방한 면을 강조하기 위해서 그러했을 것이다. 이백 역시 자신의 재능에 대한 자신감을 표현하기 위해서 엄광이나 역이기처럼 천자에게 "장읍"만 하였을 뿐 천자에 걸맞은 예를 갖추지 않은 것으로 보인다.

제9구 이하에서는 천자를 모시면서 한 행위와 이에 대해 천자가 만족스러워하며 인정해 주는 내용을 묘사하였는데, 이러한 관계 속에서 그가 느낀 자부심은 대단했을 것이다. 더 나아가서 〈조남의 여러 관리들을 떠나 강남으로 가다[留別曹南群官之江南]〉에서는 "웃고 말하며 임금님과 노닐었네[談笑遊軒皇]"라고 하면서 천자와 대등한 관계를 유지하는 모습을 발견할 수 있다. 천자와 이러한 관계를 유지할 수 있었던 이유로는 그가 평소 강태공을 흠모했던 것을 들 수 있다. 강태공은 50세에 극진(棘津)에서 음식을 팔았고 70세에는 조가(朝歌)에서 가축을 잡았다. 이후 위수 가에서 낚시를 하다가 90세가 되어서야 비로소 문왕을 만나 그의 스승이 되었고 재상으로서 큰 공을 세웠다. 이백이 강태공을 흠모한 이유 중의 하나는 그가 제왕의 스승이 되었다는 것이었다. 〈징군 전소양에게 주다[贈錢徵君少陽]〉에서 "만약 위수에서 사냥하던 분을 만나게 되면 아직도 제왕의 스승이 될 수 있으리라.[如逢渭川獵, 猶可帝王師.]"라고 한 것을 보면 이백 역시 제왕의 인정을 받아 그 스승이 되고자 하였다. 즉 그는 천자의 신하가 되기보다는 그의 스승이 되어 가르치고 계도하여 천하에 좋은 다스림을 이룩하고자 하였다. 따라서 다른 신하들처럼 천자에게 굽실거리거나 자신을 낮출 필요가 없었다. 위에 인용한 시의 마지막 두 구절을 보면 이러한 천자와의 교유에서 얻은 자부심으로 왕공들과도 격의 없는 관계를 유지하였음을 알 수 있으며, 때로는 그들을 가벼이 여기는 태도를 취하기도 하였다.

그가 관직에 있지 않을 때 천자에 대한 태도는 두 가지로 나타난다. 한편으로는 천자의 인정을 받아야 관직에 올라 공명을 세울 수 있기 때문에 천자가 자신을 되돌아봐 주기만을 바라며 하염없이 그리워하는 상하관계를 분명히 하기도 하였다. 다른 한편으로는 자신이 그리워하는 것이 아니라 천자가 자신을 그리워할 것이라는 식의 논리로 자신의 자존심을 굽히지 않는 모습을 보여 주기도 하였다. 이러한 이중적인 태도는 수목적 성격의 정치 체제와 탈주적인 성격의 자기중심적 가치관이 대립하는 과정에서 발생한다. 국가 체제 내에서 정치적 공명을 이룩하고자 할 때는 천자를 그리워하였고, 자신의 존재를 인정받고자 할 때는 수평적인 위치를 상정하였다.

중앙권력자 중에서 이백이 특히 애정을 가지고 있었던 사람으로는 하지장(659~744)을 들 수 있다. 그는 695년에 진사에 급제하여 태상박사(太常博士), 예부시랑(禮部侍郎), 공부시랑(工部侍郎), 태자빈객(太子賓客), 비서감(秘書監)을 역임하였으며, 744년 월 땅의 사명산으로 돌아간 후 병으로 죽었다. 그는 이백이 지은 〈촉으로 가는 길이 험난하구나[蜀道難]〉를 보고 칭찬을 아끼지 않았으며 이백의 신선다운 풍모에 감탄하였다. 또 둘이서 허심탄회하게 금거북 인장을 잡혀서 술을 마셨다는 이야기는 너무나 유명하다. 이러한 친밀한 관계로 인해 그는 이백을 현종에게 추천하기도 하였으니, 이백에게는 은인이었으며 또 친구이기도 하였다. 그러나 이백의 시문에는 그와 평소 교유하던 흔적은 남아 있지 않고 천보 3년(744)에 하지장이 벼슬을 그만두고 고향으로 내려갈 때 이후의 시만 남아 있다. 우선 〈사명산으로 돌아가는 하지장 비서감을 보내며 황제의 명을 받들어 짓다[送賀監歸四明應制]〉는 현종이 하지장의 송별연을 열어 주었을 때 지은 것으로 응제시의 성격을 띠고 있으며, 〈월 땅으로 돌아가는 하지장을 보내다[送賀賓客歸越]〉는 개인적으로 송별하는 시다. 같은 해에 이백 역시 관직을 그만두고 월 땅의 하지장을 찾아갔지만 만나지 못하고 지은 〈다시 그리워하다 1수[重憶 一首]〉가 있고, 하지장이 죽고 난 뒤에 그를 추모하며 지은 〈술을 앞에 두고 하지장을 생각하다 2수 및 서문[對酒憶賀監 二首 並序]〉이 있다. 모두 편폭이 길지는 않지만 그의 신선다운 풍모를 찬양하며 그리워했는데, 이백의 인간적인 정감이 잘 드러나 있다.

이와 대조적인 경우로는 옥진공주(692?~762)를 들 수 있다. 그녀는 예종의 딸이자 현종의 누이인데, 태극 원년(712)에 출가하여 도사가 되었다. 일찍이 원단구와 친밀한 관계를 맺었으며 그를 통해 이백의 소문을 듣고는 현종에게 추천하였다. 〈여도사 옥진공주[玉眞仙人詞]〉는 그녀의 신선다운 풍모를 찬미한 것으로 처음 만났을 때 간알의 목적으로 썼을 가능성이 있다. 그러나 장안에 있을 때 그녀가 직접적인 추천 행위를 해 주지 않자 이를 원망하는 시를 짓기도 하였으니, 바로 〈오래도록 비 내리는 옥진공주의 별관에서 장 위위경께 드리다 2수[玉眞公主別館苦雨, 贈衛尉張卿 二首]〉이다. 그중 제2수를 한 번 보자.

1 苦雨思白日, 오랫동안 비가 내리니 밝은 태양이 그리운데
2 浮雲何由卷. 뜬구름을 어찌하면 걷어 버릴 수 있을까요?
3 稷契和天人, 직과 설이 하늘과 사람을 조화시키려 하나
4 陰陽乃驕蹇. 음과 양은 여전히 교만하여 따르지 않습니다.
5 秋霖劇倒井, 가을장마는 우물을 뒤집은 것보다 심하고
6 昏霧橫絶巘. 어둑한 안개는 깎아지른 산봉우리에 가로놓여,
7 欲往咫尺塗, 가까운 곳을 가려 해도
8 遂成山川限. 산과 내에 가로막힌 듯합니다.
9 潀潀奔溜聞, 콸콸 물이 치닫는 소리가 들리고
10 浩浩驚波轉. 아득하게 거센 파도가 흘러가니,
11 泥沙塞中途, 진흙탕이 길 한가운데를 막고 있고

12 牛馬不可辨.　소와 말도 구분할 수 없습니다.

13 飢從漂母食,　배고프면 빨래하는 아낙네를 따라가 얻어먹고

14 閑綴羽陵簡.　한가하면 우릉의 죽간을 손질하는 신세,

15 園家逢秋蔬,　농가에서는 가을 채소철을 만났는데

16 藜藿不滿眼.　명아주와 콩잎조차 눈에 가득하질 않습니다.

17 蠨蛸結思幽,　갈거미는 마음에 맺힌 생각을 엮어 가고

18 蟋蟀傷褊淺.　귀뚜라미는 쪼들리는 형편을 슬퍼하는데,

19 廚竈無靑煙,　부엌에는 푸른 연기도 나지 않고

20 刀机生綠蘚.　도마에는 푸른 이끼만 자랍니다.

21 投箸解鷫鷞,　젓가락 던져 놓고 숙상 가죽옷을 벗어

22 換酒醉北堂.　술로 바꾸어 북당에서 취합니다.

23 丹徒布衣者,　단도 사람 유목지가 평민으로 있을 때

24 慷慨未可量.　강개한 기상을 이루 헤아릴 수 없었으니,

25 何時黃金盤,　저는 언제쯤 황금 쟁반으로

26 一斛薦檳榔.　열 말의 빈랑을 올릴 수 있을까요?

27 功成拂衣去,　공을 이루면 옷을 털고 떠나

28 搖曳滄洲傍.　푸른 물가에서 이리저리 노닐 겁니다.

제목에 언급된 장 위위경은 당시 우승상이었던 장열의 둘째 아들 장기로서, 그는 영친공주와 결혼해서 부마도위가 되었으며 옥진공주의 조카사위다. 이 시가 비록 형식적으로는 장기에게 주는 것이지만 옥진공주의 별관에서 썼기 때문에 옥진공주에게도 주었을 것이다. 제1~4구에서는 비가 계속 내리는 것을 표현한 것이지만, 직과 설을 언급함으로써 신하들이 인재를 적절히 추천하여 황제를 보필하지 못하는 당시 상황을 넌지시 비판하였다. 제5~12구에서는 비가 와서 오도 가도 못하는 자신의 신세를 묘사하였으며, 제13~20구에서는 가난하여 먹을

것도 변변치 않은 비참한 신세를 묘사하였다. 그러고는 제21~28구에서 관직에 올라 재능을 펼치지 못한 슬프고 분한 마음을 표출하였다. 장 위위경이나 옥진공주는 모두 왕족이었지만, 이백은 자신에 대한 푸대접에 대해 푸념과 원망을 노골적으로 표현하였으며, 인재를 적절하게 채용하지 못하는 인사정책을 비판하기도 하였다.

하지장과 옥진공주의 예를 통해서 알 수 있는 것은, 이백이 타인을 대하는 태도를 결정한 것이 상대방의 신분이나 관직이 아니라 자신의 능력을 인정하는지 여부였다는 것이다. 그리고 그는 천자와 중앙권력자들과의 교유에 있어서 봉건적 계급관계에 의해 복종하고 굴종하는 모습을 보이기보다는 대등한 관계에서 자신감과 자부심에 가득 찬 자기중심적인 모습을 보여 주었다.

이러한 면에서 보았을 때 당시 권력자들에 대한 이백의 비판적인 태도를 재해석할 여지가 있다. 〈고풍 59수〉 중 제24수에서는 당시 안하무인적인 태도를 가지고 있었던 환관이나 현종이 좋아했던 투계 등의 잡기로 높은 관직에 올라 권세를 떨쳤던 이들에 대해 반감을 가지고 비판하였다. 이들이 현종의 총애를 많이 받던 계층임을 고려한다면 감히 정면으로 맞서 비판한다는 것은 어려운 일이었다. 그러나 이백이 이런 모습을 보일 수 있었던 이유로는 당시 사회현실을 비판하고자 하는 의도도 있었겠지만, 보다 직접적으로는 이들과 썩 좋은 관계를 유지하지 못했던 것을 생각할 수 있다. 〈청평조사 3수(淸平調詞 三首)〉 중 제2수를 가지고 이백을 음해하려 했던 고력사의 일화를 보더라도 환관과의 관계가 그다지 좋지 않았음을 알 수 있다. 따라서 이러한 현실비판은 오히려 자신과 화합하지 못한 상대에 대한 비난일 가능성이 있다.

2) 지방 관료와의 교유

이백이 지역을 전전할 때 지방 관료들과 노닐 수 있었던 이유에는 여러 가지가 있었겠지만, 우선 그의 문학적 명망을 들 수 있다. 당시 그는 이미 문학적 재능으로 널리 알려져서 많은 사람들이 그와 교유하고자 했었다. 또한 한림공봉이라는 중앙 관직을 역임했다는 것 역시 지방 관료들이 그와 노닐 수 있는 조건을 충족시켜 주었다.

그와 교유한 지방 관료에는 지방 절도사나 자사에서부터 현위까지 다양한 지위의 인사들이 있었으며, 중앙 관직에 있다가 폄적되어 지방을 떠도는 관료들도 제법 있었다. 이들과의 교유 양상을 보면 대체로 간알과 진정한 교유 두 가지로 나뉘는데, 사실상 확연하게 구분되지 않는 경우가 많다. 실제로 간알과 교유는 동전의 양면과 같은 것이었다. 이백이 항상 관직 진출을 염두에 두었기 때문에 이들과의 교유를 관직 진출과 연계되지 않은 순수한 것으로 보기 어려운 경우가 많다. 일례로 이백과 막역한 사이였던 최성보와 어떤 교유를 이루었는지 살펴보자.

최성보는 재능은 있지만 낮은 관직을 전전하다가 모함으로 폄적당해 지방을 떠돌던 이였는데, 이백과는 일찍이 여러 번 만났으며 처음부터 지극한 교우관계를 맺었던 것으로 보인다. 우선 〈최성보 시어에게 주다[贈崔侍御]〉라는 시를 보자.

1 長劍一杯酒, 긴 칼과 한 잔의 술이
2 男兒方寸心. 사나이의 마음인데,
3 洛陽因劇孟, 낙양에서 극맹 같은 이를 만나
4 託宿話胸襟. 유숙하며 흉금을 털어 놓았네.
5 但仰山岳秀, 다만 산의 아름다움만 우러를 뿐

6 不知江海深.　강과 바다의 깊이도 알지 못하였는데,
7 長安復攜手,　장안에서 또 손을 이끌고서
8 再顧重千金.　다시 돌아봐 주니 천금보다 귀하였다네.
9 君乃輶軒佐,　그대는 감찰어사로 있었고
10 余叨翰墨林.　나는 외람되게도 한림원에 있었는데,
11 高風摧秀木,　높이 부는 바람이 빼어난 나무를 꺾어 버렸고
12 虛彈落驚禽.　빈 활 소리가 놀란 기러기를 떨어뜨렸네.
13 不取回舟興,　그대는 배를 되돌리는 흥취는 취하지 않고
14 而來命駕尋.　수레를 준비하게 하여 나를 찾아 주었네.
15 扶搖應借力,　높이 솟아오르려면 응당 힘을 빌려야 하니
16 桃李願成陰.　복숭아와 자두나무에 그늘이 생기기를 바라네.
17 笑吐張儀舌,　웃으며 장의처럼 혀를 내어 보이지만
18 愁爲莊舄吟.　근심스레 장석처럼 신음을 하는데,
19 誰憐明月夜,　누가 가련히 여기는가? 달 밝은 밤에
20 腸斷聽秋砧.　가을 다듬이소리 들으며 애간장이 끊어지는 것을.

제1~4구에서는 낙양에서 처음 만난 일을 적었는데, 최성보를 한나라의 협객인 극맹에 비유하였으며, 당시의 분위기를 "긴 칼"과 "한 잔의 술"로 압축하면서 서로 협객의 의리로서 호방하게 의기투합했음을 표현하였다. 제5~8구에서는 장안에서 다시 만난 일을 적었는데, "돌아봐 주고" "손을 이끌었다"는 표현에서는 그가 이백의 장안생활을 도와주었음을 알 수 있다. 제9~10구에서는 최성보가 감찰어사로 있었고 이백이 한림원에 있었다고 하였는데, 이를 통해 당시 두 사람이 궁궐에서 같이 재직했음을 알 수 있다. 하지만 제11~14구를 통해 두 사람 모두 모함에 빠져 관직을 그만두고 지방을 유랑하다가 다시 만났다는 것을 알 수 있다. 제15~20구에서는 서로의 처지를 위로하면서 다

시 한 번 더 관직에 오를 수 있도록 격려하는 모습을 볼 수 있다. 이렇게 두 사람은 관직에 오르지 못했을 때부터 교유를 시작하여 몇 차례에 걸쳐 장소와 신분을 바꿔 가며 교우관계를 돈독히 유지한 것으로 보인다.

이후의 시문을 살펴보면 두 사람이 한편으로는 호기롭게 유유자적하는 생활을 하면서도 다른 한편으로는 같이 다시 관직생활에 나아가기를 바라는 모습을 보여 주고 있다. 우선 이백이 최성보에게 간알을 한 경우가 있는데, 또 다른 〈최성보 시어에게 주다[贈崔侍御]〉라는 시에 잘 나타나 있다.

黃河三尺鯉,　　황하의 석 자짜리 잉어가
本在孟津居.　　본래 맹진에서 살았는데,
點額不成龍,　　이마에 점 찍히고 용이 되지 못하여
歸來伴凡魚.　　돌아와 평범한 물고기와 같이 지내네.
故人東海客,　　친구인 그대는 동해에서 오신 이라서
一見借吹噓.　　한 번 보고서 숨을 불어 주길 바라니,
風濤儻相因,　　바람과 파도를 만약 탈 수 있다면
更欲凌崑墟.　　다시 곤륜산을 넘고자 하네.

전반 네 구절에서는 황하의 큰 잉어가 용문에 올라 용이 되지 못하고 평범한 물고기로 지낸다는 비유를 통해 자신이 관직에 오르지 못한 상황임을 표현하였다. 후반 네 구절에서는 동해의 큰 기운을 가진 최성보가 평범한 물고기로 지내는 자신에게 숨을 불어 넣어 준다면, 바람과 파도를 타고 붕새가 되어 다시 곤륜산을 넘고 싶다고 하여, 관직에 나아갈 수 있도록 최성보가 도와주기를 바라는 마음을 적었다. 비록 최성보가 폄적되어 있는 상황이지만 충분히 이백을 이끌어 줄 만한 능력이 있었던 것으로 보이는데, 이는 〈우문 선주태수께 드리며 아울러 최성보 시어에게 주다[贈宣城宇文太守兼呈崔侍御]〉라는 시에서도 확인할 수 있다. 이 시는 86구에 이르는 장편으로 기본적으로는 우문 선주태수에게 간알하는 성격을 띠고 있는데, 마지막 여덟 구절에서 최성보에게 주는 내용을 실어 자신과 우문 태수 사이를 연결해 주기를 바라는 마음을 표현하였다.

관직에 오르도록 도와 달라는 간알의 목적이 두 사람 사이에 있기는 하였지만, 또한 그들은 격의 없이 노닐기도 하였는데, 〈최성보 시어에게 부치다[寄崔侍御]〉, 〈경정산에 노닐며 최성보 시어에게 부치다[遊敬亭寄崔侍御]〉, 〈최성보 시어의 시에 답하다[酬崔侍御]〉, 〈금릉성 서쪽에 있는 손초주루에서 달을 구경하다 새벽이 되고, 노래하고 음악을 연주하다가 해가 지자, 술김에 자줏빛 비단 갖옷과 오사건을 갖추고 술친구 여러 명과 함께 뱃노래 부르며 진회에서 석두성으로 가 최성보 시어를 방문하다[翫月金陵城西孫楚酒樓達曙歌吹日晚, 乘醉著紫綺裘烏紗巾與酒客數人棹歌, 秦淮往石頭訪崔四侍御]〉, 〈경정산 북쪽 이소산을 올랐는데, 당시 손님을 보내고 최성보 시어를 만나 함께 이곳을 오르다[登敬亭北二小山余時送客逢崔侍御並登此地]〉 등의 시에서 둘 사이의 스스럼없는 정감을 확인할 수 있다. 그중에서 천보 6년(747)에 쓰인 것으로 추정되는 〈금릉성 서쪽에 있는 손초주루에서 달을 구경하다 새벽이 되고, 노래하고 음악을 연주하다가 해가 지자, 술김에 자줏빛 비단 갖옷과 오사건을 갖추고 술친구 여러 명과 함께 뱃노래 부르며 진회에서 석두성으로 가 최성보 시어를 방문하다〉를 보자.

昨翫西城月,　　어제 서쪽 성에 뜬 달을 구경했는데
青天垂玉鉤.　　푸른 하늘에 옥 갈고리를 드리웠고,
朝沽金陵酒,　　아침에 금릉의 술을 사서

歌吹孫楚樓. 손초루에서 노래하며 연주했네.
忽憶繡衣人, 홀연히 수놓은 옷 입은 최 시어가 생각나서
乘船往石頭. 배를 타고 석두성으로 가는데,
草裹烏紗巾, 오사건을 대충 매고
倒披紫綺裘. 자줏빛 비단 갖옷을 거꾸로 걸쳐,
兩岸拍手笑, 강 양쪽 사람들이 박장대소하였으니
疑是王子猷. 마치 대안도를 찾아가는 왕자유와 같았으리라.
酒客十數公, 십여 명의 술친구들은
崩騰醉中流. 강 위에서 어지러이 취하여,
謔浪掉海客, 배 젓는 사람을 장난삼아 흔들어 대면서
喧呼傲陽侯. 떠들썩하게 외치며 파도의 신 양후를 얕잡아보았고,
半道逢吳姬, 중도에 만난 오나라 여인은
卷簾出揶揄. 주렴 걷고 나와 우리를 희롱하였네.
我憶君到此, 나는 그대를 그리워해 여기 왔으니
不知狂與羞. 미친 짓인지 부끄러운 짓인지 알지 못하네.
月下一見君, 달 아래서 그대 한 번 만나서는
三杯便迴橈. 세 잔 술을 마시고 곧장 배를 돌려,
捨舟共連袂, 배를 버리고 함께 소매를 나란히 하여
行上南渡橋. 남쪽 나루터의 다리로 가서 올랐네.
興發歌綠水, 흥이 올라 〈녹수곡〉을 부르니
秦客爲之搖. 진 땅 나그네인 최 시어는 이에 맞춰 흔들거렸고,
雞鳴復相招, 닭이 울 때 다시 서로 불렀으니
淸宴逸雲霄. 맑은 연회 자리가 하늘보다 높이 있는 것 같네.
贈我數百字, 나에게 수백 자의 글을 써서 주니
字字凌風飈. 글자마다 큰 바람을 헤치고 나가는 듯한데,
繫之衣裘上, 이것을 갖옷 위에 묶어 놓았다가

相憶每長謠.　　그대가 생각나면 매번 길게 읊어 보리라.

이 시의 내용은 제목에서도 상세히 설명되어 있듯이 이백이 친구들과 함께 달구경하며 술을 마시다가 문득 최성보가 생각나서 그를 찾아가서 노닐었다는 것이다. 상황만 보아도 그들의 사이가 얼마나 막역한지를 알 수 있으며, 시의 내용을 그냥 읽어 보기만 하여도 그 질펀한 분위기가 물씬 풍겨진다. 아무런 구속을 받지 않은 채 술을 마시고 호기를 부리는 모습에서 이백이 어떠한 교유를 지향했는지를 알 수 있다.

당대의 지방관원으로 주 단위에서는 자사, 별가, 사마, 참군사 등이 있었고, 현 단위에서는 현령, 현승, 현주부, 현위가 있었다. 이 중에서 품계가 가장 높은 자사와 가장 낮은 현위를 중심으로 지방 관료들과의 교유양상에 대해 구체적으로 살펴보자. 기본적으로 지방 관원들과의 교유는 최성보와의 교유와 비슷한 양상을 보인다. 즉 한편으로는 관직 진출을 위한 간알을 하기도 하지만, 또 다른 한편으로는 천진하고도 유유자적하는 교유를 했다. 다만 관직이 높을수록 간알의 비중이 커지는 것을 볼 수 있다.

우선 지방의 고위관리에 대한 태도는 중앙 권력자와의 교유와 마찬가지로 수평적인 상호성을 그 특징으로 하고 있다. 태수라는 직위는 자신의 직위보다 훨씬 높음에도 불구하고 이백은 이들과 격의 없이 노닐었으며, 때로는 이들이 자신을 흠모하여 찾아온다는 식의 생각을 가지고 있었다. 예를 들면 〈정 박주태수가 여산에서 천 리 떨어진 나를 찾아, 강하 북시문으로 들어와서 나를 방문하고는, 무릉으로 돌아간다기에 말을 세우고서 이 시를 주어 헤어지다[博平鄭太守自廬山千里相尋, 入江夏北市門見訪, 卻之武陵, 立馬贈別]〉를 보면, 지금의 산동성 요성 북동쪽에 있었던 박주의 정 태수가 지금의 호북성 무한인 강하에 머물고 있던 이백을 찾아왔다. 정 태수에 관해서는 알려진 바가 없어서 어떤 일로 이곳에 왔는지는 확실치 않지만 제목으로만 본다면 정 태수가 천 리나 떨어진 이백을 일부러 찾아온 것으로 되어 있다. 또 시의 내용을 살펴보면, 전반부에서는 전국시대의 신릉군이 은자인 모공과 설공을 직접 찾아가 섬기었고 후영과 주해를 중히 여겨 조나라를 구했던 일을 언급하면서, 정 태수가 은자와 협객을 인정하고 귀하게 여기는 품성을 칭송하였다. 그 뒤에 "태수의 신분으로 저자문을 들어오시니 금빛 안장이 성곽에 비치는데, 관직의 귀함을 다 잊어버리고서 또 야인과 더불어 즐기셨습니다.[五馬入市門, 金鞍照城郭. 都忘虎竹貴, 且與荷衣樂.]"라고 하여 정 태수가 협객의 풍모를 가지고 은일하고 있는 이백의 명성을 듣고 찾아와서 같이 노닐었음을 말하였다. "관직의 귀함을 다 잊어버렸다"는 표현에서는 전혀 관직의 고하에 개의치 않는 모습을 볼 수 있으며, 오히려 이백이 더 고귀한 사람인 것처럼 여겨지기도 한다. 이러한 모습은 다른 시에서도 확인할 수 있는데, "어제 바야흐로 선성의 나그네 되어, 관청문의 방울을 당겨 태수와 교류하였네.[昨日方爲宣城客, 掣鈴交通二千石.]"라고 하여 태수와 교유하였음을 언급하였다. 또 "긴 소매를 관악기가 재촉하여 가볍게 들썩이는 듯하더니 한동태수가 취하여 일어나 춤추었고, 손으로 비단 도포를 들어 나의 몸에 덮어 주니 나는 취하여 아무렇게나 잠자며 그 다리를 베었네.[袖長管催欲輕擧, 漢東太守醉起舞. 手持錦袍覆我身, 我醉橫眠枕其股.]"라고 하여, 한동태수와 술자리를 함께하면서 아무런 격식의 구애를 받지 않고 노니는 모습을 표현하였다. 그리고 "금릉에서 태수를 만났는데 신을 거꾸로 신고 나와서 환영하였으며, 여러 공들이 함께 전별연을 해 주었는데 사방의 자리에 조정의 영재들이 앉아 있었네.[金陵遇太守, 倒屣欣逢迎. 群公咸祖餞, 四座羅朝英.]"라는 구절에서는 금릉태수가 최상의 예우를 해 준 것으로 나타나 있다. 이렇듯 이백은 비록 지방의 고위 관료와 만났을 때에도 전혀 위축되지 않은 모습을 보여 주었으며, 오히려 자신이 더 고고하고 재능 있는 자라는 것을 과시하는 듯하였다.

간알을 주목적으로 하는 시에서도 이러한 경향은 드러난다. 〈난리를 겪은 후 황제의 은택을 입어 야랑으로 유배 갔다. 옛날 노닐던 것을 기억하고 느낀 바를 적어 강하태수 위양재께 드리다[經亂離後天恩流夜郎, 憶舊游書懷, 贈江夏韋太守良宰]〉는 총 166구이고 14개의 운목을 사용하여 이백의 시 중에서 가장 긴 것인데, 건원 2년(759) 가을 야랑으로 유배 가던 도중 사면 받아서 강하로 돌아온 후에 쓴 것이다. 이 시의 대부분은 지금까지 위양재와 만나 함께 지내면서 그로부터 받은 호의에 대해 감사하는 내용으로 이루어져 있다. 그와 세 번의 만남에 관한 기록 사이에 나라의 혼란과 자신의 영락에 관해 자세하게 적었으며, 마지막에는 자신을 관직으로 이끌어 주기를 바라는 마음을 적어 간알시의 역할을 하고 있다. 이 시에서 예전에 교유했던 사실을 자세하고 곡진하게 서술하면서 자신을 잘 돌봐 준 은택에 대해 감사드리는 것은, 한편으로는 간알을 하기 위해 위양재의 인품을 칭송하는 것이기도 하지만, 다른 한편으로는 자신과의 교유에서 다정함을 강조하여 자신과 위양재 간의 스스럼없는 관계를 부각시킨 것이다.

또 지방의 고위 관료들과 막역한 교유만을 논한 것도 상당히 있는데, 대표적인 것으로는 〈친척 동생인 이지요 남평태수에게 주다 2수[贈從弟南平太守之遙 二首]〉, 〈친척 조카인 이양 항주자사와 함께 천축사를 노닐다[與從侄杭州刺史良游天竺寺]〉, 〈봄에 배 상주자사를 모시고 석아계를 노닐다[春陪商州裴使君游石娥溪]〉 등을 들 수 있다.

하지만 자신의 재능을 알아주지 않는 경우에는 정반대의 태도를 보여 주기도 하는데, 대표적인 경우가 바로 〈이옹께 올리다[上李邕]〉이다. 이옹은 당시 유주자사로 있었는데, 이백이 간알을 했지만 그 재능을 알아주지 않고 무시하자 이 시를 지어서 올렸다. 당시 이백은 20대 초반의 젊은 나이여서 패기도 높았지만, 그럼에도 불구하고 자신의 재능을 알아주지 않는 자에 대한 불만스런 태도가 너무 노골적으로 드러난다. 또 제목에서는 이옹의 관직명을 생략함으로써 그 불만스런 감정을 드러내었다. 이러한 것을 통해서도 고위 관료를 대하는 자기중심적인 태도를 확인할 수 있다.

지방의 하위 관료들과는 대체로 간알보다는 허심탄회한 교유를 나눈 경우가 많다. 상대방의 호방한 풍격이나 신선다운 고아한 인품을 찬양하거나, 떠돌아다니는 자신을 극진히 대접해 준 것에 감사하거나, 또는 폄적당한 신세를 동정하고 공감하는 등 인간적인 면을 많이 보여 주고 있다. 그중에서 〈《제갈무후전》을 읽고 감회를 써서, 최숙봉 장안현위 형제에게 주다[讀諸葛武侯傳書懷, 贈長安崔少府叔封昆季]〉를 살펴보자.

漢道昔云季, 예전에 한나라의 도가 쇠해지자
群雄方戰爭. 군웅들이 바야흐로 다투었네.
霸圖各未立, 패권을 도모했으나 모두 이루지 못하고
割據資豪英. 영웅호걸에 의지하여 할거하였는데,
赤伏起頹運, 적복부를 받은 이가 쇠퇴한 국운을 일으키려
臥龍得孔明. 와룡선생 제갈공명을 얻었다네.
當其南陽時, 그가 남양에 있을 때
隴畝躬自耕. 밭두렁에서 몸소 농사를 짓고 있었는데,
魚水三顧合, 물고기와 물이 세 번의 요청으로 합쳐지자
風雲四海生. 풍운이 사해에서 일어났네.
武侯立岷蜀, 제갈공명은 파촉에 나라를 세우고
壯志吞咸京. 웅장한 뜻으로 장안을 삼키려 했는데,
何人先見許, 어떤 이가 먼저 인정했던가?
但有崔州平. 오직 최주평뿐이었네.

余亦草間人,　나 역시 초야에 묻혀 사는 사람이지만
頗懷拯物情.　자못 세상을 구제할 뜻을 품고 있었는데,
晚途値子玉,　늘그막에 최자옥 같은 이를 만나서
華髮同衰榮.　머리가 희어지도록 고락을 함께하려 하네.
托意在經濟,　기탁한 뜻은 나라 경영과 백성 구제에 두었고
結交爲弟兄.　사귀는 벗은 형제같이 되었으니,
無令管與鮑,　다만 관중과 포숙만
千載獨知名.　천 년 동안 이름을 날리게 하지 말아야 하리라.

이 시의 전반 14구절에서는 자신이 최근에 읽은《제갈무후전》의 내용을 요약하였는데, 삼국시대 천하가 혼란스러울 때 유비가 은일해 있던 제갈공명을 얻어 풍운을 일으켰다고 하였으며, 은일해 있는 제갈공명의 재능을 일찍이 알아준 이는 오직 최주평뿐이었다고 하였다. 이어서 자신 역시 제갈공명 같은 은자로서 천하를 구제할 큰 뜻을 품고 있는데, 최주평처럼 최숙봉 형제가 자신의 재능을 알아주기를 바라는 마음을 표현하였다. 사실 최숙봉이 현위인 것을 감안하면 이렇게 자신을 제갈공명에 비유하여 세상을 구제하고픈 자신의 큰 뜻을 펼치는 것이 간알의 목적을 가지고 있다고 보기는 힘들다. 다만 자신의 능력을 알아주는 진정한 의미의 지기로서 최숙봉 형제와 사귀고 싶은 마음을 표현한 것이다. 비록 관직이 낮지만 "머리가 희어지도록 고락을 같이 하며" 관중과 포숙처럼 이해관계를 뛰어넘은 순수하고 진정한 교우를 바랐다. 하지만 달리 생각하면, 이러한 바람은 그들이 이백의 재능을 인정해 주었기 때문에 생겨난 것이기도 하여, 그가 추구하였던 교유가 자기중심적임을 알 수 있다.

이러한 자기중심성은 상대방과 혈연관계를 강조한 것에서도 확인할 수 있다. 그의 시 제목에서 인물의 호칭을 적을 때, 이씨의 경우에

는 대부분 친척관계를 부기하였다. 실제로 시의 제목에 "친척 형님[從兄]", "친척 아저씨[從叔]", "문중 동생[族弟]" 등의 호칭을 사용한 것이 33수에 이른다. 이들이 실제 이백과 얼마나 가까운 친인척인지는 확인할 수 없지만 아마도 대부분은 그냥 성만 같았을 것이다. 이러한 현상은 이백이 평소 자신을 당 왕조와 같은 가문이라고 과시하고 다녔던 것이나 혈연관계의 호칭을 통해 보다 친밀한 관계를 설정해 보려는 의도와 관계 있겠지만, 상대방과의 관계를 설정함에 있어서 자신을 중심에 두고 가계 속에서 파악하려던 생각과도 무관하지 않았을 것이다.

이상에서 살펴보았듯이 이백은 지방 관료들과의 교유관계에서도 신분적 차이를 뛰어넘는 경향이 있었다. 대체로 막역하고 스스럼없는 관계를 유지하였지만 그 바탕에는 자신의 가치를 인정하는 지기(知己)라는 조건이 있었으며, 이는 자기중심적 가치관에서 기인하였다.

3) 일반 백성과의 교유

이백은 관직에 있지 않은 일반 백성들과도 교유가 많았다. 그들 중에는 도사나 승려와 같은 종교인, 징군이나 처사와 같은 은자, 술 빚는 사람과 같은 장인이 있었다. 그리고 교유를 하지는 않았겠지만 특히 버림받은 여인에 대한 동정심을 많이 가지고 있었다. 이들과의 교유는 그야말로 천진하고 격의 없는 모습을 보여 주어 그의 인간적인 면을 가장 잘 느낄 수 있는 부분이기도 하다. 대표적인 예로 〈산에서 은거하는 이와 함께 술을 마시다[山中與幽人對酌]〉를 보자.

兩人對酌山花開, 두 사람이 술을 마시니 산꽃이 피어
一杯一杯復一杯. 한 잔 한 잔 또 한 잔 하네.
我醉欲眠卿且去, 나는 취해 자려 하니 그대는 잠시 갔다가

明朝有意抱琴來. 내일 아침 생각이 있으면 금을 안고 오게나.

이 시는 산에 은거하는 이와 함께 술을 마시면서 느낀 흥취를 표현한 것이다. 봄이 되어 산속에 꽃이 활짝 피었을 때 은거하는 이를 불러다가 산에서 함께 술을 마신다. 그 분위기에 취해서 한 잔씩 마시다 보니 취하고 졸려서 더 이상 대작할 수 없게 되자 은자에게 잠시 돌아가라고 말한다. 그리고 내일 아침 또 자기와 술을 마실 생각이 있으면 오되 이번에는 금을 가지고 오라고 한다. 내일은 금을 퉁기면서 더 흥취 있는 술자리를 가질 계획이다. 사람을 초대해서 노닐다가 자기가 취했다고 손님더러 집에 돌아가라고 하는 것에서는 사회 규범의 제약을 전혀 받지 않는 모습을 볼 수 있다. 더구나 그 이유는 다름 아닌 자기가 졸리다는 것인데 여기서 자기중심적인 대인관계를 볼 수 있다. 하지만 그럼에도 불구하고 두 사람 사이에는 어떠한 갈등이 있는 것이 아니라 훨씬 더 스스럼없는 친밀함을 발견할 수 있다.

상대방에 대한 격의 없는 태도는 극진한 애정으로 발전하는데 〈선성의 술 잘 빚는 기 노인을 곡하다[哭宣城善釀紀叟]〉라는 시에서 그 일단을 확인할 수 있다.

紀叟黃泉裏, 기 노인은 황천에서도
還應釀老春. 여전히 노춘주를 빚고 있겠지.
夜臺無曉日, 무덤에는 새벽 태양이 없으니
沽酒與何人. 누구에게 술을 팔겠는가?

이 시는 〈대 노인의 주점에 쓰다[題戴老酒店]〉라는 제목으로 "대 노인은 황천 아래에서 여전히 대춘주를 빚고 있겠지. 무덤에는 이백이 없으니 누구에게 술을 팔까?[戴老黃泉下, 還應釀大春. 夜臺無李白, 沽酒與何

人.]"라고 된 판본도 있는데, 대부분의 역대 평자들은 이것이 훨씬 더 이백의 시답다고 하였다. 이 시는 술을 빚어 파는 기 노인 혹은 대 노인의 죽음을 애도하는 것으로, 그가 죽어 저승에서도 계속 술을 빚어 팔겠지만 이백 자신이 그곳에 없으니 누구에게 술을 팔겠느냐는 내용을 담고 있다. 우선 술을 빚어 파는 노인을 애도하기 위해 이런 시를 썼다는 사실에서 이백이 그에게 남다른 애정을 가지고 있었음을 알 수 있다. 이는 당시 여타 문인들이 그냥 술을 마시고 즐길 줄만 알았지 그 술을 만드는 장인을 주제로 시를 쓰는 경우가 없었던 것과는 대조적이다. 당시 사회의 최하층이라고 할 수 있는 이러한 장인에게까지 이백은 애정을 가지고 대하였음을 짐작할 수 있다. 마치 이 세상에 술을 제대로 빚을 수 있는 사람이 이 노인 한 명밖에 없는 것처럼 여겼으니 그의 죽음을 이토록 애도한 것이다. 또 이 세상에 술을 마시는 흥취를 아는 사람이 이백 자신밖에 없으니 그 노인은 자신의 술을 더 이상 팔 수 없다고 한 것이다. 이러한 사고방식에서도 자신의 재능이 천하에 둘도 없는 것이라는 자부심을 바탕에 깔고 있다는 것을 알 수 있다.

한편 이백의 시 제목에는 관직명을 적지 않은 일반인이 종종 나오는데, 이들과의 교유는 대부분 허심탄회하고 맑은 격조를 유지하였다. 그 예로 〈친척 동생인 이유성이 서쪽 정원에 들렀다가 내게 준 시에 답하다[答從弟幼成過西園見贈]〉를 보자.

1 一身自瀟灑, 내 이 한 몸 스스로 초탈한데
2 萬物何囂喧. 만물은 어찌 그리 시끄러운가?
3 拙薄謝明時, 재주가 없어서 성명한 시대를 떠나
4 棲閑歸故園. 옛 정원으로 돌아와 한가하게 머물렀네.
5 二季過舊壑, 두 동생이 옛 골짜기에 들르자
6 四鄰馳華軒. 사방의 이웃들 모두 화려한 수레 타고 달려오니,

7 衣劍照松宇, 옷과 칼은 소나무 두른 집에 빛나고
8 賓徒光石門. 손님들로 석문이 환히 밝아지네.
9 山童薦珍果, 산의 어린 아이가 진귀한 과일을 가져오고
10 野老開芳樽. 시골의 노인네가 향기로운 술단지를 열어 주니,
11 上陳樵漁事, 나무꾼과 어부의 일을 이야기하다가
12 下敘農圃言. 또 농사에 관한 말을 늘어놓네.
13 昨來荷花滿, 어제 왔을 때는 연꽃이 활짝 피었고
14 今見蘭苕繁. 오늘은 보아하니 난초꽃이 가득한데,
15 一笑復一歌, 한번 웃고 또 한 번 노래하니
16 不知夕景昏. 저녁 햇빛 어두워지는 줄 모르겠고,
17 醉罷同所樂, 모두들 즐거워하며 취하고 나니
18 此情難具陳. 이러한 정은 이루 말하기 어렵네.

이 시는 동생뻘 되는 이유성과 이영문 형제가 서쪽 정원을 방문하자 여러 이웃을 초대하여 함께 노닌 장면을 적은 것이다. 제1~4구에서는 자신이 시끄러운 세속을 떠나 시골에서 은거하고 있음을 밝혔고, 제5~8구에서는 이씨 형제가 자신을 방문해 준 것을 적었다. 제9~12구에서는 동네의 노인이 술을 가져오고 어린 아이가 과일을 가져와 대접하며, 나무꾼과 어부, 농사에 관한 한담을 하면서 즐겁게 노는 장면을 그렸다. 제13~18구에서는 저녁 늦게까지 웃고 노래하며 노니는 장면을 묘사하면서 매우 즐거워하는 감정을 표현하였다. 이씨 형제는 그와 혈족은 아닌 것으로 보이며 단지 성이 같다는 이유만으로 형제같이 지내는 사람들이다. 그들은 관직에 나아가지 않고 시골에 은거하고 있는 자들로 보이는데, 이들이 모여 같이 술을 마시며 노는 정감은 이루 헤아릴 수 없다.

이렇게 이백이 흉금을 터놓고 격의 없이 사귀기 위해서는 오랜 기

간이 필요한 것이 아니었다. 다만 자신과 마음만 맞으면 하루저녁에라도 가깝게 사귈 수 있었다.

昨夜誰爲吳會吟, 어제 밤에 누가 오 땅의 노래를 불렀던가?
風生萬壑振空林. 수많은 골짜기에 바람 일어 빈 숲을 흔드는 듯,
龍驚不敢水中臥, 용이 놀라 감히 물속에 누워 있지 못하고
猿嘯時聞巖下音. 원숭이도 울다가 바위 아래의 소리를 들었으며,
我宿黃山碧溪月, 나도 푸른 계곡에 달이 뜬 황산에 묵다가
聽之卻罷松間琴. 듣고서는 소나무 사이에서 타던 금을 그만두었네.
朝來果是滄洲逸, 아침에 와서 보니 과연 푸른 물가에 숨어사는 자라
酤酒提盤飯霜栗. 술을 사고 쟁반을 들고 맛있는 밤을 대접했더니,
半酣更發江海聲, 반쯤 취하여 강과 바다 같은 소리를 다시 쏟아내니
客愁頓向杯中失. 나그네 수심은 단번에 술잔 속으로 사라지네.

이 시는 〈밤에 황산에서 머물다 은씨가 부르는 오 땅의 노래를 듣다[夜泊黃山聞殷十四吳吟]〉인데, 어느 날 황산에 머물다가 오 땅의 노래를 하는 어떤 나그네를 만나서 쓴 것이다. 이백이 나그네의 시름으로 밤에 잠을 자지 못하고 금을 연주하며 시름을 삭히고 있는데, 문득 오 땅의 노래를 듣고는 감탄하였다. 그 다음날 아침에 그 사람을 찾아 만나서는 같이 술을 마시고 다시 노래를 들으며 즐거운 시간을 보낸다. 〈사양아가 〈맹호사〉를 부르는 것을 듣고 이 시를 주다[聞謝楊兒吟猛虎詞因此有贈]〉에서도 비슷한 설정을 볼 수 있는데, 이렇듯 이백이 금방 만난 사람들과 의기투합하는 것은 흔한 일이었다. 이러한 의기투합을 위해 필요한 것은 평판이나 지위가 아니라 자신을 이해해 주고 같이 어울릴 수 있는 마음이었고, 굳이 높은 학식이나 고고한 인품이 아니라 자신을 안위할 수 있는 노래 한가락이어도 되었다.

또한 버림받은 여인들에 대한 동정심을 자주 표현하였다. 당대에 경제가 융성해지고 문화가 다양해짐에 따라 혼인관 역시 많이 바뀌게 되었는데, 여인들이 이혼을 하고 재가를 하는 경우가 많아졌다. 버림받은 여인들을 읊은 시 중에는 재능을 인정받지 못한 자신의 신세를 기탁한 것도 있지만, 개인적으로 알게 된 여인의 특수한 상황을 적은 시도 적지 않은데, 〈버림받은 여인[去婦詞]〉, 〈장간 마을 2수[長干行 二首]〉 등이 그러하다. 그리고 그는 아내에게 주는 시를 많이 썼는데, 주로 멀리 나간 남편을 그리워할 것을 안타까워하고 자신 역시 아내를 보고 싶어 하는 마음을 적었다. 그는 여인의 고통을 외면하지 않고 그들을 동정하고 위로하는 마음을 가졌는데, 이는 고통 받는 이에 대한 연민을 가지고 있었기 때문이기도 하지만, 자신 역시 재능을 인정받지 못하고 버림받은 존재라는 인식과도 연결되어 있었다.

이렇게 하층 민중들과의 교유에서는 그들의 진정성을 이해하고 공감하려는 대등한 양상을 볼 수 있다. 중국 전통시기 문인들 중에 하층 민중들과 허심탄회한 교유를 한 사람은 도연명을 비롯하여 더러 찾아볼 수 있는데, 이백 역시 그러한 사람들 중의 하나로서 이전의 어느 누구보다도 폭넓고 진정한 교유를 하였다고 할 수 있다. 그러나 이러한 허심탄회함의 기저에는 자기중심적 가치관이 깔려 있었고, 허심탄회함을 보여 주려면 자신을 이해해 줘야 한다는 조건이 필요하였다.

이상과 같은 각 계층과의 교유 양상을 볼 때 이백은 봉건 계급사회의 틀을 뛰어넘어 자신만의 새로운 교유양상을 구현하고자 하였는데, 이는 자기중심적 가치관에서 비롯된 것으로 수평성과 자기중심성을 그 특징으로 하였다.

제4장

이백의 슬픔과 외로움

이백은 자아를 실현하기 위해 다양한 방법을 시도하여 앞에서 살펴본 성과를 거두기도 하였지만, 궁극적으로 그 목적을 달성하지는 못했다. 그 결과 그는 슬픔과 외로움을 느끼는 시간이 많았으며, 이로 인해 슬픔과 외로움은 그의 문학작품에서 주요한 내용을 차지하고 있다. 여기서는 그의 문학작품에 나타난 슬픔이 어떻게 생성되었고, 그 결과 그가 외로워했던 모습이 어떠하였으며, 또한 슬픔과 외로움이 오랜 시간 동안 지속되어 이백 문학작품의 중심적인 내용이 되었던 이유에 대해 살펴보도록 하겠다.

1. 실패한 자의 슬픔

이백은 '남다른 존재'로서의 자신을 과시하고 자신의 이름을 영원히 남기고자 하는 욕망을 실현하기 위해, 체제 내적으로는 역사적 영웅을 지향하였으며 체제 외적으로는 영원한 생명, 자연과의 합일, 수평적 교유관계를 실현하고자 하였다. 그러나 이러한 시도들은 모두 실패로 끝날 수밖에 없었다. 그의 일생은 한편으로는 자아실현을 위해 노력한 시기이기도 하지만 다른 한편으로는 좌절과 실패로 점철된 시기라고

도 할 수 있다. 그래서 그의 시에는 슬픔과 외로움에 관한 표현이 많이 발견된다.

1 棄我去者 저를 버리고 가 버린
2 昨日之日不可留, 어제의 날을 붙잡아 머무르게 할 수 없고,
3 亂我心者 제 마음을 어지럽히는
4 今日之日多煩憂. 오늘의 날은 번뇌와 근심을 많게 합니다.
5 長風萬里送秋雁, 긴 바람 만 리 길에 가을 기러기를 보내오는데
6 對此可以酣高樓. 이를 보니 높은 누대에서 거나하게 취할 만합니다.
7 蓬萊文章建安骨, 봉래의 문장과 건안의 풍골이 있었고
8 中間小謝又淸發. 그 중간에 사조가 있어 또 맑고 빼어났으니,
9 俱懷逸興壯思飛, 모두 표일한 흥취를 품고 웅대한 생각이 날아서
10 欲上靑天覽明月. 푸른 하늘에 올라 밝은 달을 잡고자 했습니다.
11 抽刀斷水水更流, 칼을 뽑아 물을 베어도 물은 다시 흐르고
12 擧杯消愁愁更愁. 잔을 들어 시름을 삭여도 시름은 다시 시름겨워,
13 人生在世不稱意, 세상 인생살이 마음에 맞지 않으니
14 明朝散髮弄扁舟. 내일 아침 머리 풀고 일엽편주 타고 떠나겠습니다.

이 시는 〈숙부 이화 시어를 모시고 누대에 올라 노래 부르다[陪侍御叔華登樓歌]〉인데, 숙부뻘 되는 이화 시어사를 모시고 누대에서 노닐다가 자신의 감회를 적은 것이다. 당시 이백은 53세 정도의 만년이었는데, 그 감회는 살아온 평생을 돌이켜 본 것이다. 제1~6구에서는 하염없이 지나가는 세월을 붙잡아 둘 수도 없고 마음속에는 번뇌와 근심이 많다고 하였다. 그리고 아무 것도 이룩하지 못한 허망한 인생을 안타까워하면서 오늘 누대에서 술을 마셔 그 근심을 해소하고자 한다는 뜻을 말하였다. 제7~10구에서는 웅대한 포부와 청아한 생각을 시문으

로 표현하였던 옛 문인들의 기상을 본받고자 하는 바람을 드러내었다. 하지만 제11~14구에서는 세상만사가 자기 뜻대로 이루어지지 않았으며 그 근심을 삭힐 수도 없는 현실을 한탄하였다. 이렇듯 그는 술을 마셔도 사라지지 않는 끊임없는 근심 속에서 애달파할 수밖에 없었는데, 그 이유는 욕망하였던 것을 하나도 이룩하지 못했기 때문이었다. 이상을 실현하고자 했던 욕망이 크면 클수록 성취하지 못한 안타까움은 더욱 커질 수밖에 없었다. 그는 구체적으로 무엇을 근심했을까? 다음 시를 보자.

我昔釣白龍,　내가 예전에 백룡을 낚았다가
放龍溪水旁.　그 용을 계곡 물가에 풀어 주면서,
道成本欲去,　도를 이루면 본래 이 세상을 떠나
揮手凌蒼蒼.　손 흔들며 푸른 하늘을 넘어가고자 했네.
時來不關人,　시운이 오는 것은 인간과 상관없는 법이라
談笑遊軒皇.　웃고 말하며 임금님과 노닐었는데,
獻納少成事,　글을 올렸지만 이루어진 일은 거의 없어서
歸休辭建章.　돌아가 쉬고자 건장궁을 떠났네.
十年罷西笑,　십 년 동안 서쪽의 장안을 향해 웃을 일 없었고
攬鏡如秋霜.　거울을 잡고 보니 머리카락이 가을 서리 같았는데,
閉劍琉璃匣,　유리로 만든 갑에 칼을 넣어 두고
煉丹紫翠房.　자줏빛 비췻빛 방에서 단약을 만들었네.
身佩豁落圖,　몸에는 도교의 도록인 활락도를 차고
腰垂虎盤囊.　허리에는 도사들의 주머니인 호반랑을 드리우고,
仙人借彩鳳,　신선의 오색 봉황을 빌려
志在窮遐荒.　세상 끝까지 가고자 하였네.
戀子四五人,　그대들 네댓 사람을 사모하여

18 徘徊未翱翔.　배회하며 날아오르지 않았는데,

19 東流送白日,　동으로 흐르는 물로 밝은 태양을 보내며

20 驟歌蘭蕙芳.　난초 향기 노래를 자주 불렀네.

21 仙宮兩無從,　신선과 관직 둘 다 좇지 못하고

22 人間久摧藏.　인간세상에서 오래도록 상심했는데,

23 范蠡脫句踐,　범려가 구천을 벗어나고

24 屈平去懷王.　굴원이 회왕을 떠났듯,

25 飄颻紫霞心,　자줏빛 노을을 그리는 마음이 훨훨 일어나

26 流浪憶江鄉.　강남의 마을을 그리워하여 떠돌고자 하니,

27 愁爲萬里別,　만 리의 이별을 슬퍼하며

28 復此一銜觴.　또다시 술잔을 한 번 무네.

29 淮水帝王州,　회수는 제왕의 고을이고

30 金陵繞丹陽.　금릉은 단양을 둘렀으며,

31 樓臺照海色,　누대에는 바다 빛이 비치고

32 衣馬搖川光.　옷과 말이 강물의 빛에 어른거릴 텐데,

33 及此北望君,　그곳에 이르러 북쪽으로 그대들을 바라보면

34 相思淚成行.　그대들 그리워서 눈물이 줄줄 흐르리.

35 朝雲落夢渚,　아침 구름은 운몽택으로 떨어지고

36 瑤草空高唐.　아름다운 풀은 고당에서 사라졌으며,

37 帝子隔洞庭,　순임금을 찾는 요의 두 딸은 동정호 너머에 있고

38 青楓滿瀟湘.　푸른 단풍나무는 상강에 가득하리니,

39 懷歸路綿邈,　돌아올 것을 생각하면 길은 아득하고

40 覽古情淒涼.　옛 사적을 돌아보면 마음은 처량하겠지.

41 登岳眺百川,　산에 올라 여러 강을 바라보면

42 杳然萬恨長.　아득하게 만 가지 한탄만 길어질 터이니,

43 却戀峨嵋去,　오히려 그리운 것은 아미산으로 가서

44 弄景偶騎羊. 태양을 희롱하며 양을 탄 이들과 짝하는 일이겠지.

이 시는 〈조남의 여러 관리들을 떠나 강남으로 가다[留別曹南群官之江南]〉인데, 방금 살펴본 〈숙부 이화 시어를 모시고 누대에 올라 노래 부르다〉와 비슷한 시기에 쓰인 것으로 이백이 그토록 애절해 했던 근심의 내용을 보다 구체적으로 표현하였다. 제1~4구에서는 젊은 시절 신선이 되어 하늘로 올라가고자 했던 이상을 표현하였는데, 그 이면에는 그것을 성취하지 못했다는 뜻이 숨어 있다. 제5~8구에서는 한림공봉으로 재직하다가 떠난 일을 적었는데, 공명을 이룩하지 못했음을 토로하였다. 제9~16구에서는 궁궐을 떠난 뒤 젊은 시절 추구하다가 이룩하지 못한 신선술과 연단술을 계속해서 연마하였음을 적었다. 제17~20구에서는 조남의 여러 관리들을 만나서 고아한 노님을 즐기고 있지만 한편으로는 세월만 보내며 신선술이 더디어지는 것을 아쉬워하였다. 제21~28구에서는 자신이 추구했던 정치적 공명과 영원한 생명 모두 다 이룩하지 못했음을 근심하며 실의한 채 지내다가 다시금 신선술을 연마하기 위해 떠나고자 하는 마음을 적었다. 제29~40구는 자신이 앞으로 강남을 떠돌면서 느끼게 될 감회를 상상하며 적은 것인데, 그 내용이 그다지 낙관적이지는 않다. 우선은 조남의 여러 관리들과 헤어져 있는 상황을 안타까워하고 있다. 아무리 화려한 강남의 도시들을 노닐더라도 친한 벗들이 없는 상황에서는 제대로 즐길 수 없기 때문이다. 그 다음에는 아침 구름이 떨어진 운몽택, 요초가 자라지 않는 고당, 상강에서 순임금을 그리다 죽은 아황과 여영의 자취를 더듬으면서 느끼게 될 회한을 표현하였다. 이는 모두 임금을 그리워하는 신하의 마음을 비유한 것인데 자신이 천자의 인정을 받지 못하는 상황을 안타까워한 것이다. "회수는 제왕의 고을이고 금릉은 단양을 둘렀으며"라는 구절에서 알 수 있듯이 강남은 동오, 동진, 송, 제, 양, 진 여섯 왕조의 터전이었지만 이제는 그 위용을 찾아볼 수 없는 곳이다. 이러한 곳을 떠돌면서 그는 단지 천자의 인정을 못 얻은 상황만을 안타까워하는 것이 아니라, 흘러가는 세월 속에서 사라지고 말 부귀공명의 허망함과 인생의 허무함을 느낄 것이기 때문에 그 마음은 더욱 애절할 수밖에 없다. 제42구에서 말한 "만 가지 한탄"은 바로 이러한 것들로, 천자의 인정을 받아 공명을 이룩하지도 못했고, 신선술과 연단술을 통해 영원한 생명을 이룩하지도 못했으며, 은일하면서 자연의 이치를 깨우쳐 인생의 무상함을 극복하지도 못했고, 친구들과 막역하게 사귀면서 교우를 돈독히 하지도 못한 근심이다. 그리고 마지막 두 구절에서 그는 여전히 아미산에서 은거하여 신선술을 익히면서 여러 신선들과 어울려 노는 것을 동경하고 있다.

앞에서 살펴보았듯이 이백이 각 방면에서 자신의 이상을 실현하는 모습을 보이기도 하였지만, 결과적으로는 어느 하나도 제대로 성취하지 못하였다. 때로는 드높던 기세마저 꺾이기도 하는데, "책략이 있어도 감히 임금님이 노할까 올리지 못한 채, 남쪽 나라에 몸을 숨기고서 오랑캐 먼지를 피하고 있네. 진귀한 책과 옥 검은 높은 누각에 걸어두고, 황금 안장과 훌륭한 말은 친구들에게 나눠 주었네.[有策不敢犯龍鱗, 竄身南國避胡塵. 寶書玉劍挂高閣, 金鞍駿馬散故人.]"라고 하면서 모든 것을 체념한 소극적인 태도를 보이기도 하였고, "본래 내가 세상을 버린 것이 아니라 세상 사람들이 절로 나를 버린 것이라네.[我本不棄世, 世人自棄我.]"라고 하면서 자신의 의지와 무관하게 세상으로부터 버림받은 자신을 자책하였다. 그러고는 "그대 보게나, 내 재능이 어찌 노나라 공자와 비슷하겠나? 큰 성인도 오히려 때를 만나지 못했거늘 미천한 선비가 어찌 슬퍼할 만하겠는가?[君看我才能, 何似魯仲尼. 大聖猶不遇, 小儒安足悲.]"라고 하면서 자신의 재능을 부정하고는, "이 때문에 자리가 편치 않고 이 몸과 세상이 어긋나 세월만 보내고 있네.[以此不安席, 蹉跎身

世違.]"라고 하면서 좌절하고 슬퍼하였다.

이렇게 그의 자아실현이 실패하고 깊은 슬픔의 늪에 빠질 수밖에 없었던 이유는 무엇일까? 그 원인은 그가 가지고 있던 자기중심적 가치관과 그가 몸담았던 국가체제 간의 갈등이라고 할 수 있다. 다시 말하면, 자기중심적 가치관의 탈주성과 당 제국의 수목성 간의 대립이라고 할 수 있다. 그의 자기중심적 가치관은 기본적으로 당 제국의 엄격한 국가적 규범을 벗어나고 이를 거부한다. 당 제국은 그 구성원들이 하나의 수직적 체제 내에 편입하여 복종하며 봉사할 것을 요구하였다. 하지만 그는 '남다른 존재'로서의 자신을 과시하기 위해 노력하였기 때문에 이러한 대립이 그가 추구하고자 했던 이상의 각 영역에서 되풀이되었고 그의 자아추구는 모두 실패할 수밖에 없었다.

유가에서 말하는 개인은 인, 의, 예라는 도덕적 품성을 수양하는 개체로서, 이러한 개인적 수양을 기반으로 백성을 안정시키고 천하를 평정시키는 것을 자신의 궁극적인 목적으로 삼고 있다. 이러한 사상은 사회의 외재적 규범을 통해 개인의 내재적 자각을 일으킴으로써 개인에게 도덕적 책임과 역사적 사명을 부여하여, 개인이 사회 속에서만 그 의미를 가질 수 있도록 만들었다. 따라서 개인은 사회의 발전을 위해 복무함으로써 그 존재의의를 가지게 되며, 자기 고유의 개성을 실현할 여지는 상당히 좁았다.

이렇게 사회적 규범 속에서 자아의 개성적 발휘를 억제하는 봉건 제국 속에서 탈주적인 가치관을 가진 이백이 자신의 이상을 추구하는 것은 상당히 어려웠을 것이다. 봉건 제국 속에서 자신의 이상을 펼치는 것이 어떠한 모습인지는 〈벽사기를 공연하고 치자반을 연주하다[設辟邪伎鼓吹雉子斑曲辭]〉에 잘 나타나 있다.

辟邪伎作鼓吹驚, 벽사 분장하고서 요란하게 피리 불고 북을 치니

雉子斑之奏曲成, 치자반의 가락이 이루어졌는데,
喔咿振迅欲飛鳴. 꾸룩꾸룩 푸드덕 꿩이 울며 나는 듯하네.
扇錦翼, 비단 날개를 퍼덕이니
雄風生. 세찬 바람이 일어나고,
雙雌同飮啄, 두 마리의 암컷과 함께 마시고 쪼는데
趫悍誰能爭. 날래고 사나움을 누가 겨루리오.
乍向草中耿介死, 차라리 풀 속에서 꼿꼿하게 죽을지언정
不求黃金籠下生. 황금 새장 안에서 살기를 구하지는 않네.
天地至廣大, 천지는 지극히 넓으니
何惜遂物情. 어찌 만물의 본성을 따르기를 주저하는가?
善卷讓天子, 선권은 천자 자리를 사양했고
務光亦逃名. 무광도 역시 명성을 버렸으니,
所貴曠士懷, 귀하게 여기는 바는 탁 트인 선비들의 가슴이
朗然合太淸. 넓고 맑은 하늘과 깨끗하게 합치되는 것이라네.

이 시는 꿩과 관련된 공연을 보면서 느낀 감회를 쓴 것으로, 전반부에서는 공연에 나타난 꿩의 모습을 묘사하였다. 꿩은 야생에서 세찬 바람을 일으키며 힘차게 살아가는 모습으로 형용되어 자유로움을 추구하는 자신의 이상을 비유한다. "차라리 풀 속에서 꼿꼿하게 죽을지언정 황금 새장 안에서 살기를 구하지는 않네."라고 하면서 자신의 이상을 구체적으로 표현하였는데, 그것은 바로 지극히 넓은 세상의 이치를 따르는 것이고 자신의 본성을 따르는 것이다.

그 다음에 인용한 인물들은 모두 《장자》에 나오는 고대의 은자들이다. 선권은 순임금의 선양 요청을 받았는데 이를 거절하고 깊은 산속으로 들어갔다. 또 무광은 걸임금을 멸한 탕임금의 선양 요청을 받았는데 이를 거절하고는 돌을 안고 물에 빠져 죽었다. 이 두 사람이 각

기 거절한 사상적 근원은 다를 수 있지만 이백의 가치관에서 보면 다만 자연의 이치에 합당한지의 여부만이 중요할 따름이다. 그래서 마지막 구에서 "넓고 맑은 하늘과 깨끗하게 합치되는 것"이 가장 중요한 것이며, 자신은 이를 위해서 살아가고자 했다. 이것이 바로 이백이 가지고 있던 '자연의 이치에 순응하며 자신의 이상을 실현하고자 하는 바'의 내용이다. 자신을 속박하는 모든 사회적 제약은 비록 부귀와 명예가 주어지더라도 "황금 새장"에 불과한 것으로 이는 자신의 본성에 맞지 않으며, 드넓은 세상에서 자신의 뜻을 마음껏 펼치는 것이 자신의 본성에 부합한다.

그러나 이백의 자기중심적 가치관은 인재의 개성발휘를 억압하는 봉건제도 및 이상의 실현을 저해하는 부패세력과 갈등을 일으켰으며, 이로 인해 그는 때로는 격분하여 비판하기도 하고 때로는 자신의 한계에 좌절하기도 하였다. 이는 그의 탈주적이고 자기중심적인 사고방식을 상하 지배 구조가 엄격한 수목적 정치체계가 도저히 수용할 수 없었기 때문이다. 그는 당 제국이라는 국가체제의 중력장 내에서 자신의 이상을 실현하고자 했으므로 필연적으로 사회적 제약에 구속될 수밖에 없었으며, 이로 인해 자신의 존재를 인정받지 못하고 이상을 실현할 기회조차 얻지 못했다. 그가 이옹에게 간알을 했을 때 무시당한 것도 이러한 메커니즘이 작용한 결과이었으며, 한림공봉으로 있을 때 온갖 참언을 당해서 쫓겨난 것도 동일한 이유였다. 그가 술에 취해 끌려와서 고력사에게 신발을 벗기라고 하고 양귀비에게 벼루를 받쳐 들게 하였다는 일화나 "천자가 불러서 와도 배에 오르지 않았다[天子呼來不上船]"는 이야기는 그가 당시 봉건 지배층과 어떤 갈등을 겪었으리라는 것을 짐작하게 해 준다. 이러한 상황에서 그는 재능을 인정받지 못하고 신세를 한탄하는 경우가 많았다.

玉不自言如桃李,	옥이 스스로 말하지 않음은 복숭아나 자두와 같은데
魚目笑之卞和恥.	물고기 눈알이 비웃으니 변화는 수치스러웠네.
楚國青蠅何太多,	초나라에는 쉬파리가 어찌 그리 많은지
連城白璧遭讒毁.	여러 성과 바꿀 만한 백옥이 비방을 받았으니,
荊山長號泣血人,	형산에서 오래도록 통곡하고 피눈물 흘리다가
忠臣死爲刖足鬼.	충신은 죽어 발 잘린 귀신이 되었구나.
聽曲知甯戚,	노래를 듣고서 영척을 알아봤으니
夷吾因小妻.	관중의 첩 때문이었고,
秦穆五羊皮,	진 목공은 양가죽 다섯 장으로
買死百里奚.	죽어 가던 백리해를 샀는데,
洗拂青雲上,	푸른 구름 위에서 때를 씻고 먼지를 떤 이들도
當時賤如泥.	예전엔 진흙처럼 천했지.
朝歌鼓刀叟,	조가에서 칼 두드리던 늙은이가
虎變磻溪中.	반계에서 면목을 일신하였으니,
一擧釣六合,	단번에 온 세상을 낚고서
遂荒營丘東.	마침내 영구 동쪽을 차지했네.
平生渭水曲,	평소 위수의 물굽이에 있을 때
誰識此老翁.	누가 이 늙은이를 알아주었는가?
奈何今之人,	어찌하여 요즈음 사람들은
雙目送飛鴻.	두 눈으로 날아가는 기러기만 바라보는가?

이 시는 〈국가행(鞠歌行)〉으로 지어진 때가 언제인지는 알 수 없다. 하지만 이 시에서 말하는 세상 사람들이 자신의 재능을 인정해 주지 못하는 상황은 일생 동안 그를 따라다녔을 것이고, 그는 자신의 뜻을 펼치지 못하는 답답한 마음을 항상 가지고 있었을 것이다. 이 시는 이러한 마음을 펼친 것이다. 첫머리에서 벽옥을 바쳤지만 옥으로 인정

받지 못하고 월형을 당한 변화의 고사를 인용하였다. 변화가 인정을 받지 못한 것은 초나라에 쉬파리와 같은 인물이 많았기 때문이고, 또 옥의 진가를 알아주지 않고 오히려 물고기 눈알을 진주로 여기는 인물들이 많았기 때문이라고 하였다. 다음으로는 영척, 백리해, 강태공을 차례대로 인용하였는데, 이들은 모두 비천하고 평범한 위치에 있었지만 결국 그 재능을 인정받아 재상이 되어 큰 공적을 세웠다. 이백은 이들을 인생의 모델로 삼고 현재의 상황을 극복하려고 노력했다. 하지만 마지막 두 구절에서 춘추시대 위 영공이 멀리 날아가는 기러기만 바라보며 공자를 외면했다는 고사를 인용하여, 공자에 버금가는 자신을 알아봐 주지 않는 세상의 무지를 한탄하였다. 여기서도 자신의 재능을 변화의 벽옥이나 공자에 비유하는 것에서 그의 자부심을 발견할 수 있는데, 이러한 자부심이 클수록 자신을 알아주지 않는 세태에 대한 실망감은 더욱 커질 수밖에 없었다. 하지만 오히려 세상 사람들은 바로 그러한 과도한 자부심 때문에 그의 가치를 평가절하 했을 것이다.

체제 바깥을 향하는 탈속적인 자아추구 양상에서도 마찬가지의 현상을 발견할 수 있다. 탈주가 성공하기 위해서는 체제 바깥에서 자신의 영토를 공고히 하여 안주할 수 있어야 하는데, 이백은 그러지 못하고 체제 안을 기웃거렸다. 신선술과 연단술에 성공하여 장생불사를 통해 영원한 존재가 되고자 했지만, 마음의 다른 한 구석에는 종남첩경을 통해 자신의 존재를 알리고 싶은 마음이 있어 체제 내부로 다시 진입할 길을 계속 모색하였다. 자연에 은일하여 유유자적하는 삶을 살면서 인간의 한계를 극복하고자 하였지만, 정치적 공명의 실현이라는 이상을 포기하지 못했기 때문에 자연 속에 오랜 기간 편안히 앉아 있을 수만은 없었다. '남다른 존재'를 타인에게 인정받기 위한 사회적 교유는 대부분 체제 내부의 인사들을 대상으로 하였기 때문에, 근본적으로 대립과 갈등을 배태하고 있었다.

결국 이백의 자기중심적 가치관이 가진 탈주성과 그가 자아를 추구하고자 했던 곳인 당 제국의 수목적 성격이 갈등을 이루었고, 또 자아를 추구하는 방향이 체제 내부와 체제 바깥을 향하는 양방향성을 가지고 있었기 때문에, 그의 자아추구는 실패로 귀결되었고 그는 슬픔에 빠질 수밖에 없었다. 아래에서는 그가 자아를 추구했던 각 영역에서 나타난 슬픔의 양상에 관해 상세히 살펴보겠다.

1) 정치적 공명의 좌절

이백은 국가 체제 내로 들어가서 역사적 영웅이 되고자 노력하였지만 결과적으로 실패하였다. 비록 한림공봉이 되어 현종을 가까이에서 모시기는 하였지만, 그가 그토록 원했던 패업을 실현하지도 못했으며 자신의 이름을 기린각에 올리지도 못했다. 그는 "궁 안에서는 요지의 연회에서 황제를 모시고 궁 밖에서는 황제 수레의 행차를 따르면서, 양웅처럼 오랑캐에게 자랑한다는 새 부도 지었고 사마상여처럼 사냥에 관해 간언하는 짧은 글도 지었다. 그러나 이는 황제님을 받드는 일일 뿐 청사에 이름을 남길 것은 아니었다.[入侍瑤池宴, 出陪玉輦行. 誇胡新賦作, 諫獵短書成. 但奉紫霄顧, 非邀青史名.]" 그는 742년 가을에 장안으로 들어가 한림공봉이 되었으며 744년 봄에 궁궐을 떠났으니 일 년 남짓 재직하였을 뿐이다. 그나마도 초반기에만 득의에 찬 모습을 보일 뿐, 후반기에는 어용문인으로 전락해 자신의 재능을 썩히는 것에 대해 한탄하였다. 따라서 전체 인생에 있어서 일 년 정도의 기간만을 제외하고는 공명을 이루지 못한 상황에 대해 한탄하였다고 할 수 있다.

一身竟無託, 　　이 한 몸 끝내 의탁할 곳이 없어
遠與孤蓬征. 　　외로운 쑥대와 함께 멀리 떠돌다가,

千里失所依,	천 리에 의지할 곳 잃었으니
復將落葉幷.	또다시 낙엽과 함께하네.
中途偶良朋,	도중에 좋은 벗을 만났는데
問我將何行.	장차 어디로 갈 것인가 나에게 물어보네.
欲獻濟時策,	세상을 구제할 대책을 바치고자 하지만
此心誰見明.	이 마음을 누가 밝혀 주리오.
君王制六合,	군왕께서 온 세상을 다스리시니
海塞無交兵.	변방엔 병기를 맞부딪힐 일이 없네.
壯士伏草間,	씩씩한 선비가 잡초 사이에 엎드려
沉憂亂縱橫.	깊은 근심이 이리저리 어지럽고,
飄飄不得意,	떠돌아다니다 뜻을 얻지 못하여
昨發南都城.	어제 남도성을 출발하였네.
紫燕櫪下嘶,	자연마는 말구유 아래서 울고
青萍匣中鳴.	청평검은 상자 안에서 우는데,
投軀寄天下,	몸을 던져 천하에 부치고는
長嘯尋豪英.	길게 휘파람 불며 영웅호걸을 찾네.
恥學瑯琊人,	낭야 사람 제갈량을 본받기를 부끄러워했으니
龍蟠事躬耕.	그가 웅크린 용처럼 몸소 밭을 갈았기 때문이라네.

(……)

이 시는 〈고봉의 석문산 은거지로 들어오기를 권하기에 업중에서 왕창령에게 주다[鄴中贈王大, 勸入高鳳石門山幽居]〉의 전반부인데, 왕창령이 고봉의 석문산에 함께 은거하자고 하는 권유에 대해 답하는 것이다. 위에 인용한 부분에서는 자신이 여태까지 재능을 인정받지 못해 공업을 실현하지 못하는 상황에 대해 근심하고 있는 내용을 쓰고 있다. 자신은 세상에 의지할 곳 없이 바람 따라 떠돌며 잡초 속에 웅크리고 있고, 자신이 타던 자연마는 말구유에서 울고 있으며 자신이 차던 청평검은 갑 속에 넣어져 녹슬어 가는 상황을 표현하여 자신의 애달픔을 쏟아내고 있다. 이렇게 관직에 올라 공명을 이룩하지 못한 원인으로 그는 다음과 같은 것을 생각하였다.

첫째, 세상 사람들이 자신의 재능을 알아주지 않았다. 〈범 금향현령에게 드리다 2수[贈范金鄉 二首]〉 중 제1수에서 "제게는 결록 같은 보배가 있지만 오랫동안 탁한 물의 진흙 속에 숨겨져 있었는데, 요즘 사람들은 이 물건을 버려둔 채 연산의 돌과 같이 취급합니다.[我有結綠珍, 久藏濁水泥. 時人棄此物, 乃與燕石齊.]"라고 하면서 자신의 재능을 벽옥에 비유하였는데, 사람들이 이 벽옥을 마치 돌처럼 취급하는 것에 대해 못마땅하게 생각하고 있다. 변화처럼 옥을 바치려고 하지만 그 옥을 알아주는 사람이 없어서 "결국에는 옥을 안고 눈물만 흘리는[終流泣玉啼]" 모습만 보여 주었다. 이 외에도 그는 자신을 가을 이슬에 시들어 버리는 콩잎, 떠돌아다니는 쑥대, 맑은 바람이 불어오지 않는 혜초 등에 비유하면서 재능을 인정받지 못하고 떠돌아다니는 상황을 애달파하였다.

둘째, 천자가 자신을 알아주지 않았다. 이백은 자신의 존재를 다른 사람들보다도 특히 천자가 직접 인정해 주기를 바랐으며, 천자의 부름을 받아 관직에 나아가고 싶어 하였다. 그러나 현실에서는 그렇지 못한 상황을 항상 애달파하였는데, 〈고풍 59수〉 중 제15수에서 이를 잘 표현하였다.

燕昭延郭隗,	연나라 소왕이 곽외를 맞아들여
遂築黃金臺.	마침내 황금대를 지으니,
劇辛方趙至,	극신은 바야흐로 조나라에서 이르렀고
鄒衍復齊來.	추연은 또한 제나라에서 왔네.

奈何青雲士,	어찌하여 청운에 오른 자들은
棄我如塵埃.	나를 먼지처럼 버렸는가?
珠玉買歌笑,	노래와 웃음을 사는 데는 구슬과 옥을 쓰지만
糟糠養賢才.	어진 인재를 기르는 데는 술지게미와 겨를 쓰네.
方知黃鶴擧,	비로소 알겠네, 황학이 날아
千里獨徘徊.	천리를 홀로 배회하는 이유를.

이 시의 전반부에서는 연나라 소왕이 황금대를 지어서 극신과 추연 등 여러 인재를 불러들였던 고사를 인용하였다. 하지만 현재의 상황은 그 당시와 달라서 천자는 인재를 등용하기보다는 환락만을 일삼고 있어서, 자신과 같은 인재를 마치 먼지처럼 내동댕이쳐 버리고 있다. 여인의 노래와 웃음을 위해서는 구슬과 옥을 허비하고, 어질고 재주 있는 이들을 올바른 곳에 활용하기보다는 술을 마시며 향락을 제공함으로써 타락시키고 있는 현실에 직면하고는, 어쩔 수 없이 홀로 배회할 수밖에 없음을 안타까워하였다. 또 〈강하에서 보익 한양 녹사에게 부치다[江夏寄漢陽輔錄事]〉에서 "나라에 보답하고자 하는 씩씩한 마음이 있지만 황제는 돌아다보지 않으시네.[報國有壯心, 龍顏不迴眷.]"라고 하여 천자가 자신을 돌아봐 주지 않는 상황을 슬퍼하였다.

셋째, 한림공봉으로 재직할 당시 간신들의 참언과 비난이 있었다. 당나라는 개원 연간을 최고조로 하여 태평성세를 이루었지만, 천보 연간에 들면서 그 태평성세는 환락과 부패로 이어졌으며, 왕권이 신권에 의해 침탈당하면서 혼란에 빠져들었다. 이백이 한림공봉으로 들어간 때가 바로 그러한 혼란이 시작되는 천보 원년(742)이었으니, 그의 관직 생활이 순탄하지 않았으리라고 짐작할 수 있다. 당시 이임보와 양국충을 위시한 무리들이 현종의 권력을 유린하였고 안녹산이 반란을 일으키려 하며 왕권을 위협하였다. 또 이들은 궁중 내에서 당파를 이루어 자신들의 편에 설 수 있는 사람들은 우대해 주었지만 비협조적인 이들은 갖가지 모함으로 가차 없이 쫓아냈는데, 자기중심적 가치관을 가진 이백은 당연히 이러한 분위기에 적응할 수 없었을 것이다. 사실 정치적으로 무능했으며 아무런 실권이 없었기 때문에 그가 모함 받을 가능성은 적었지만, 그가 모함 받게 된 것은 봉건적 계급 질서를 무시하는 오만하고 자기 과시적인 체제 초월적 태도와 연관되어 있었다. 이백이 한림공봉에서 쫓겨난 이유에 대해 참언설과 방종설이 있는데 이 두 가지 설은 한 현상의 양면일 뿐이며 본질적으로는 이백의 방종한 태도에 기인한다. 탈주적 요소가 체제의 질서에 위협이 되지 않는 한, 사람들의 호기심과 관심을 유발시킬 수 있지만, 체제의 규범과 질서를 위협한다면 엄정한 대가를 치러 체제로부터 따돌림을 당하게 된다. 참언으로 인해 황제의 은총이 끊어진 상황은 〈고풍 59수〉 중 제37수에 잘 나타나 있다.

燕臣昔慟哭,	옛날 연나라 신하 추연이 통곡하니
五月飛秋霜.	오월 한여름인데도 가을 서리가 내렸고,
庶女號蒼天,	미천한 여인이 푸른 하늘에 호소하니
震風擊齊堂.	천둥치고 바람 불어 제나라 경공의 집을 쳤지.
精誠有所感,	정성이 지극하면 감동하는 바가 있어서
造化爲悲傷.	조물주가 그들을 위해 애달파했다는데,
而我竟何辜,	하지만 내게 도대체 무슨 허물이 있기에
遠身金殿旁.	황제 계신 곳에서 멀어져야 하는가?
浮雲蔽紫闥,	뜬구름이 자줏빛 궁궐을 덮으니
白日難迴光.	밝은 태양이 빛을 돌리기 어렵고,
群沙穢明珠,	뭇 모래알들이 밝은 구슬을 더럽히며
衆草凌孤芳.	무성한 잡초들이 외로이 핀 향초를 업신여기네.

古來共歎息,　　예로부터 모두 탄식한 것들이니
流淚空沾裳.　　흐르는 눈물이 부질없이 옷을 적시네.

이 시의 전반 여덟 구절에서는 연나라의 신하 추연과 제나라 여인의 고사를 인용하면서, 이들과는 달리 지극한 정성에도 불구하고 천자로부터 떨어져야 하는 자신의 상황을 안타까워하였다. 추연은 혜왕을 성심껏 섬겼지만 좌우 신하들의 참소를 받아 옥에 갇혔는데, 그가 하늘을 우러러 통곡하니 한여름인 오월에 하늘에서 서리가 내렸다고 한다. 그리고 신분이 비천한 한 여인이 제나라로 시집갔다가 과부가 되었는데, 자식도 없이 개가하지 않고 시어머니를 지극히 공경하였다. 그녀의 시누이가 어머니의 재산을 탐내어 그녀를 개가시키려고 했지만 그녀는 끝내 개가하지 않았다. 시누이가 어머니를 죽이고서 그녀를 모함했지만 그녀는 자신의 무죄를 증명할 수가 없었다. 그래서 하늘에다 원한을 호소하니, 하늘이 천둥번개를 내려 제나라 경공의 누대를 쳐서 무너뜨리고 경공의 팔다리를 다치게 했으며 바닷물을 크게 범람시켰다고 한다. 이들은 자신의 지극한 정성으로 하늘을 감동시켰지만, 이백은 아무리 해도 자신의 억울함을 천자에게 전달하지 못하였는데, 그 이유는 다음 네 구절에 비유로써 설명되어 있다. 자줏빛 궁궐을 덮은 뜬구름, 밝은 구슬을 더럽히는 모래알, 향초를 업신여기는 무성한 잡초들은 모두 어진 신하를 모함하고는 황제의 판단을 흐려 정세를 제대로 파악하지 못하게 하는 간신들을 비유한다. 이러한 참언으로 인해 황제의 정당한 보살핌을 받지 못하고 이백은 부질없이 눈물만 흘리고 있을 뿐이었다.

이상에서는 정치적 공명 실현에 실패한 이유에 대해 이백의 시문에서 나타난 내용을 중심으로 살펴보았다. 그리고 또 다른 실패 원인으로는 그의 정치적 무능을 들 수 있다. 현종이 "조정 대신의 인재가 아니[非廊廟器]"라고 인정하고 한림공봉을 그만두게 한 사실, 천보 연간의 혼란정국에 직면하여 불교에 귀의한 왕유나 영왕의 부름에 나아가지 않은 고적과는 달리 급박하게 돌아가는 정세를 정확하게 판단하지 못했다는 것 등을 통해 그가 실제적으로 정치적 상황을 정확히 판단하고 업무를 수행할 수 있는 능력이 부족했음을 알 수 있다. 그가 관직에 있을 때뿐만 아니라 간알하는 과정에서도 다른 사람들이 이를 어느 정도 인식했을 것이며 따라서 그는 적극적인 추천을 받지 못해 관직에 진출하는 데 어려움을 겪었을 것이다. 그리고 보다 근본적인 원인으로는 국가 체제에 편입하기 위해 체제 내부를 지향하는 방향성과 탈주적 성격을 가진 자기중심적 가치관으로 인해 체제 외부를 지향하는 방향성 간의 모순을 들 수 있다. 앞에서 살펴보았듯이 그가 관직 진출을 시도하는 과정에서도 그러한 특징들이 나타났다. 종남첩경을 위해 도가에 의지하면서도 자연 속에서 유유자적하게 노닐며 영생술을 진지하게 추구하는 것이라든지, 간알을 하면서도 당시 봉건적인 위계질서를 뛰어넘으면서 자신의 존재를 과시하는 것 등이 그러하다.

결국 이백에게는 당 제국이라는 국가체제 안에서 코드화되어 정치적 업적을 이룩할 주객관적인 요소가 모두 충족되지 못하였다. 이로 인해 그는 관직에 나아가지 못하는 자신의 처지에 대해 일생 동안 슬퍼하였다. 때로는 공명 자체에 대한 회의를 느끼기도 하여 "부귀공명이 만일 오래도록 유지될 수 있는 것이라면 한수 역시 응당 북서쪽으로 흐르리라.[功名富貴若長在, 漢水亦應西北流.]"라고 하였고 "인생은 또 즐겨야 하는 것이니 어찌 반드시 관직을 구할 필요가 있는가?[人生且行樂, 何必組與珪.]"라고 하였다. 나이가 들면서 노쇠함과 인생무상을 절감할수록 그 슬픔은 더욱 증폭되었다.

2) 영원한 생명의 좌절

영원한 생명을 추구하기 위해 연단술과 신선술을 연마한 이백은 영원한 생명을 결국 얻지 못하는데, 이러한 실패는 현재의 과학적인 지식으로 보면 당연하다. 연단술을 배우기 위해 옛 신선들의 자취를 찾아 다녔지만 이미 신선은 존재하지 않았고, 자신이 직접 단련한 연단으로도 영원한 생명을 얻을 수는 없었다. 그리고 신선과의 교유도 꿈속의 일일 뿐 다시 현실 속에서는 유한한 생명을 가진 한낱 인간에 불과한 존재임을 깨달았다. 그래서 "홍애의 신선술을 그리워하여 푸른 바다 너머로 가고자 하지만, 구름수레는 왜 이리 늦는가? 가슴을 어루만지며 괜스레 탄식하네.[緬思洪崖術, 欲往滄海隔. 雲車來何遲, 撫己空嘆息.]"라고 하거나, "적송자는 금화산에 머물렀고 안기생은 봉래산에 들어갔는데, 이들은 옛날의 신선인데 날아가서 결국 어디에 있는가?[松子棲金華, 安期入蓬海. 此人古之仙, 羽化竟何在.]"라고 하면서 신선을 만나지 못하는 상황을 안타까워하였다. 그러고는 결국 "예전에 신선초에 뜻을 두었지만 이미 불로장생의 기약은 글렀네.[疇昔紫芳意, 已過黃髮期.]"라고 하였다.

이렇게 신선술을 추구하였으나 성공하지 못한 것에 대해 〈감우 4수(感遇 四首)〉 중 제1수를 통해 살펴보자.

1 吾愛王子晉, 내가 왕자진을 좋아하는데
2 得道伊洛濱. 그는 이수와 낙수에서 도를 얻었으니,
3 金骨旣不毁, 신선의 풍골이 훼손되지 않아서
4 玉顔長自春. 옥 같은 얼굴로 오래도록 청춘이었네.
5 可憐浮丘公, 어여쁘게도 부구공이
6 猗靡與情親. 서로 따르며 함께 정을 돈독히 하였는데,
7 擧手白日間, 손을 들고 밝은 대낮에

8 分明謝時人. 분명히 세속의 사람들과 이별했다네.
9 二仙去已遠, 두 신선이 이미 멀리 떠났으니
10 夢想空殷懃. 꿈에서도 그리워하며 괜스레 간절해 하네.

제1~4구에서는 왕자진에 대해 묘사하였다. 그는 왕자교라고도 하는데 생황을 잘 불어 봉황의 소리를 냈다고 하며, 이수와 낙수에서 노닐다가 부구공을 만나 함께 숭산에 올라 신선이 되었다고 한다. 제3~4구에서는 그가 신선다운 풍골을 가지고 있어서 젊은 얼굴을 오래도록 간직하며 항상 청춘을 유지하였다고 하였다. 이백이 그토록 바라던 장생불사를 그가 가지고 있었다. 제5~8구에서는 그가 부구공을 따라 속세를 떠나 선계로 들어갔음을 말하였다. 특히 제8구의 "分明謝時人"은 그가 진정한 신선이 되었음을 확실한 어조로 말하고 있다. 하지만 이는 또 다른 의미를 가지고 있다. 즉 그가 당시 사람들을 "분명히" 떠나버렸기 때문에, 속세에 있는 사람들은 그를 더 이상 만날 수 없다. 그래서 마지막 두 구절에서 말한 것처럼 이백은 멀리 떠나간 두 신선을 만나지 못하고 꿈에서나 그리워할 뿐이다. 신선이란 존재는 장생불사를 이루고서는 이미 인간 세상을 떠나 선계에 머물고 있는 존재라서 속세에 있는 이백으로서는 그들을 만날 방법이 없다. 왕자진이 부구공을 만날 수 있었던 것과 그가 부구공의 인도를 받아 숭산으로 올라갈 수 있었던 것은 그가 이미 신선의 풍골을 가지고 있었기 때문이다. 하지만 왕자진과 같은 신선의 풍골을 갖추지 못한 이백은 부구공을 만날 수 없었고 신선이 된 왕자진도 만날 수 없었다. 그래서 그는 신선이 되지 못한 채 꿈에서만 이들을 그리워하며 슬퍼하였다.

현실적으로 연단술을 통해 장생불사를 이룩하지 못한 이백은 연단술 대신 음주를 그 대안으로 삼기도 하였다. 〈고시를 본뜨다 12수[擬古 十二首]〉 중 제8수를 살펴보자.

1 月色不可掃,　　달빛은 쓸어버릴 수가 없고
2 客愁不可道.　　나그네 시름은 말할 길이 없는데,
3 玉露生秋衣,　　옥 같은 이슬은 가을 옷에 내리고
4 流螢飛百草.　　반디는 여러 풀 속을 날아다니네.
5 日月終銷毁,　　해와 달도 끝내는 없어질 것이고
6 天地同枯槁.　　하늘과 땅도 마찬가지로 말라 버릴 텐데,
7 蟪蛄啼青松,　　매미는 푸른 소나무에서 울지만
8 安見此樹老.　　어찌 그 소나무가 늙는 모습을 볼 수 있겠는가?
9 金丹寧誤俗,　　금단이 어찌 속인들을 현혹시키겠는가?
10 昧者難精討.　　우매한 자는 정밀하게 궁구하기 어려울 따름이네.
11 爾非千歲翁,　　그대들은 천 년을 살 늙은이도 아니면서
12 多恨去世早.　　대부분 이 세상을 뜨는 것이 이르다고 한탄하는데,
13 飮酒入玉壺,　　술 마시고 옥 술병에 들어가
14 藏身以爲寶.　　몸을 숨기는 것이 보배로운 길이라네.

이 시는 나그네살이 하는 도중 가을 저녁에 든 감회를 적은 것이다. 첫머리에서 달빛을 쓸어버릴 수 없다고 하여, 달빛으로 인해 스며든 애상을 사그라뜨릴 수 없는 무기력함을 표현하였다. 그 애상이 어떤 것인지는 다음에 설명되어 있다. 제3~4구에서 언급한 이슬과 반디는 잠시 존재하다가 사라지고 마는 운명을 가지고 있다. 이러한 생명의 유한함은 보다 큰 자연 경물로 확장되는데 제5~6구에서는 해와 달, 하늘과 땅도 결국은 없어질 것이라고 하였다. 영원한 존재로 상징되는 여러 자연 경물의 종말을 언급하는 것은 자못 의미심장하다. 제7~8구에서는 매미와 소나무를 대비하여 생명의 장단을 비교하고는 짧은 생명을 가진 존재의 하찮음을 지적하였다. 이러한 일련의 언급을 통해 이백이 말하고자 하는 바는 간단하다. 인간의 생명은 유한하다는

것이다. 그렇다면 여태 장생불사를 가져다줄 수 있다고 믿었던 연단술은 어떤 것인가? 제9~10구에서 이에 대한 입장을 표명하였다. 비록 금단이란 것이 세상 사람들을 미혹시키는 것은 아니지만, 다만 사람들이 우매해서 이를 정밀하게 궁구하지 못했기 때문에 이룩하지 못했을 뿐이다. 이는 비록 금단의 존재를 부정한 것은 아니지만, 세속의 인간들이 이를 이룰 수 없다는 것은 인정한 것이다. "우매한 자"라는 단서를 달기는 했지만 신선에 비하면 인간은 항상 우매하다. 또 해와 달도 언젠가는 없어지게 마련인데 금단을 먹었다고 해서 인간이 영원히 존재할 수 있는 것도 아니다. 따라서 그는 금단은 이룰 수 없는 것이며, 금단을 이루더라도 장생불사할 수 없다는 것을 이미 알고 있다. 그러니 제11~12구에서 말한 것처럼 인생이 짧다고 한탄할 필요는 없는 것이다. 그렇다면 그 대안은 무엇인가? 술을 마시는 것이다. 마지막 두 구절은 비장방의 고사를 인용한 것이다. 후한 때 어느 시장에 약 파는 노인이 있었는데, 장사가 끝나면 가게에 매달아놓은 호리병 안으로 들어갔다. 시장을 관리하던 비장방이 이를 보고 그 노인에게 예를 갖추어 대하자, 노인이 그를 데리고 함께 호리병 속에 들어갔는데, 그 안에는 신선세계가 있었다고 한다. 이 고사 속에서는 실제로 신선세계가 존재하는 것이지만, 이 시에서는 "음주"라는 단서를 붙임으로써 음주의 몽환성을 빌려서야 접근할 수 있는 환상 속의 세계임을 밝혔다. 이렇게 그는 연단술로도 극복할 수 없는 인간 생명의 유한함을 한탄하고는 그 대안으로 일시적 효과만을 가지는 음주를 선택할 수밖에 없었다.

이백은 또한 역사적인 교훈을 통해서도 연단술을 이용하여 장생불사를 추구하는 것이 허망하다는 것을 깨달았다.

1 秦王掃六合, 진시황이 온 천하를 휩쓸었는데

2 虎視何雄哉. 호랑이 같은 눈초리가 얼마나 씩씩했었나.

3 揮劍決浮雲, 칼을 휘둘러 뜬구름을 잘라 내니

4 諸侯盡西來. 제후들이 다 서쪽으로 조회 왔었네.

5 明斷自天啓, 명쾌한 결단력은 하늘이 내리신 것이고

6 大略駕群才. 원대한 지략으로 뭇 인재들을 부렸으며,

7 收兵鑄金人, 병기를 거두어들여 청동인물상을 주조하고는

8 函谷正東開. 함곡관은 동쪽으로 활짝 열었으니,

9 銘功會稽嶺, 회계산에 공적을 새기고는

10 騁望琅邪臺. 낭야대에서 마음껏 바라보았네.

11 刑徒七十萬, 죄수 70만 명을 동원하여

12 起土驪山隈. 여산 굽이에 화려한 궁전과 무덤을 만들고,

13 尚採不死藥, 또 불사약을 구하였으나

14 茫然使心哀. 망연하여 마음을 애달프게 하였네.

15 連弩射海魚, 쇠뇌로 바닷물고기를 쏘았는데

16 長鯨正崔嵬. 큰 고래는 정말 높고 우뚝하였으며,

17 額鼻象五岳, 이마와 코는 오악과 같았고

18 揚波噴雲雷. 파도를 일으키며 구름과 우뢰를 뿜어내었다네.

19 鬐鬣蔽青天, 등지느러미가 푸른 하늘을 가리니

20 何由覩蓬萊. 어찌하면 봉래산을 볼 수 있을까?

21 徐市載秦女, 서불은 진나라 여자들을 싣고 갔는데

22 樓船幾時回. 그 누선은 어느 때나 돌아올까?

23 但見三泉下, 단지 보이는 것은 황천 아래에 있는

24 金棺葬寒灰. 금으로 만든 관에 담긴 싸늘한 재뿐이네.

이 시는 〈고풍 59수〉 중 제3수다. 제1~10구에서는 진시황이 천하를 통일한 과정을 서술하여 그의 용맹함과 공적을 칭송하였다. 제11~18

구에서는 진시황이 화려한 궁전과 무덤을 만들고 불사약을 구하기 위해서 많은 국력과 정력을 허비한 사실을 적었는데, 진시황에 대한 칭송과 대비되어 그의 잘못된 정치가 더욱 부각되고 있다. 특히 불사약을 구하기 위해 동해로 가서 큰 고래를 쏴 잡는 모습은 웅장한 기세를 보여 주기는 하지만 반대로 위대한 자연의 섭리 앞에 처한 인간의 조그맣고 무기력한 모습을 반영하기도 한다. 제19~24구에서는 결국 진시황이 불사약을 구하려고 한 시도는 실패로 끝났으며, 지금은 죽어서 관 속에 묻혀 재가 되었을 뿐이라고 하여, 그 허무함을 애달파하였다. 천하를 통일하고 막강한 권력을 휘두른 진시황이 정열을 다 쏟아 불사약을 구하려고 했지만 결국 실패하고 말았다는 사실이 이백에게 시사하는 바는 컸을 것이다. 그리고 이러한 예는 비단 진시황뿐만 아니라 주나라 목왕이나 한나라 무제의 경우에서도 확인할 수 있는 것이어서, 깨우침의 깊이는 더욱 클 수밖에 없었다.

여기서 한 가지 지적해야 하는 것은 이백이 신선술을 추구한 과정이 실패를 경험하면서 그 허망함을 느끼고 신선술에 대한 회의로 인해 포기하는 단선적인 것은 아니라는 것이다. 그가 아무리 철리적으로 논리적으로 신선술과 연단술의 허망함을 깨닫는다고 할지라도, 결코 장생불사를 추구하려고 하는 욕망은 사그라지지 않았으며, 노년에 이르러서도 집요하게 신선술을 추구하는 모습을 보여 주었다. 그리고 반복된 실패 속에서 이백은 슬퍼할 수밖에 없었다.

3) 자연과 합일의 좌절

세속에서의 부귀공명에 대한 욕망을 끊고 은일하며 자연과의 합일을 통해 인간의 한계와 운명을 깨닫고 유유자적하는 생활을 하고자 했던 시도 역시 실현되지 못했다. 이백은 평생에 걸쳐서 많은 지역을 떠돌아다니며 좋은 자연 속에서 유유자적하는 생활을 하면서 인생의 유한함과 공명의 허무함을 깨닫기도 하였지만, 이러한 생활은 오래도록 지속되지 못하였다. 그 이유로는 두 가지를 들 수 있다. 첫째는 또 다른 이상인 정치적 공명을 추구하기 위해 은일을 포기했기 때문이고, 둘째는 그 깨달음이 음주를 통한 일시적인 것이었기 때문이다.

우선, 그의 마음속에는 현실세계에서 관직에 올라 공을 세워야 한다는 욕망이 항상 존재했기 때문에 현실세계를 완전히 떠나 자연 속에 안주할 수 없었다. 자연 속에 은일하며 자연과 합일하는 것은 단기간의 성취로 이루어지는 것이 아니라 지속성을 담보해야 된다. 하지만 세속적 욕망을 떨쳐 버리지 못했기 때문에 유유자적하는 삶은 흔들릴 수밖에 없었다. 결국 그는 자연과의 합일을 이룰 전제조건인 '자연 속에 오래도록 머무르는 것'조차 안정적으로 이루지 못했다. 이는 그가 관직에 있지 않았을 때는 당연한 것이었고, 심지어 관직에 있을 때는 은일을 부정하기도 하였다. 이러한 모습은 앞에서 살펴보았듯이 한림공봉으로 있을 때조차 은일을 지향했던 것과는 정반대의 경우에 해당한다. 이러한 상호 모순된 생각이 나타날 수 있는 것이 이백의 자아추구에 나타난 특징이며, 이는 이상 추구의 전이성으로 설명될 수 있다. 그의 궁극적인 이상은 '남다른 존재'로서의 자신의 과시인데, 이를 위해서 그가 사용할 수 있는 수단들은 낮은 문턱을 가지면서 자유롭게 전이되며 발현되었기 때문이다. 이에 관해서는 뒤에서 자세히 살펴보겠다.

1 浮陽滅靄景, 태양빛이 비 갠 풍경 속으로 사라지고
2 萬物生秋容. 만물에 가을 모습이 드러나는데,
3 登樓送遠目, 누대에 올라 멀리 바라보고
4 伏檻觀群峯. 난간에 기대어 여러 봉우리를 바라보네.

5 原野曠超緬, 들판은 광활하게 멀리 이어지고
6 關河紛錯重. 관문과 황하는 어지러이 엇갈려 있는데,
7 淸暉映竹日, 맑은 빛은 대나무에 비친 해요
8 翠色明雲松. 푸른빛은 구름 속의 환한 소나무라네.
9 蹈海寄遐想, 바다에 빠지려는 절개는 멀리 생각을 부칠 뿐이고
10 還山迷舊蹤. 산으로 돌아가려 하나 옛 발자취를 찾지 못해,
11 徒然迫晩暮, 그저 지는 해에 마음이 다급해질 뿐
12 未果諧心胸. 마음에 흡족한 것을 이루지는 못했네.
13 結桂空佇立, 계수나무 묶었으나 다만 우두커니 서 있을 뿐이고
14 折麻恨莫從. 삼을 꺾었으나 따를 수 없음을 한탄하고는,
15 思君達永夜, 그대 그리워하느라 긴 밤이 다하는데
16 長樂聞疏鍾. 장락궁에서 성긴 종소리가 들려오네.

이 시는 〈저녁에 날이 개이자 두릉의 누대에 올라 위요에게 부치다[夕霽杜陵登樓寄韋繇]〉인데, 한림공봉으로 재직하고 있을 당시 장안 부근에 있는 두릉의 누대에 올라서 은거해 있는 위요를 그리워하며 지은 것으로 추측된다. 전반 여덟 구절은 저녁에 비가 개인 뒤 두릉의 누대에서 바라본 경물을 묘사하였다. 비 개인 후 저녁 햇살 속으로 보이는 경물들은 모두 가을빛을 띠고 있다. 멀리 보이는 들판은 끝없이 이어져 있고 관문과 황하가 저 멀리 보이는데, 햇살에 반짝이는 대나무와 구름 속의 소나무가 보인다. 가을과 저녁이라는 시간적 배경은 쇠락을 상징하지만 지금 눈앞에 보이는 것은 여전히 맑고 푸름을 간직하고 있는 대나무와 소나무다. 소나무의 푸름은 복숭아꽃이나 자두꽃처럼 한때 화려함을 드러내었다가 이내 시들고 마는 것이 아니라 한결같은 정조와 고아함을 상징한다. 그리고 소나무와 대나무가 있는 곳은 은자가 유유자적하는 생활을 하고 있는 장소이기도 하다. 이러한 두

가지 사실을 통해 위요의 인품을 찬양하는 한편, 자신의 지향 역시 자연 속에서의 은일임을 드러내었다. 후반 여덟 구절에서는 위요를 따라 은일하고 싶지만 관직에 묶여 떠나지 못하는 자신의 신세를 한탄하였다. 하지만 이는 뒤집어 말하면 정치적 공명을 위한 열망으로 인해 은일의 길로 과감히 나서지 못하는 것이라고 할 수 있다.

또한 그가 관직에 있지 않을 때 역시 은일을 부정하기도 하였다.

(……)

恥學瑯琊人,	낭야 사람 제갈량을 본받기를 부끄러워했으니
龍蟠事躬耕.	그가 웅크린 용처럼 몸소 밭을 갈았기 때문이라네.
富貴吾自取,	부귀는 내가 스스로 취하는 것이며
建功及春榮.	공을 세우는 것은 젊어서 해야 하네.
我願執爾手,	나는 그대의 손을 잡기를 원하고
爾方達我情.	그대도 내 마음을 잘 아네.
相知同一己,	서로 알아주는 친구는 한 몸과 같으니
豈惟弟與兄.	어찌 다만 형제만 그러하겠는가?
抱子弄白雲,	그대와 함께 흰 구름 보며 노니는데
琴歌發淸聲.	금 튕기며 노래 부르니 맑은 소리가 울려 퍼지네.
臨別意難盡,	헤어짐에 마음을 다 펴기 힘든데
各希存令名.	각자 아름다운 이름을 남기기를 바라네.

이 시는 〈고봉의 석문산 은거지로 들어오기를 권하기에 업중에서 왕창령에게 주다[鄴中贈王大, 勸入高鳳石門山幽居]〉의 후반부다. 우선 그는 자신이 평소 존경하였던 제갈량을 부정한다. 유비가 삼고초려하기 전에 남양에서 밭이나 갈며 살았던 제갈량을 흠모하고 본받고자 했던 사실을 부끄러워하였다. 그리고는 스스로 적극적으로 노력해서 젊었을

때 부귀공명을 성취하고자 하는 의지를 드러내었다. 이 시는 왕창령이 후한시대의 은일자인 고봉이 있었던 석문산에 같이 은거하자고 권유하자, 그 권유를 물리치기 위해 쓴 것이다. 즉 자신은 은일보다는 정치적 공명을 추구할 것이기 때문에 속세로 나가 여러 사람들에게 적극적으로 간알하는 길을 택하겠다고 하였다. 이렇게 정치적 공명에 대한 열망은 그로 하여금 은일의 삶을 포기하게 만들었으며, 이로 인해 자연 속에서 유유자적하는 은일은 지속성을 유지할 수 없었다.

둘째, 음주를 통해 자연과의 합일을 이룬 상태는 일시성과 몽환성으로 인해 지속성을 유지할 수 없었다. 앞에서 살펴보았듯이 이백은 자연 속에 은일하며 그 이치를 깨달아 인간의 한계를 극복하려고 시도하기도 하였다. 그런 시도 속에 어느 정도의 성과가 있기도 하였지만, 인간인 이상 완전할 수는 없었으며 그는 또다시 인생의 허망함에 눈물 흘려야 했다. 자연과의 합일을 이루고 유유자적하는 생활을 한 상황은 음주와 관련된 시에서 많이 발견되는데, 음주가 술 취한 상태의 일시적인 효과만을 가져다줄 뿐임을 고려하면, 그가 이룬 자연과의 합일은 몽환 속의 일시적인 성취일 뿐 절대적인 탈주는 아니었다. 그래서 술이 깨고 나면 다시금 인간의 한계를 느끼면서 애달파할 수밖에 없었다.

處世若大夢, 　　세상살이 긴 꿈과 같으니
胡爲勞其生. 　　어찌 그 삶을 수고롭게 하리오.
所以終日醉, 　　그리하여 온종일 취하여
頹然臥前楹. 　　쓰러져 앞 기둥에 누웠네.
覺來盼庭前, 　　깨어나 뜰 앞을 힐끗 보니
一鳥花間鳴. 　　새 한 마리가 꽃 사이에서 지저귀기에,
借問此何時, 　　지금이 어느 때냐고 물어보니

春風語流鶯.	봄바람이 꾀꼬리에게 말하고 있네.
感之欲嘆息,	이에 느껴 탄식하고파서
對酒還自傾.	술을 앞에 두고 또 스스로 기울이고는,
浩歌待明月,	밝은 달을 기다리며 크게 노래 불렀는데
曲盡已忘情.	노래 다하니 이미 정을 잊었네.

이 시는 〈봄날 취했다가 일어나 뜻을 말하다[春日醉起言志]〉이다. 꿈과 같이 허망한 인생에 대해 근심하다가 그 근심을 해소하기 위해 술에 취한다. 술에 취해 근심을 잊었다가 깨어나니 봄바람에 꾀꼬리가 날아다닌다. 그렇게 근심을 잊었던 것이 또 한낱 꿈에 지나지 않으니 인생무상에 대한 근심이 또 시작된다. 그가 할 수 있는 것은 오직 하나, 또 술을 마시는 것뿐이다. 그러면 또 근심은 사라진다. 이 시는 여기서 끝이 나지만, 실제로 그의 생활은 근심 - 음주를 통한 해소 - 술 깬 뒤의 근심이라는 과정을 계속 반복했을 것이다. 그래서 "잔을 들어 시름을 삭혀도 시름은 또 시름겨워[擧杯消愁愁更愁]" 하였고 특히 인간 생명의 유한함과 부귀공명의 허망함에 대한 근심도 진정 사라지지 않았다.

또 그런 근심을 해소하기 위해 자연 속에서 술을 마시며 위안을 받으려고 하였지만 술자리가 파하고 돌아올 때는 다시금 홀로 있는 외로움을 느끼기도 하였다.

對酒不覺暝,	술을 마주하다 보니 어두워지는 줄도 몰랐는데
落花盈我衣.	떨어진 꽃잎이 내 옷에 수북하네.
醉起步溪月,	취해 일어나 개울에 비친 달빛을 따라 걷는데
鳥還人亦稀.	새는 돌아가고 사람도 드물구나.

이 시는 〈스스로 위로하다[自遣]〉인데, 봄에 야외에서 술을 마시고

돌아오면서 지은 것이다. 시의 제목을 통해 그에게 뭔가 우울한 일이 있었음을 알 수 있다. 그 우울함은 아마도 그의 시에 자주 나오는 "천고의 시름"일 수도 있고, 뜻을 함께할 수 있는 친구가 없는 외로움일 수도 있으며, 관직에 올라 정치적 공명을 이룩하지 못한 근심일 수도 있다. 그것이 어떤 것인지 구체적으로 드러나 있지는 않지만 그는 이 우울함을 위로하기 위해 술을 마시기 시작하였다. 그리고 그 장소는 꽃이 가득 핀 곳이다. 그가 꽃이 핀 곳을 선택했다는 것에 주목할 필요가 있다. 이 시가 오언절구로 쓰인 짧은 편폭이라 당시 상황이 구체적으로 제시되어 있지는 않지만, 간단한 언급 속에서도 충분히 그 뜻을 짐작할 수 있다. 제2구에서 "떨어진 꽃잎이 내 옷에 수북하다"고 한 것은 여러 가지 뜻으로 해석될 수 있지만 대체로 다음과 같은 상황일 것이다. 이백이 울적한 마음을 달래기 위해 술을 마시는데, 꽃이 활짝 핀 곳을 찾았다. 꽃잎이 떨어지는 가운데에서 술을 마시는 모습은 한 폭의 그림과 같다. 하염없이 떨어지는 꽃잎은 술잔에도 떨어지고 자신의 옷에도 떨어지고 어느새 자신의 옷에 수북하게 쌓여 있다. 이렇게 그는 세속적 욕망을 전혀 가지지 않은 자연 속의 한 점이 되었다. 그러니 새도 날아와서 지저귀고 달도 자신을 찾아와 같이 노닐었을 것이다. 그렇게 물아일체의 경지에 도달하였고 우울함도 어느새 사라졌다. 하지만 술이 떨어지고 날이 어둑해지자 다시 집으로 돌아와야 한다. 그가 자신의 옷에 수북하던 꽃잎을 툭툭 털어내는 순간 자연과 그는 다시 분리된다. 그래도 달은 개울물에 비치며 자신을 따라오고 있다. 하지만 같이 놀던 새는 둥지로 돌아가고 그 흥취를 이어줄 사람도 드물다. 아마도 다시 집으로 돌아간 그는 외로움을 느끼고는 항상 하던 것처럼 달을 불러다가 또 술을 마셨을 것이다. 그가 애초에 가졌던 우울함은 끝내 해소되지 않는다.

4) 교유관계의 좌절

이백의 시문을 살펴보면 그와 친밀한 관계를 유지했던 사람의 면모를 살펴볼 수 있다. 원단구나 최성보 등과는 오랜 기간에 걸쳐 수작한 시들이 비교적 많은 것으로 미루어 보아, 서로 친밀한 관계를 맺었던 것으로 판단된다. 그러나 수작한 시의 수와 관계의 친밀도를 직접적으로 연결시키는 것에는 한계가 있다. 예를 들면 이백은 조래산에 은거하면서 죽계육일(竹溪六逸)을 이루었는데, 나머지 다섯 명과 관련된 시는 단 한 수밖에 남아 있지 않다. 더구나 그것도 조래산에 있을 당시가 아니라 속세에 머물다가 다시 조래산으로 돌아가는 것을 전송하는 것이다. 따라서 몇몇 인물을 제외하고는 그의 시문을 통해 교유 양상이나 그 깊이를 추론하는 것은 한계가 있으며, 더구나 관계가 좋지 않은 경우는 더욱더 확인할 수가 없다.

그러나 이백의 시문에는 혼자서 외로움을 표현하거나 교제가 어렵다고 토로하는 것이 많은데, 이를 통해 그의 교유관계가 그다지 성공적이지는 않았음을 추측할 수 있다. 예컨대 〈이 안주장사께 올리는 글[上安州李長史書]〉에서 "제 외로운 검을 누구에게 의탁하겠습니까? 슬피 노래하며 스스로를 가여워합니다. 처량함과 두려움에 핍박받아 앉은 자리는 따뜻할 겨를이 없습니다. 외딴 지역에 기탁하면서 무엇을 우러르겠습니까? 마치 뜬구름처럼 의지할 바가 없습니다. 남쪽으로 가도 따를 사람이 없고 북쪽을 다녀도 길을 잃었습니다.[白孤劍誰託, 悲歌自憐. 迫于悽惶, 席不暇暖. 寄絶國而何仰? 若浮雲而無依. 南徙莫從, 北遊失路.]"라고 하여 홀로 떠도는 외로움을 토로하였다. 또 〈가을 밤에 안주에서 수도로 돌아가는 맹 현승을 보내는 서문[秋夜於安府送孟贊府還都序]〉에서는 "대저 선비 중에 높은 관을 쓰고 긴 검을 차고서 눈썹을 떨치며 허락하는 말을 토해내고 청운을 떨치는 자가 있는데, 모두들 그 의

기를 과시하고 왕후와 사귑니다. 하지만 만일 그들에게 위급함과 어려움을 알리면 십중팔구는 떠나 버립니다.[夫士有飾危冠佩長劍, 揚眉吐諸激昂靑雲者, 咸誇炫意氣, 託交王侯. 若告之急難, 乃十失八九.]"라고 하여 진실한 사귐이 어려움을 토로하였다.

九日茱萸熟,	중양절에 수유가 익으니
插鬢傷早白.	머리에 꽂고 일찍 늙었음을 애달파하고,
登高望山海,	높은 곳에 올라 산과 바다를 바라보노라니
滿目悲古昔.	온통 보이는 것이 옛 일을 슬프게 하네.
遠訪投沙人,	돌 안고 몸 던진 굴원을 멀리서 찾았다가
因爲逃名客.	그로 인해 명성을 피한 나그네가 되었는데,
故交竟誰在,	오랜 친구 중에 누가 아직 내 곁에 있는가?
獨有崔亭伯.	오직 최성보뿐이라네.
(……)	

이 시는 〈선성에서 중양절에, 최성보 시어가 우문 선성태수와 함께 경정산에 놀러갔다고 들었는데, 나는 그때 향산을 올랐기 때문에 그 감상을 함께하지 못하였다. 이에 취한 뒤에 최성보 시어에게 부치다 2수[宣城九日, 聞崔四侍御與宇文太守遊敬亭, 余時登響山, 不同此賞, 醉後寄崔侍御 二首]〉 중 제1수의 앞부분이다. 이백이 중양절을 맞아 홀로 향산에 올라 술을 마시며 고향의 가족과 친구들을 그리워하였는데, 지금 자신의 곁에 있는 오랜 친구는 오직 최성보뿐이라고 하였다. 이백은 오랜 기간 동안 거의 중국 전역에 걸쳐 돌아다녔기 때문에 교유관계를 장기간 유지하는 것이 물리적으로 상당히 힘들었을 것으로 추정되는데, 이 시를 통해 그 정황을 간접적으로 확인할 수 있다.

이백의 시 중 송별시가 136수나 된다는 통계는 그가 얼마나 많은 사람들과 헤어졌는지를 잘 보여 준다. 즉 그와 교제한 사람도 많았지만, 잦은 이동으로 인해 그들과의 교제가 오랫동안 지속되지 않았음을 말해 준다. 그래서 그는 객지를 떠돌면서 항상 옛 친구들을 그리워하였다.

晩登高樓望,	저녁 무렵 높은 누대에 올라 바라보니
木落雙江淸.	나뭇잎은 떨어지고 두 줄기 강이 맑은데,
寒山饒積翠,	차가운 산에 짙푸른 기운이 많고
秀色連州城.	빼어난 경색은 주의 성으로 이어지네.
目送楚雲盡,	눈으로 초 땅 구름을 다 전송하노라니
心悲胡雁聲.	마음은 북녘 기러기 소리에 슬퍼지는데,
相思不可見,	그리워하지만 만날 수 없어
迴首故人情.	고개 돌려 친구의 마음을 생각하네.

이 시는 〈조염 당도현위에게 부치다[寄當塗趙少府炎]〉인데, 천보 14년(755) 어느 가을날 저녁 누대에 올라 주위 경관을 보면서 친구인 조염을 그리워하는 마음을 적은 것이다. 그의 시 중에 〈조염 당도현위의 벽에 그려진 산수화[當塗趙炎少府粉圖山水歌]〉와 〈장로로 부임해 가는 조염 당도현위를 보내다[送當塗趙少府赴長蘆]〉가 있는 것으로 보아, 그와의 사이는 각별했던 것으로 보인다. 특히 그의 신선적인 풍모를 특히나 좋아했던 것으로 보인다. 그래서 그가 있는 곳의 벽에 그려진 산수화를 보고는 선경을 생각해 내고 그를 "남창의 신선[南唱仙人]"이라고 부르면서 함께 은일하기를 희망했었다. 이 시는 아마도 그가 장로에 부임하러 간 뒤에 썼을 것인데, 홀로 당도에 남아 나무에서 떨어지는 잎사귀, 흘러가는 구름, 날아가는 기러기를 보면서 멀리 떨어진 친구를 그리워하는 애절한 마음이 잘 표현되어 있다. 이렇듯 그는 객지

를 떠돌면서 예전에 함께 지내던 사람들을 그리워하며 외로워했다.

좋은 경치를 구경해도 혼자인 경우가 많았는데, 그런 경우에 외로움은 더욱 강했을 것이다.

青溪勝桐廬,　　청계는 동려보다 좋아서
水木有佳色.　　물과 나무가 아름다우니,
山貌日高古,　　산모양은 나날이 고아하고 예스러워지고
石容天傾側.　　돌모양은 하늘이 기울게 했네.
彩鳥昔未名,　　화려한 새들은 예전부터 이름을 알지 못했고
白猿初相識.　　흰 원숭이는 이제야 알게 되었네.
不見同懷人,　　나랑 마음을 같이할 이를 찾지 못하고서
對之空嘆息.　　청계를 마주하고 괜스레 탄식하네.

이 시는 〈선성의 청계[宣城青溪]〉인데, 여섯 구절에 걸쳐 청계의 아름다운 모습에 대해 자세하게 묘사하였다. 물과 나무에서부터 돌과 같은 조그마한 사물에 이르기까지 모든 것을 유심히 바라보며 그 고아한 멋에 감탄하였으며, 다른 데서는 보지 못한 기이한 새들과 흰 원숭이를 호기심 어린 눈으로 쳐다보았다. 그러나 이렇게 아름답고 기이한 경물이 있어도 그 즐거움을 공유할 사람이 없으니 좋은 구경도 다 헛된 것일 뿐이었다.

이러한 외로움은 명절이 되면 더욱 심해졌는데 특히 가족이나 친구들과 높은 곳에 오르는 날인 중양절이 그러했다.

今日雲景好,　　오늘 풍경이 좋으니
水綠秋山明.　　물은 푸르고 가을 산은 밝네.
攜壺酌流霞,　　술병을 들고 유하주를 따르고는

搴菊泛寒榮.　　국화를 따서 술잔에 띄우네.
地遠松石古,　　땅이 편벽하여 소나무와 바위는 오래되었고
風揚絃管淸.　　바람이 부니 관현악기가 맑게 울리는 듯하네.
窺觴照顔歡,　　술잔을 들여다보니 내 즐거운 얼굴이 비쳐
獨笑還自傾.　　홀로 웃으며 또 절로 술잔을 기울이네.
落帽醉山月,　　산에 뜬 달 아래 취해서 모자가 떨어지니
空歌懷友生.　　괜스레 노래하며 벗을 그리워하네.

이 시는 〈중양절[九日]〉인데, 중양절에 혼자 산에 올라 국화술을 마시며 느낀 생각을 적은 것이다. 경치 좋은 산에 올라 국화주를 마시면서 소나무와 바위를 감상하고 바람소리를 듣는 것은 더할 나위 없이 운치가 있고 흥겨운 일이다. 하지만 그 흥겨움을 같이할 사람이 없으니 술잔 속에 비친 자신의 얼굴만 벗 삼을 뿐이다. 그 외로움에 술을 마시고 술을 마시면 더욱 외로워져 그리움의 노래만 부르는데, 그 모습에서 그의 슬픔이 잘 드러난다.

친구들과 교유관계를 잘 형성하지 못한 이유에 대해 이백 자신은 세상에서 교유의 도가 사라졌기 때문이라고 생각하였다. "세상 일이 대부분 엎치락뒤치락하니 교제하는 방법도 정말로 험하고 가파르구나. 한 말 술로 억지로 허락을 얻었더라도 마음으로는 끝끝내 스스로 의심하는구나.[世途多翻覆, 交道方險巇. 斗酒强然諾, 寸心終自疑.]"라고 하였고, "하루아침에 병으로 사직하고 강호를 떠돌아다니니 전날 알고 지내던 이들 중에 몇이나 남아 있나? 앞문에서는 읍하고 인사하지만 뒷문은 잠가 버리고 오늘 우정을 맺어도 내일이면 마음이 변하네.[一朝謝病遊江海, 疇昔相知幾人在. 前門長揖後門關, 今日結交明日改.]"라고 하였으니, 즉 자신의 태도는 변함이 없지만 다른 사람들이 자신의 이해에 따라 쉽사리 의리를 저버린다고 생각하였다. 처음에는 다른 사람들이 이

백에 대해 관심을 가지고 술을 마시며 친하게 지내다가도 시간이 지나면 모른 체하거나 심지어 해코지를 하는 경우가 있었을 것이다. 이런 상황의 원인을 모두 타인의 잘못이나 세태의 변화로 돌리는 것은 너무 일방적인 면이 있다. 사람들이 의리를 저버리는 것은 그만큼 사귐이 깊지 않았기 때문인데, 이는 다른 사람들이 그에게 정을 느끼지 못했거나 스스로 정을 주지 않았기 때문이다. 처음 만나서 허심탄회하게 이야기하고 술을 마셔도 결국 자신의 마음을 주지 않고 겉으로만 친하게 지낼 수도 있다. 그가 보여 준 탈규범적이고 호방한 태도는 사람들의 호기심을 자아내기에 충분하며, 그의 뛰어난 문학적 재능은 같이 어울리기에 적당하다. 하지만 그것이 도를 지나치거나 오래 지속될 경우 대부분 심드렁해지거나 진정이 담겨 있지 않다고 생각할 수가 있다. 물론 이백은 그 사람들을 진정으로 대했을 수도 있지만, 사람들은 그의 자기중심적인 오만함을 기이함 이상으로 보지 않았을 가능성이 있다. 이러한 이유로 그와 다른 사람과의 교유는 그 깊이를 담보할 수 없었던 것으로 보인다. 그는 사람들과 노닐면서 "석 잔 술을 마시고 완함처럼 취한 후에 맑은 광기를 부리는 걸 허락하소서.[三杯容小阮, 醉後發淸狂.]"라고 하고는 스스럼없이 술을 마셨겠지만, "세상 사람들이 나를 미친 놈이라고 비웃고, 그대 같은 젊은이들이 종종 나를 찾아와 나무라네.[一州笑我爲狂客, 少年往往來相譏.]"와 같이 다른 사람들은 그를 조소하거나 질책했다. 이는 그가 가진 소수자적인 특성을 다수자들이 인정하고 용납하지 못했기 때문인 것으로 보인다.

이백이 외로움을 느낀 또 다른 이유는 가족과의 관계다. 그의 가족관계는 확실하게 알려진 바는 없지만, 대체로 안륙의 허씨와 여산의 종씨 두 부인이 있었고, 허씨 사이에 자식이 둘 있는 것으로 알려져 있다. 그리고 두 명의 동거녀가 있었으며 그 외에 자식이 더 있었던 것으로 추정된다. 하지만 그는 일생의 대부분을 가족을 떠나 유랑하며 보냈다. 심지어 장안으로 들어가 한림공봉으로 재직할 때도 가족과 함께 살지 않았다. 이런 상황에서 가족은 항상 그의 가슴속에 있었을 것이며, 원만치 않은 교우 관계와 맞물려 그 감정은 더욱 애틋했을 것이다.

그래서 그의 시에는 자식들을 보고 싶어 하고 걱정하는 마음과 멀리서 아내를 그리워하는 마음을 표현한 작품이 제법 있다. 그중 멀리서 아내를 그리워하는 시로는 지덕 원년(756)에 쓰인 것으로 추정되는 〈추포에서 주인을 떠나 돌아가는 제비를 보고 감정이 일어 아내에게 부치다[秋浦感主人歸燕寄內]〉를 들 수 있다.

霜凋楚關木,	초 땅 관문의 나무가 서리에 시드니
始知殺氣嚴.	차가운 기운이 삼엄함을 비로소 알겠는데,
寥寥金天廓,	휑하니 가을 하늘은 텅 비었고
婉婉綠紅潛.	어여쁜 푸른 잎과 붉은 꽃은 숨었네.
胡燕別主人,	북방의 제비가 주인과 이별하느라
雙雙語前檐.	쌍쌍으로 앞 처마에서 지저귀고는,
三飛四回顧,	날아가면서 계속 뒤돌아보고
欲去復相瞻.	가려다가 또 바라보는데,
豈不戀華屋,	어찌 이 화려한 집에 미련이 없으랴만
終然謝珠簾.	끝내는 주렴을 떠나네.
我不及此鳥,	나는 이 새보다도 못하니
遠行歲已淹.	멀리 떠나와서 세월이 벌써 오래되었는데,
寄書道中嘆,	편지를 부치다가 길에서 탄식하노니
淚下不能緘.	눈물이 흘러 봉함하지도 못하겠네.

이 시는 추포에 머물다가 가을에 돌아가는 제비를 보고는 아내가 생각나서 쓴 것이다. 제비는 그동안 살던 집을 떠나 자신의 고향으로 돌아

가지만 자신은 돌아가지 못하고 타향에서 머물고 있음을 대비시키면서, 고향의 아내를 오래도록 그리워하는 마음을 애틋하게 그려내었다. 이렇게 그는 오랜 유랑생활 속에서 친구나 가족을 그리워하면서 많은 시간을 외로움 속에서 보내야 했다.

2. 경계적 존재의 외로움

이백은 다양한 영역에서 자아를 추구하였지만 실패하고 좌절하였다. 체제 내부와 외부를 진자운동하면서 자아추구를 위한 강렬한 욕망을 드러내었지만 좌절했을 때에는 그 운동성을 상실하고 경계에 머물러 있는 경계적 존재가 되었다. 그리고 그 경계에서 외로움을 느낄 수밖에 없었다.

1) 경계적 존재의 형성

앞의 논의를 종합적으로 살펴보면, 이백은 체제 지향적인 세속적 방향과 체제 초월적인 탈속적 방향으로 자아실현을 추구하였지만 어느 방향으로도 성공할 수 없었는데, 이는 그의 가치관 자체가 체제 초월적인 탈주적 성격을 가지는 데 반해, 현실적으로 그가 활동했던 장이 체제 내부였으며 또 그가 체제 지향적인 정치적 공명을 추구하기도 했다는 모순으로 인한 것이었다. 하나의 '영토'에서 다른 '영토'로의 이동을 의미하는 탈주는 정체성의 재정립을 요구하는데, 이백은 새로운 영토에서 자기 정체성을 정립하지 못한 채 기존의 영토로 재편입하려는 욕구를 동시에 가지고 있었다. 이러한 양방향적인 자아실현 욕구로 인해 그는 두 영토 간의 진자운동을 반복하였다.

1 廓落青雲心, 청운의 마음은 텅 비고
2 結交黃金盡. 교제하느라 황금도 다 떨어졌는데,
3 富貴翻相忘, 부귀해진 자들은 도리어 나를 잊었으니
4 令人忽自哂. 홀연히 스스로를 비웃게 하네.
5 蹭蹬鬢毛斑, 뜻을 이루지 못해 귀밑머리 희어지고
6 盛時難再還. 좋은 시절 다시 오기 어려우니,
7 巨源咄石生, 진나라 산도가 석감을 질책했듯이
8 何事馬蹄間. 말발굽 어지러운 세상에서 무엇을 일삼겠는가?
9 綠蘿長不厭, 푸른 여라는 오래도록 질리지 않아
10 卻欲還東山. 차라리 사안이 은거한 동산으로 돌아가고 싶네.
11 君爲魯曾子, 그대는 노나라의 증참과 같은 위인이라
12 拜揖高堂裏. 부모님께 절하고 떠나가네.
13 叔繼趙平原, 그대의 숙부는 평원군 조승을 이어받아
14 偏承明主恩. 밝은 임금님 은혜를 각별히 입어,
15 風霜推獨坐, 서릿바람으로 어사중승을 맡아
16 旌節鎭雄藩. 깃발과 부절로 큰 번진을 다스리니,
17 虎士秉金鉞, 호랑이 같은 병사가 금색 도끼를 들고 있고
18 蛾眉開玉樽. 아리따운 미인들이 옥 술단지를 열고 있으리.
19 才高幕下去, 그대 같은 훌륭한 인재가 막부로 가는 것은
20 義重林中言. 의리상 숲 속에서 나눈 말을 중히 여겨서이니,
21 水宿五溪月, 밤에 배에서 묵을 때 오계의 달이 떠 있고
22 霜啼三峽猿. 서리 속에서 삼협의 원숭이가 울겠지.
23 東風春草綠, 동풍에 봄풀이 푸르러지면
24 江上候歸軒. 나는 강가에서 돌아오는 수레를 기다리리라.

이 시는 〈숙부인 검부중승의 막부로 가는 조 판관을 송별하다[送

趙判官赴黔府中丞叔幕]〉인데, 함께 관직을 구하기 위해 이리저리 떠돌던 조씨가 천보 13년(754)에 숙부뻘 되는 조국진의 막부로 가는 것을 전송하는 것이다. 제1~10구에서는 현재 자신의 고달픈 신세를 토로하였다. 관직에 오르리라는 청운의 꿈을 가지고 여러 곳을 다니며 유세하였지만 성과를 거두지 못한 채 나이만 들어가고 있는 상황을 안타까워하고, 이제는 그 꿈을 접고 자연 속에서 은일하고자 하는 바람을 적었다. 제7구의 "거원(巨源)"은 위나라 말 진(晉)나라 초기의 사람인 산도(山濤)이며 "석생(石生)"은 산도의 친구인 석감(石鑒)이다. 위나라 말기에 태부 사마의와 대장군 조상이 권력을 다투었는데, 산도는 석감이 정국을 안일하게 여기며 태평하게 지내는 모습을 보고 안타까워하면서 "쯧쯧, 그대는 말발굽 속에서 무사할 성 싶은가?"라고 말하고는 떠나버렸다. 산도가 떠나간 것은 혼란한 정국 속에서 자신의 목숨에 위협을 느꼈기 때문이지만, 이백은 자신과 같은 인재를 알아주지 않는 세태에 환멸을 느끼고 세속을 떠나고자 하였다. 그래서 "푸른 여라"가 있는 "사안의 동산"으로 은거하기로 결정하였다. 그러나 사안의 동산은 은거만 하는 곳이 아니다. 이백의 시에 자주 등장하는 사안의 동산은 은거를 하다가도 나라가 위태로워지고 백성들을 구제해야 할 때가 되면 또 세상에 나와 공을 세우겠다는 의미를 가지고 있다. 언젠가 공명을 이룩하겠다는 꿈을 아직 완전히 포기하지는 않았다. 제11~14구에서는 조씨와 조국진의 품성에 관해 칭송하였으며, 제15~22구에서는 조국진이 변방에서 큰 공을 세울 것이고 조씨도 조국진을 보좌하여 업적을 세우리라는 것을 기원하며 상상하였다. 하지만 "숲 속에서 나눈 말", "밤에 배에서 묵을 때 오계의 달이 떠 있고"라는 표현은 변방의 막부에 가서 공업을 세우는 웅장함보다는 자연 속에서 은일하며 즐기는 색채가 강하다. 특히 "임중언(林中言)"은 두 사람이 숙질간이라는 점에 착안하여 역시 숙질간이며 죽림칠현의 일원이었던 완적과 완함이 노닐었던 것을 가리킨다. 죽림칠현이 어지러운 세태를 비관하면서 자연 속에 은둔하였던 자들임을 상기한다면 조씨와 조국진의 만남이 정치적 공명뿐만 아니라 은일에도 그 뜻을 두고 있음을 알 수 있다. 마지막 두 구절에서는 내년 봄에 조씨가 공적을 세우고 다시 돌아와서 만나기를 바라는 마음을 표현하였다. 두 사람이 내년 봄에 다시 만나려는 목적은 무엇일까? 헤어지는 사람이 이후 성공한 모습으로 다시 만나기를 바라는 것은 당연하다. 하지만 이백은 그가 공적을 세우고 돌아와서 자신을 이끌어 주기를 바라는 마음을 품고 있었다. 이것이 위에서 언급한 "사안의 동산"이 가지는 의미다. 조씨가 검주의 막부에 가서도 유유자적하는 생활을 할 수 있는 것은 은자로서의 풍모를 지향하는 것이고, "사안의 동산"에 있는 이백 역시 그런 풍취를 가지고 있어서, 두 사람은 은일과 공명을 동시에 추구하는 공통점을 가지고 있다. 이렇게 이백은 체제 지향적이고 세속적인 정치적 공명과 체제 초월적이고 탈속적인 은일을 서로 배치되는 것이라고 생각하기보다는 서로 보완적인 것이며 또한 동시에 추구할 수 있는 것이라고 생각하였다.

그러나 이러한 생각 자체가 당시 체제 내의 보편적인 가치관과는 어울리지 않았으며, 당시 사회에서는 이루어질 수 없는 것이었다. 그러므로 그가 추구하고자 했던 여러 이상은 실현될 수 없었다.

> 아아, 내가 글방에 앉아서 시름한 지가 진정 이미 오래되었구나. 봉래산에 올라서 사방을 끝까지 바라보며 손으로는 밝은 태양을 희롱하면서, 머리 위로는 푸른 하늘을 이고서 마음에 응어리진 원망을 떨쳐버리려고 매번 생각하였지만 그렇게 할 수 없었구나. 신선의 금빛 골격으로 변하지도 못했고 옥 같은 얼굴도 이미 시커멓게 늙어 버렸으니, 어찌 일찍이 소나무를 어루만지며 마음을 안타까워하고 학을 어루만지며 탄식

하지 않았던가? 글을 읽고 검을 배운 것도 그르쳤고 인간 세상을 수확 없이 떠돌아다녔으니, 황제가 있는 자미궁은 구중 겹겹이 쌓여 들어가지 못하고 신선이 사는 푸른 산은 만 리 바깥에 있도다. 재주가 있어도 천명이 없으니 시대에 뒤쳐진 것을 감내하고 있구나.[吁咄哉, 僕書室坐愁, 亦已久矣. 每思欲遐登蓬萊, 極目四海, 手弄白日, 頂摩青穹, 揮斥幽憤, 不可得也. 而金骨未變, 玉顔已緇, 何嘗不捫松傷心, 撫鶴嘆息. 誤學書劍, 薄遊人間. 紫微九重, 碧山萬里. 有才無命, 甘於後時.]

(……)

이 글은 〈늦봄 강하에서 동도 낙양으로 가는 장승조 감승을 보내는 서문[暮春江夏送張承祖監丞之東都序]〉의 앞부분인데, 이백 자신의 신세를 토로하는 내용이다. 이백이 시름한 내용은 크게 두 가지다. 한 가지는 봉래산에 올라서 큰 기개를 떨치며 신선이 되어 장생불사를 추구하고자 했지만 실패하였다는 것이며, 다른 한 가지는 글을 읽고 검을 배운 뒤 관직을 얻어 공업을 세우고 싶었지만 그 역시 실패하였다는 것이다. 그래서 황제가 있는 자미궁에도 들어가지 못하고 신선이 사는 푸른 산에도 들어가지 못한 채 슬픔에 잠겨 있다. 두 가지 이상이 좌절된 지금 그가 있을 수 있는 곳은 어디인가? 이 문장의 끝부분에서는 "청담을 하고 크게 노래 부르고, 굳건한 필세로 아름다운 글을 쓰며, 웃으며 좋은 술을 마시고 취해서 소박한 금을 연주한다면, 내 실로 옛 사람들에게 부끄럽지 않으리라.[至於淸談浩歌, 雄筆麗藻, 笑飮醁酒, 醉揮素琴, 余實不愧於古人也.]"라고 하였다. 이는 이백 시에 나오는 전형적인 급시행락으로서, 자신의 이상을 이루지 못한 슬픔을 이겨 내려는 몸부림이라고 할 수 있다. 그러나 이러한 즐거움으로도 슬픔을 이겨 내지는 못하였다.

이러한 슬픔은 체제 내부와 외부 어느 한 쪽을 선택해야 하는 데서 오는 모순이 아니라 자신의 이상을 모두 이루지 못한 데서 오는 것이었다. 그는 체제 내부와 외부를 지향하는 자아추구에서 결국은 자신의 정체성을 자리매김하지 못하고 그 어느 쪽으로도 가지 못한 채 슬퍼할 수밖에 없었다. 그는 반복된 실패와 좌절 속에서 체제 내부와 체제 외부를 방황하면서 어느 곳에서도 자신의 자리를 찾지 못하고 양 영역을 동경하는 영원한 타자로서 그 경계에 머물면서 홀로 외로워하였다.

"적선(謫仙)"이라는 별명은 그의 이러한 경계성을 잘 표현해 준다. 이는 인간세계로 귀양 온 신선이란 뜻으로, 신선의 정체성을 가지고 있지만 인간세계에 머물러 있다는 뜻이다. 즉 정체성과 활동 영역이 부합하지 않는다. 여기서 신선이라는 존재는 단순히 자연 속에서 장생불사하는 도교적 의미이기보다는 보편적 세속 가치를 뛰어넘는 초월자의 의미로 보아야 한다. 구름을 타고 하늘을 훨훨 날아다니는 신선처럼 매끄러운 공간을 탈주하는 이백의 성격을 의미한다. 그러나 그가 지금 사는 곳은 인간세계다. 인간세계에서 그는 제국이라는 국가 공간에서 패인 홈을 따라 움직여야 하며 강력한 중력장이 그를 땅에 붙들어 놓고 있다. 신선은 하늘을 날아다녀야 하고 땅에 있어서는 안 되는 존재다. 땅 위에서 아무리 신선 행세를 하여도 그것은 겉모습만 그럴듯할 뿐, 그 정체성에 맞는 행위는 아니다.

하지만 그는 한편으로 인간세계에서라도 자신이 신선의 대접을 받는 것에 대해 만족하였고, 또 그것을 적극적으로 추구하려고 했다. 그래서 그는 이상을 추구함에 있어서 체제 내부를 지향하기도 했다. 그러나 이는 정체성에 합치되지 않는다는 본질적인 한계를 가지고 있다. 이러한 한계를 극복하기 위해 그가 선택했던 것은 '술'이었다. 술을 통해서 그는 자연과 합쳐지고 신선이 될 수 있었다. 하지만 술이 깨고 나면 다시 인간으로 돌아와야 했다. 음주라는 행위는 그 자체로 경계성을 가지고 있다. 즉 술을 마시지 않고 인간 세계에 있는 상태와 술에 취해 몽환적으로 자연과 합치되고 장생불사를 이룩한 상태의 경계다. 그래서 그의 경계적 모습은 음주와 함께 가장 잘 나타난다고 할 수 있다. 그는 술에 취하면 신선이 되지만 깨고 나면 다시 인간이 되는 "적선"이었다.

2) 경계에서의 외로움

결국 자신이 안주할 영역을 확보하지 못한 채 외로운 존재로 남을 수밖에 없었던 이백은 자신과 같이 술을 마시고 자연을 즐기며 노닐 수 있는 사람이 없이 홀로 지내는 일이 잦았으며, 이러한 외로움은 그의 시에 보이는 또 하나의 특징이라고 할 수 있다.

1 嬋娟羅浮月, 아름다운 나부산의 달과
2 搖豔桂水雲. 흔들리며 빛나는 계수의 구름에게로
3 美人竟獨往, 아름다운 그대가 결국 혼자 가 버렸으니
4 而我安能群. 나는 누구와 함께 어울려 지낼까?
5 一朝語笑隔, 웃으며 이야기하던 일이 하루아침에 막히고
6 萬里歡情分. 좋아하는 마음이 만 리로 나뉘었네.
7 沉吟綵霞沒, 낮게 읊조리다가 아름다운 노을이 지고
8 夢寐群芳歇. 꿈꾸느라 여러 꽃이 시들었네.
9 歸鴻度三湘, 돌아가는 기러기는 상강을 건넜는데
10 遊子在百越. 나그네인 그대는 백월에 있으면서,
11 邊塵染衣劍, 변방의 먼지로 옷과 검이 더럽혀지고
12 白日凋華髮. 밝은 태양에 백발이 시들었겠지.
13 春氣變楚關, 봄의 기운이 초 땅 관문에서 변하고

14 秋聲落吳山. 가을소리가 오 땅 산에 떨어지니,
15 草木結悲緒, 풀과 나무는 슬픈 마음을 응어리지게 하고
16 風沙凄苦顏. 바람과 모래는 고달픈 얼굴을 처량하게 하는데,
17 朅來已永久, 그대 떠난 지 이미 오래되어도
18 頹思如循環. 괴로운 마음은 돌고 도는 듯.
19 飄飄限江裔, 정처 없이 장강 가에서만 맴돌며
20 想像空留滯. 그대를 상상하며 그저 머물러 있을 뿐이니,
21 離憂每醉心, 이별의 근심은 매번 마음을 취하게 하고
22 別淚徒盈袂. 이별의 눈물은 공연히 소매에 가득한데,
23 坐愁青天末, 앉아서 푸른 하늘 끝을 생각하며 시름하다가
24 出望黃雲蔽. 나서서 바라보니 누런 구름이 앞을 막았네.
25 目極何悠悠, 눈으로 끝까지 바라보니 어찌나 아득한지
26 梅花南嶺頭. 매화가 남령에 피었겠지만,
27 空長滅征鳥, 긴 하늘에 날아가는 새도 사라지고
28 水闊無還舟. 넓은 물에 돌아오는 배도 없네.
29 寶劍終難託, 보검은 끝내 의지하기 어렵고
30 金囊非易求. 금 주머니는 쉽게 구할 수 없으니,
31 歸來儻有問, 돌아와 만일 내가 간 곳을 묻는다면
32 桂樹山之幽. 계수나무 있는 산의 한적한 곳이라네.

이 시는 〈선방에서 친구 잠윤을 그리워하다[禪房懷友人岑倫]〉인데, 상원 원년(760)에 강남 지역에 머물다가 지금의 광동성 나부산에서 은거하고 있는 잠윤을 그리워하며 지은 것이다. 제1~8구에서는 친구를 멀리 떠나보내고 홀로 세월을 보내다가 봄이 다 가버렸다고 하면서 외로워하는 자신의 모습을 그렸다. 제9~12구는 잠윤이 있는 곳을 상상하면서 적은 것인데, 변방의 먼지에 고생하면서 백발로 늙어 가고 있

을 것이라고 하여 동병상련의 감정을 표현하였다. 제13~24구에서는 봄이 가고 가을이 오는 와중에 홀로 쓸쓸히 지내면서 잠윤을 그리워하는 모습을 그렸다. 어느덧 백발이 성성한 자신의 모습을 바라보며 옛 친구가 그리워 강가를 서성이다가 눈물을 흘리곤 하는 모습 속에서 친구에 대한 애절한 감정을 느낄 수 있다. 특히 제23~24구에서는 그 그리움에 못 이겨 친구를 찾아가 보려고 집을 나섰지만, 구름에 가로막혀 못 가는 상황을 그렸다. 제25~28구는 가려다 가지 못하고 친구가 있는 저 먼 곳을 바라보고 있는 장면이다. 잠윤이 있는 곳에는 매화가 펴 있겠지만 너무 멀어서 보이지도 않는다. 배를 탄 사람은 물론이고 새도 그곳으로 가지 못하고, 이백의 시선도 그곳까지 도달하지 않는다. 그곳에 갈 수 있는 방법은 전혀 없다. 집 밖을 나섰지만 한 발자국도 목적지를 향해 내딛지 못하고 가만히 서 있을 수밖에 없다. 제29~30구에서는 "보검(寶劍)"과 "금낭(金囊)"을 언급하였는데, 이는 대체로 재능을 펼칠 수 있는 빼어난 칼과 장생불사를 이룰 수 있는 단약을 의미한다. 이를 통해 결국 재능을 떨쳐 공명을 이룩하지도 못했으며 연단술을 통해 장생불사를 구하지도 못했음을 표현하였다. 지금 이백은 강남의 어느 선원에서 은일을 하고 있지만 아직 정신적인 평온함을 얻지 못했으며, 자연 속에 있지만 그 아름다움을 감상할 정신적 여유가 없다. 자신이 평소 갈망했던 이상을 이룩하지 못했으며 자신을 알아줄 친구 하나 없이 외로이 지내고 있기 때문이다. 밖에 나가 뜻을 이루려고 하여도 구름이 막고 있어 한 발자국도 갈 수가 없다. 마지막 두 구절에서는 만일 잠윤이 이곳으로 다시 돌아와 자신의 안부를 물어준다면 그 대답은 응당 계수나무가 있는 산의 한적한 곳일 것이라고 하였다. 그래도 이백은 자연의 품으로 돌아가 유유자적하는 생활을 하겠다는 뜻만은 아직 가지고 있었다. 그러나 이러한 상황에서 그 홀로 어떻게 유유자적하는 생활을 할 수 있겠으며, 자연의 이치를 깨우쳐 인간의 한계를 극복할 수 있겠는가? 이 시에서 말한 "계수나무가 있는 산의 한적한 곳"에서 지은 것으로 보이는 시를 한 번 보자.

衆鳥高飛盡,	뭇 새들은 높이 날아가 버리고
孤雲獨去閑.	외로운 구름은 홀로 한가롭네.
相看兩不厭,	서로 바라보아도 둘 다 질리지 않는 것은
只有敬亭山.	오직 경정산뿐이로구나.

이 시는 〈경정산에 홀로 앉다[獨坐敬亭山]〉인데, 여기서도 경계에 앉아 외로워하는 모습을 분명하게 볼 수 있다. 우선 제목을 보면 그는 "홀로" 앉아 있다. 홀로 남아 있는 것은 자신과 같이 있는 사람이 없다는 것이며, 누군가가 모두 떠나갔다는 뜻이다. 그리고 "앉아 있다"는 상황은 '서 있다'와 '누워 있다'의 중간적인 자세인데, 서서 어디론가 떠날 수 있는 상황과 누워서 편안히 안주할 수 있는 상황을 염두에 두고 있지만 아직 결정을 하지 못한 상황이다. "경정산"은 지금의 안휘성 선주에 있는 산으로 사조가 이곳에서 많이 노닐었다고 한다. '산'이라는 존재는 사람이 높은 곳에 올라갈 수 있도록 하는 것으로, 땅과 하늘을 이어 주는 매개체라고 할 수 있다. 비록 하늘에 도달할 수 있는 직접적인 통로를 제공하지는 않지만 하늘에 보다 가까이 갈 수 있으며 자신의 상승을 도와주는 역할을 한다. 또한 산은 이백과 동일한 공간 속에 있는데, 대지에 뿌리박고 있어 안정된 모습을 가지고 있다. 새들이나 구름이 있는 하늘이라는 공간이 이백의 외부공간이라고 한다면 산은 내부공간이 될 수 있으며, 지금 그가 '앉아' 있는 곳은 외부공간과 내부공간의 경계가 된다. 그 산에서 보이는 것은 무엇인가? 새들과 구름이다. 이 시에서 새와 구름은 우선 개체 수, 방향성, 거리, 속도감 등에서 상당히 대립적인 모습을 보여 주고 있다.

	지향	개체	방향	속도	거리	긴장	회귀성	거리변화
새떼	有	무리	사선상승	빠름	멀다	有	無	멀어지는
구름	無	홀로	수평	느림	가깝다	無	有	서성이는

새들은 무리를 지어서 어느 한 곳을 향하여 이백으로부터 멀어지는 존재로서 목적성을 가지고 상당히 빠른 속도로 떠나가고 있다. 이에 반해 구름은 혼자서 아무런 목적성도 없이 주위를 서성이고 있다. 느릿느릿 다가오기도 하고 멀어지기도 하지만 기본적으로는 적당한 거리를 유지하고 있다. 땅(산)에 고정되어 있는 이백과는 달리 새들과 구름은 하늘에 떠 있는 존재로서 모두 운동성을 가지고 이동하고 있고 또한 이백의 통제를 받지 않는데, 이를 통해 이들에 대한 '불안감'과 '무력감'이 나타난다.

이 시에 나타난 산, 구름, 새가 의미하는 바는 무엇일까? 중국 전통시기 문학에서 세 사물의 관계를 가장 잘 볼 수 있는 것은 도연명의 〈귀거래사〉에 나오는 "구름은 무심히 산골짜기에서 나오고, 새들은 날기 지쳐서 돌아올 줄 안다[雲無心以出岫, 鳥倦飛而知還]"라는 구절이다. 산은 구름과 새들의 원천지다. 구름은 산에서 생겨나며, 새들은 산에서 산다. 그들은 자신의 목적을 위해 산을 떠나지만 언젠가는 다시 산으로 돌아오게 되어 있다. 바로 그들의 고향이기 때문이다. 이 시에서도 산은 그러한 존재다. 새들과 구름의 고향이며 이백의 안식처이기도 하다. 그렇다면 새들과 구름은 왜 산을 떠나 하늘을 날아다니는가? 새들은 무리를 지어 목적지를 향해 날아간다. 이는 세상에서 자신의 목적을 달성하기 위해 한없이 상승하고자 하는 인간의 욕망을 대변하고 있다. 그 목적이라는 것은 세속적 성공과 명망이다. 일단 산을 떠난 새들에게는 두 가지 길밖에 없다. 산을 떠나 계속 높은 곳을 향해 날아가거나 또는 날다 지쳐서 다시 산으로 돌아오거나. 현재 이 시에 나타난 새들은 지금 무리를 지어서 한껏 날아가고 있는 중이다. 무리를 지었다는 점은 인간의 보편적인 욕구를 더 강조하며, 그 목적이 보다 세속적이라는 의미를 지니고 있다. 이에 반해 구름은 방향성도 없이 홀로 떠다닌다. 이백의 시에서 구름은 상당히 많은 의미를 가지고 있는데, 여기서는 "閑"과 결합되어서 아무런 미련 없이 떠다니는 '유유자적함'과 관련이 있다. 목적지향성을 가진 새무리와는 달리 그 목적지향성이 없는 초연한 모습을 보여 주고 있다. 하지만 그 구름은 이백과는 거리를 두고 방황하고 있어서 불안한 준안정적(meta-stable)인 모습을 보여 주고 있다.

한 폭의 그림같이 보여서 마치 한순간에 발생하는 사건으로 인식될 수 있는 이 시의 내용들은 이백을 중심으로 해석해 보면 하나의 시계열을 가진 여러 사건의 시리즈로 나타난다. 시간이라는 것은 흔적으로서의 타자 즉 나와 전적으로 이질적인 존재가 촉발해 주는 한에서만 도래하는 것이며, 타자와의 만남을 통해서 가능하다. 여기서는 새들과의 만남, 구름과의 만남, 산과의 만남이라는 세 타자와의 만남을 말하고 있다. 이러한 만남들은 각각 그의 과거, 현재, 미래를 구성하고 있다. 과거 그는 겸제천하의 이상을 가지고 관직에 올라 멋있게 자기 실력을 발휘하여 공을 세우고자 하는 욕망을 가지고 있었는데, 이러한 욕망이 지금 새들과의 만남으로 재현되고 있다. 세속정치에 환멸을 느껴 궁중에서 나와 권력의 무상함 속에서 이리저리 방황하고 있는 자신의 현재 모습은 외로운 구름과의 만남에서 재현되고 있다. 모든 세속적 미련을 버리고 유유자적하고 편안한 생활 속에서 시와 음악을 벗삼아 살아가고자 하는 지향은 산과의 만남에서 암시되고 있다.

하지만 지금 그는 이들을 바라보며 앉아 있다. 그 어느 것과도 그 속에서 하나가 되지 못하고 거리를 유지한 채 바라보고만 있다. 공명을 추구하지도 못하고 유유자적하는 생활을 하지도 못한 상태에서 홀로 외로워하고 있다. 비록 지금은 산속에서 은일을 지향하고자 하지만, 그 상태는 언제라도 변화 가능하다. 이렇게 이백은 경계에 앉아서 외로워해야 했으며, 때로는 갈 목적지를 잃고 서성여야만 했다.

1 秦水別隴首, 진 땅의 강물이 농수산을 떠나
2 幽咽多悲聲. 나지막이 흐느끼듯 슬픈 소리가 많고,
3 胡馬顧朔雪, 오랑캐 말은 북방의 눈을 돌아보고
4 躞蹀長嘶鳴. 배회하며 길게 우는구나.
5 感物動我心, 사물에 느껴 내 마음이 움직여
6 緬然含歸情. 아득히 돌아갈 마음을 품었네.
7 昔視秋蛾飛, 지난번엔 가을 나방이 나는 것을 보았는데
8 今見春蠶生. 지금은 봄누에가 생기는 것을 보노라니,
9 嫋嫋桑結葉, 바람에 하늘거리는 뽕나무에는 잎사귀가 맺혔고
10 萋萋柳垂榮. 무성한 버드나무에는 솜꽃이 드리웠네.
11 急節謝流水, 급한 시절은 흐르는 물처럼 지나가고
12 羈心搖懸旌. 나그네 마음은 매달린 깃발처럼 흔들리는데,
13 揮涕且復去, 눈물을 뿌리며 또다시 떠나니
14 惻愴何時平. 서글픈 마음 어느 때에나 평온해질까?

이 시는 〈고풍 59수〉 중 제22수인데, 자신이 있어야 할 바를 잃고 정처 없이 떠돌아다니는 경계인의 모습이 잘 드러나 있다. 제1~6구에서는 농수산을 떠난 진 땅의 강물과 고향을 떠나온 오랑캐 말을 보고는 고향으로 돌아가고자 하는 마음이 생겨났음을 말하였다. 제7~10구에서는 작년 가을 경물과 올 봄의 경물을 대비시킴으로써 세월의 빠르기를 표현하였는데, 하늘거리는 뽕나무와 무성한 버드나무는 모두 고향의 경물을 연상시킨다. 제11~14구에서는 고향으로 돌아가고 싶지만 그러지 못하고 기약 없이 또다시 떠돌아다녀야 하는 신세를 한탄

하였다. 그가 고향으로 돌아가지 못하는 이유는 자신의 이상을 이룩하지 못했기 때문이다. 그래서 자신의 이상을 실현하기 위해 계속 어디론가 가야 한다. 그리고 가는 곳마다 자아실현을 시도하고, 그 시도가 실패로 끝나면 또 떠나가야 한다. 뽕나무와 버드나무가 고향의 봄 풍경을 묘사하기도 하지만 그 모습은 불안한 이백의 심리를 대변하고 있다. 새 잎이 돋아난 뽕나무는 바람에 흔들거리고, 무성한 버드나무에는 버들개지가 드리워져 있다. 뽕나무는 자신의 의지와는 무관하게 바람에 의해서 방향도 없이 이리저리 흔들리고 있으며, 버드나무의 무성한 버들개지도 그 바람을 타고 나무를 떠나 온 천지를 날아다닐 것이다. 이백 역시 자신의 의지에 따라 목적지를 정해서 똑바로 가는 것이 아니라 타의에 의해서 정처 없이 길을 가야 한다. 게다가 흐르는 물처럼 급하게 지나가는 세월은 이런 방랑자의 마음을 더욱 재촉하지만, 마음만 급할 뿐 어디로 가야할지 모르고 서성인다. 그 마음은 "기심(羈心)"과 "현정(懸旌)"에 잘 나타나 있다. "기심"은 말을 타고 떠도는 사람의 마음으로 나그네의 마음을 가리키는데, 말의 굴레처럼 어딘가에 매어 있는 답답한 모습을 보여 주기도 하지만, 목적지를 잃어버린 방랑자의 불안함을 드러내기도 한다. 그리고 "현정"은 매달린 깃발인데, 지금 그 깃발은 바람에 흔들리고 있다. 바람이 부는 대로 펄럭일 수밖에 없는 깃발은 피동적인 불안정성을 드러낸다. 평소 꿈꾸었던 붕새는 바람을 타고 멀리 날아갈 수 있어서 운동성과 이동성을 동시에 가지고 있지만, 깃발은 마음대로 날아가지 못하고 깃대에 매달린 채 펄럭이고만 있을 뿐이다. 마치 날개처럼 퍼덕이고는 있지만 날아가지는 못한다. 목적을 달성하기 위해 나아가려고 안간힘을 쓰지만 한 발자국도 전진하지 못하며, 그 운동성마저도 바람에 의해 주어지는 피동적인 것이다. 즉 자신 스스로의 힘으로는 움직이지 못하며 누군가가 도와주어야만 움직일 수 있는 존재다. 이렇게 경계에 앉아 있던 이백은 때로는 일어나 길을 가려 하지만 목적지를 정하지 못하고 방랑할 수밖에 없었으며, 매달린 깃발처럼 펄럭이기는 하지만 날아가지 못하는 존재로 남을 수밖에 없었다.

3. 슬픔의 지속과 일시적 극복

1) 욕망의 강렬함과 계속되는 슬픔

이백은 죽기 직전까지도 자신의 이상을 실현하고자 노력하였다. 그 이유는 평생 자신의 이상을 실현하지 못했기 때문이다. 그로 인해 평생을 슬픔과 외로움 속에서 지내야 했다. 정치적 공명의 추구에 있어서 그는 죽기 일 년 전인 61세까지도 노력하였는데, 〈이광필 태위가 진의 백만 병사를 일으켜 남동쪽으로 출정했다는 소식을 듣고, 나약한 사내가 적장을 잡으려 끈을 요청하여 작은 능력이나마 펼 수 있기를 바랐지만, 중도에 병이 나서 돌아오게 되어, 금릉의 최 시어를 떠나며 19운을 짓다[聞李太尉大擧秦兵百萬出征東南, 懦夫請纓, 冀申一割之用, 半道病還, 留別金陵崔侍禦十九韻]〉라는 시에서 그 사실을 확인할 수 있다.

1 秦出天下兵, 진에서 천하의 병사를 내어
2 蹴踏燕趙傾. 연 땅과 조 땅의 무리들을 쳐부수어 넘어뜨리니,
3 黃河飮馬竭, 황하 물은 말을 먹여 다 마르고
4 赤羽連天明. 붉은 깃발은 하늘에 이어져 빛났네.
5 太尉杖旄鉞, 태위께서는 깃발과 도끼를 잡으시고
6 雲騎繞彭城. 구름 같은 기마병이 팽성을 둘러싸니,
7 三軍受號令, 삼군이 호령을 받을 때는

8 千里肅雷霆.　천 리가 천둥소리에 엄숙하였네.
9 函谷絶飛鳥,　함곡관에는 나는 새의 자취가 끊어지고
10 武關擁連營.　무관에는 이어진 군영이 가득한데,
11 意在斬巨鼇,　큰 자라를 베는 데에 뜻을 두었으니
12 何論鱠長鯨.　긴 고래를 회 뜨는 것은 말할 것도 없네.
13 恨無左車略,　나는 이좌거의 책략을 가지지 못했음이 한스럽고
14 多愧魯連生.　노중련의 재주에 비하면 많이 부끄럽지만,
15 拂劍照嚴霜,　검을 차고 엄혹한 서리 빛을 비추고
16 彫戈鬘胡纓.　무늬 새긴 창을 들고 무사의 관을 썼네.
17 願雪會稽恥,　회계의 치욕을 씻고
18 將期報恩榮.　장차 천자의 은혜에 보답하고자 하였지만,
19 半道謝病還,　중도에 병 때문에 돌아오게 되어
20 無因東南征.　남동쪽을 정벌할 수 없게 되었네.
21 亞夫未見顧,　주아부가 나를 돌아보지 않아서
22 劇孟阻先行.　극맹은 앞서 나아갈 수 없었으니,
23 天奪壯士心,　하늘이 장사의 마음을 빼앗아
24 長吁別吳京.　길게 탄식하며 오나라의 수도와 이별하게 되었네.
(……)

상원 2년(761) 5월 이광필은 하남부원수 태위겸시중 팔도절도사가 되어 임회(臨淮)로 나아가 주둔하였는데, 그 목적은 안녹산의 잔당들인 사조의와 원조를 진압하는 것이었다. 제1~12구에서는 이광필 군대가 출정하게 된 이유와 그 군대의 위엄을 표현하였다. 제13~18구에서는 예전에 영왕의 군대에 가담했다가 반역죄로 몰린 치욕을 씻고 천자의 은혜에 보답하기 위해서, 노쇠하고 재능이 떨어지지만 다시 창을 들고 군복을 입었다고 하였다. 제19~24구에서는 중도에 병이 들어서 이

광필의 군대에 합류하지 못하고 다시 돌아오게 된 상황을 묘사하였다. 비록 자신이 이좌거나 노중련의 재주에 미치지 못한다고 하면서 겸손의 뜻을 펴고 있지만, 전반부에 나타난 드높은 기세와 자신을 극맹에 비유하는 자신감으로 보아 젊었을 때의 기상에 조금도 뒤처지지 않음을 보여 주고 있다. 그러나 객관적인 상황은 그의 이상을 실현시켜 주지 못하였다.

이러한 양상은 정치적 공명의 추구에서뿐만 아니라 다른 영역의 자아추구에서도 마찬가지로 발견된다.

奇峰出奇雲,	기이한 봉우리가 기이한 구름에 솟아 있고
秀木含秀氣.	빼어난 나무들이 빼어난 기운을 머금고 있어,
淸晏皖公山,	맑고 깨끗한 환공산은
巉絶稱人意.	높고 가팔라서 사람의 마음에 꼭 드네.
獨游滄江上,	홀로 푸른 강가를 노닐어도
終日淡無味.	종일토록 담담히 아무 재미가 없어서,
但愛玆嶺高,	오직 이 높은 봉우리를 좋아하는데
何由討靈異.	어찌하면 기이한 신령스러움을 찾을 수 있을까?
默然遙相許,	말없이 멀리서 좋다고 여기면서도
欲往心莫遂.	가고자 해도 뜻을 이루지 못했으니,
待吾還丹成,	내가 단약을 만든 후에
投跡歸此地.	발걸음을 옮겨 이곳으로 돌아오리라.

이 시는 〈강가에서 환공산을 바라보다[江上望皖公山]〉인데, 지금의 안휘성 잠산현에 있는 환공산을 바라보며 느낀 생각을 쓴 것이다. 역대 주석가들이 이 시를 657년 또는 659년으로 편년하였으니, 역시 60세 가까운 시기에 쓴 작품이다. 그가 지금 와서 머물고 있는 환공산은 봉

우리, 구름, 나무 등 모든 경물이 맑고 깨끗하며 기이하여 자신의 마음에 쏙 들었던 곳이다. 강가를 홀로 노닐고 있지만 아무런 재미가 없는데, 이 산을 보고는 기이한 신령스러움을 찾고자 하는 마음이 들었다. 하지만 아무리 환공산에 오르려고 용기를 내보아도 그럴 수가 없다. 노쇠했기 때문이다. 그래서 단약을 만들어 젊음을 회복하면 다시 돌아오겠다는 다짐을 한다. 여기서는 이백의 여러 모습을 한꺼번에 확인할 수 있다. 우선은 연단술에 대한 집착이다. 자신이 하고자 하는 것을 이룩하기 위해서는 젊고 튼튼한 몸이 필수적이다. 환공산이 마음에 드는 이유는 그곳이 유유자적하게 은일하기 좋은 곳이고 또 신선들이 살 만한 곳이기 때문이다. 환공산에서 구름과 나무를 벗 삼아 자연과 함께 하면서 신선들과 교유할 수 있기 때문이다. 그렇지만 지금 자신의 상황은 어떠한가? 늙고 병들어서 산에 오를 기력이 없다. 하루 종일 강가를 서성이며 홀로 쓸쓸한 나날을 보내고 있다. 반드시 단약을 만들어 먹고 이 산을 오르고 말겠다는 의지가 높을수록 지금 자신의 상황에 대한 괴로움은 더욱 깊어진다. 이후 한두 해가 지나고 이백은 부인인 종씨가 여산의 여도사인 이등공을 찾아가는 것을 송별하며 부인이 부디 신선술을 이루도록 축원한다. 아마도 그는 자신이 이루지 못한 것을 부인을 통해 이루고 싶어 했을 것이다.

이렇게 이백은 노쇠한 상황에서도 결코 자신의 이상을 추구하기를 포기하지 않았으니, "본래 내가 세상을 버린 것이 아니라 세상 사람들이 절로 나를 버린 것이라서, 가없이 떠다니는 배를 타고 사방을 끝없이 돌아다니네.[我本不棄世, 世人自棄我. 一乘無倪舟, 八極縱遠舵.]"라고 하였다. 세상 사람들이 비록 자신을 버리고 인정하지 않더라도, 자신은 결코 세상을 포기하지 못하며 자신의 이상을 포기하지 않았다. 이러한 욕망은 비록 세상을 향한 공명의 실현에만 국한되지 않으며 그의 모든 이상에도 해당되었다.

〈술을 드시게[將進酒]〉

君不見, 그대는 보지 못했는가?
黃河之水天上來, 황하의 물이 하늘에서 내려와
奔流到海不復回. 바다로 치달린 후 다시는 돌아오지 않는 것을.
君不見, 그대는 보지 못했는가?
高堂明鏡悲白髮, 높은 집에서 맑은 거울을 보며 백발을 슬퍼하니
朝如靑絲暮成雪. 아침엔 검푸른 실 같더니 저녁엔 눈처럼 된 것을.
人生得意須盡歡, 인생의 뜻을 이루면 반드시 즐거움을 다해야 하니
莫使金樽空對月. 금 술동이가 빈 채로 달을 대하게 해서는 안 되리.
天生我材必有用, 하늘이 내린 나의 재주는 반드시 쓰일 것이고
千金散盡還復來. 천금의 돈을 흩뿌려 다 써 버려도 다시 돌아오리니,
烹羊宰牛且爲樂, 양을 삶고 소를 잡아 잠시 즐기고
會須一飮三百杯. 모름지기 한 번 마시면 삼백 잔은 마셔야 하네.
(……)

〈가을 연약원에서 흰 머리칼을 뽑다가 형님인 원단구에게 주다
[秋日鍊藥院鑷白髮, 贈元六兄林宗]〉

(……)
窮與鮑生賈, 곤궁할 때는 포숙아와 함께 장사를 했고
飢從漂母飡. 굶주릴 때는 빨래하는 아낙에게 얻어먹었지만,
時來極天人, 때가 되면 하늘과 사람의 도를 다 이룰 수 있으니
道在豈吟嘆. 도가 있다면 어찌 탄식하겠는가?
樂毅方適趙, 악의가 이제 조나라로 가고
蘇秦初說韓. 소진이 비로소 한나라에서 유세하니,
卷舒固在我, 말고 펴는 것은 진실로 나한테 달렸는데
何事空摧殘. 무엇 때문에 공연히 좌절하고 상심하겠는가?

〈동무[東武吟]〉

(……)

一朝去金馬, 하루아침에 금마문을 떠나
飄落成飛蓬. 쇠락하여 날리는 쑥대가 되어 버렸는데,
賓客日疏散, 빈객은 날마다 줄어들었고
玉樽亦已空. 옥 술잔도 이미 비어 버렸네.
才力猶可倚, 재주와 능력은 아직 쓸 만하니
不慚世上雄. 세상의 영웅에게 부끄럽지 않아,
閑作東武吟, 한가로이 〈동무〉를 지으니
曲盡情未終. 곡은 끝났어도 그 마음은 다하지 않네.
書此謝知己, 이를 써서 친구들과 이별하고는
吾尋黃綺翁. 나는 상산의 네 늙은이를 찾아가려네.

이상의 시에서 볼 수 있듯이 아무리 힘들고 어려운 상황이 닥치더라도 그는 자신의 재능을 믿었으며 이상을 반드시 성취할 수 있으리라는 확신을 버리지 않았다. 그러나 그 확신은 객관적 조건에 의거한 이성적인 판단이라기보다는 자기를 중심에 둔 주관적인 열망에 불과한 것이어서, 이상의 실현으로 이어지기보다는 오히려 더 큰 슬픔과 외로움을 낳을 수밖에 없었다. 그가 실패에 좌절하여 중도에 자아추구를 포기했다거나 적당한 선에서 타협했다면 그의 슬픔은 이렇게 오래도록 지속되지는 않았을 것이다. 자아추구를 위한 강렬한 욕망을 가지고 있었기 때문에 그는 끝까지 이상 실현을 위해 노력하였으며, 계속된 실패와 좌절 속에서 슬픔에 잠겨 있어야 했다.

2) 욕망의 전이와 일시적 즐거움

이백이 끊임없이 자아를 추구할 수 있었던 동력에는 그의 낙관적인 태도나 불굴의 의지도 있었겠지만 그가 추구하고자 했던 이상의 내용이 다원적이라는 점도 생각할 수 있다. 비록 논의의 편의를 위해 체제 내부를 향하는 세속적인 것과 체제 외부를 향하는 탈속적인 것으로 구분하여 상호 모순적인 내용이 있는 것으로 보았지만, 자아추구의 네 가지 영역은 이백 개인의 가치관 내에서는 '남다른 존재'로서의 자신을 영원히 지속시킨다는 목적 아래에서 통일되어 있었다. 따라서 자기 내부에서는 전혀 모순이 발생하지 않았다. 어느 한 영역에서 실패하고 슬픔에 잠겼을 때 다른 영역으로의 출구를 모색함으로써 그는 또다시 이상 실현을 위해 정진할 수 있는 기회를 가질 수 있었으며, 실제로 이러한 방식을 통해 많은 위안을 얻었던 것으로 보인다.

嘗高謝太傅, 일찍이 태부 사안을 숭상하였으니
攜妓東山門. 동산의 문에서 기녀를 거느렸는데,
楚舞醉碧雲, 초나라 춤은 푸른 구름도 취하게 하였고
吳歌斷淸猿. 오나라 노래는 맑은 원숭이 울음도 멎게 하였네.
暫因蒼生起, 잠시 백성을 위해 일어나서는
談笑安黎元. 담소하면서 백성을 편안하게 하였으니,
余亦愛此人, 나 또한 이런 사람을 좋아하여
丹霄冀飛翻. 붉은 하늘로 날아오르길 바랐지.
遭逢聖明主, 덕망 있는 군주를 만나서
敢進興亡言. 감히 국가흥망의 말을 아뢰었는데,
白璧竟何辜, 새하얀 옥에게 무슨 잘못이 있었겠는가?
青蠅遂成冤. 쉬파리 때문에 억울함을 당하여,

13 一朝去京國, 하루아침에 수도를 떠나서
14 十載客梁園. 십 년 동안 양원을 떠돌았네.
15 猛犬吠九關, 사나운 개가 구중궁궐에서 짖으며
16 殺人憤精魂. 사람을 죽이고 혼백을 분노케 하였는데,
17 皇穹雪冤枉, 하늘은 억울함을 풀어 주시고
18 白日開昏氛. 밝은 태양은 어두운 기운을 걷어내셨네.
19 太階得夔龍, 삼태성의 자리에 기(夔)와 용(龍)을 얻으니
20 桃李滿中原. 중원에는 복숭아나무와 자두나무가 가득하고,
21 倒海索明月, 바닷물을 쏟아 부어 명월주를 찾고
22 凌山採芳蓀. 산에 올라가 향초를 캐네.
23 愧無横草功, 나는 풀을 쓰러뜨리는 작은 공도 없지만
24 虛負雨露恩. 헛되이 비와 이슬의 은혜를 입었으니,
25 跡謝雲臺閣, 내 발길은 운대의 누각을 떠났어도
26 心隨天馬轅. 내 마음은 천마의 수레를 따르네.
27 夫子王佐才, 그대야말로 왕을 보필할 인재인데
28 而今復誰論. 지금 또 누구를 논한단 말인가.
29 層飈振六翮, 높은 바람에 날개를 떨치며
30 不日思騰騫. 머지않아 비상하려 하겠지.
31 我縱五湖棹, 내가 오호에서 내키는 대로 배를 몰 것이니
32 煙濤恣崩奔. 안개 속의 물결은 멋대로 부딪쳐 솟구치겠지.
33 夢釣子陵湍, 엄자릉의 여울에서 낚시하는 꿈을 꾸니
34 英風緬猶存. 빼어난 풍채가 아득히 여전히 있는 듯한데,
35 徒希客星隱, 부질없이 객성인 엄자릉의 은일을 바라지만
36 弱植不足援. 약하고 무능하여 그를 따르기가 어렵다네.
37 千里一迴首, 천 리를 떠나 있어 한 번 뒤돌아보고
38 萬里一長歌. 만 리를 떠다니며 한 번 길게 노래하네.

39 黃鶴不復來, 누런 학이 다시 돌아오지 않으니
40 淸風奈愁何. 맑은 바람이 불어도 근심을 어찌하리오.
41 舟浮瀟湘月, 달 비치는 소상강에 배를 띄우니
42 山倒洞庭波. 동정호의 파도에 산이 거꾸로 비치네.
43 投汨笑古人, 멱라수에 몸 던진 옛 사람을 비웃고
44 臨濠得天和. 호수(濠水)를 굽어보며 하늘의 조화를 얻어야지.
45 閑時田畝中, 한가할 때에는 밭에서
46 搔背牧雞鵝. 등을 긁으며 닭과 거위를 기를 것이니,
47 別離解相訪, 헤어지고선 나를 찾아올 수 있다면
48 應在武陵多. 응당 무릉도원일 가능성이 높으리라.

이 시는 〈심정을 써서 채웅 사인에게 주다[書情贈蔡舍人雄]〉인데, 남쪽으로 떠나가면서 여태까지 자신이 살아온 길을 되짚으며 느낀 생각을 써서 채웅이란 자에게 준 것이다. 시의 편폭이 상당히 길기는 하지만 그 내용은 단순하다. 사안처럼 은일하고 있다가 세상에 나와서 공업을 세우고 싶었지만 부족한 능력과 간신의 모함으로 실패하였으며, 세상이 다시 좋아져서 다시 나아가고 싶기는 하지만 이제는 마음을 접고 자연의 이치를 깨달으며 유유자적하는 삶을 살겠다는 뜻을 적었다. 이 시의 전고로 사용된 인물은 사안, 굴원, 엄자릉, 장자를 들 수 있는데 각각 이백의 과거, 현재, 미래를 나타낸다. 사안은 과거에 본받고자 했던 인물로 이백은 그 이상을 실현하지 못했다. 굴원은 자신의 현재 처지를 대변하는 인물로 이백은 그와 같은 종말을 맞고 싶지는 않다. 그리고 엄자릉과 장자는 자신이 지향하는 미래의 전형으로 세속의 공명에 미련을 버리고 자연의 이치를 터득한 인물들이다. 이러한 상황 속에서 이백은 "엄자릉의 은일을 바라는 것이 부질없는 것"임을 깨닫고, 공명의 꿈을 버리는 것은 아쉬워서 "천 리를 떠나 한 번 뒤돌

아보고 만 리를 떠돌며 한 번 길게 노래하면서, 맑은 바람을 맞더라도 그 근심을 어찌할 수 없어 한다.” 하지만 자신이 바라는 이상을 실현할 수 있는 방법은 또 있는 것이고, 그것으로 전환한다면 다시금 만족하며 살 수 있을 것이라고 위안하고는 무릉도원에서의 삶을 꿈꾸었다. 이렇게 공명 추구의 슬픔은 자연으로의 은일로 대체된다.

이렇듯 하나의 이상에서 다른 하나의 이상으로 대체함으로써 이백의 슬픔이 다시금 희망과 기대로 바뀌는 경우는 더러 발견된다. 〈고산인에게 답하고 아울러 권씨와 고씨에게 주다[答高山人兼呈權顧二侯]〉에서는 정치적 공명의 이상을 접고 자연에 은일하면서 막역한 교우관계를 유지하고자 하였다. 또 〈강서에서 나부산으로 가는 벗을 보내다[江西送友人之羅浮]〉에서는 공명과 장생불사의 이상을 접고 자연 속으로의 은일을 꿈꾸는 모습을 보여 주고 있다. 그리고 〈해저물녘에 산에서 갑자기 생각이 나다[日夕山中忽然有懷]〉에서는 장생불사의 꿈을 접고 은일하려는 바람을 표현하였다. 이를 통해 이백이 다원적인 성격을 가진 자아추구 영역 사이를 때에 따라 매끄럽고 자연스럽게 옮겨 다녔음을 알 수 있다.

그러나 이러한 전이에도 불구하고 그는 전이된 이상을 실현시키지 못하고 또다시 슬픔과 외로움에 잠기는 순환을 반복하였다. 때로는 그 순환의 반복을 벗어나는 시도를 하기도 하였는데, 그것은 급시행락이었다. 급시행락은 지금 때를 놓치지 않고 즐긴다는 뜻으로 동한 말의 문인들이 어지러운 세태를 경험하면서 세상을 구제하겠다는 뜻을 접고 지금 이 순간을 즐기자는 세기말적인 욕망에서 비롯된 것이다. 이후로 여러 문인들은 자신의 뜻을 제대로 펴지 못하는 상황이 닥치면 급시행락을 추구하며 그 근심을 잊어 보려고 하였는데, 이백 역시 예외는 아니었다.

今日風日好,	오늘은 바람과 햇볕이 좋지만
明日恐不如.	내일은 아마 오늘만 못할 것이니,
春風笑于人,	봄바람이 내게 미소를 짓는데
何乃愁自居.	어찌하여 시름 속에 스스로 있겠는가?
吹簫舞彩鳳,	소를 불어 오색 봉황이 춤추게 하고
酌醴鱠神魚.	좋은 술을 따르고 상서로운 물고기 회를 먹으며,
千金買一醉,	천금으로 한 번 취하는 일을 사서
取樂不求餘.	쾌락을 취할 뿐 다른 것은 구하지 않네.
達士遺天地,	통달한 선비는 천지를 버려
東門有二疏.	동문에는 소광과 소수가 있었으니,
愚夫同瓦石,	어리석은 사람은 기왓장과 같지만
有才知卷舒.	재능 있는 자는 나아감과 물러감을 안다네.
無事坐悲苦,	공연히 슬퍼하거나 애달파하지 말아야지
塊然涸轍鮒.	물 마른 수레바퀴자국의 쓸쓸한 붕어처럼.

이 시는 〈고시를 본뜨다 12수[擬古 十二首]〉 중 제5수인데, 바람과 햇볕이 좋은 봄날에 좋은 술과 안주를 차려 놓고 즐겁게 놀면서 지은 것이다. 이런 기쁨이 있는데 어찌 근심할 필요가 있으며 달리 무엇을 구할 것인가라고 하였으며, 특히 부귀공명과 같은 것은 덧없는 것일 뿐이니 구태여 얻으려고 할 필요가 없다고 하였다. 제10구의 "이소(二疏)"는 한나라 사람으로 숙부와 조카 사이인 소광과 소수를 말한다. 이들은 모두 태자의 사부가 되어 조정에서 영예로움을 받았다. 어느 날 소광이 소수에게 말하기를 "공을 이룬 뒤에는 몸을 물리는 것이 하늘의 도리이다. 지금 녹봉이 이천 석이 되고 관직으로 이름이 났으니, 지금 떠나지 않으면 후회할까 두렵구나."라고 하니, 소수도 소광을 따랐다고 한다. 이백도 이들처럼 세속의 부귀영화나 명예에 매달리지 않고

호방하게 살고 싶었으며, 더 나아가 자신이 바라는 일을 성취하지 못했다고 공연히 슬퍼하거나 애달파할 필요가 없었다. 그래서 이 순간을 즐기면서 근심을 떨치고 유유자적하는 삶을 살고자 하였다.

그러나 이렇게 슬픔과 외로움을 떨쳐 버리려고 하지만 이는 순간적인 안락만을 줄 뿐이었고 잠시 동안만 슬픔을 잊게 해 줄 뿐이었다. 이러한 떠들썩함도 연회가 끝나고 술이 깨고 나면 사라져 버리고, 다시금 삶의 애환이 물밀듯이 밀려오는 것은 어찌할 수 없었다.

이백이 자신의 이상을 실현하기 위해 끊임없이 노력할 수 있었던 강렬함 뒤에는 자신의 이상에 대한 유연하고 다원적인 사고와 급시행락이라는 두 가지 요소가 있었다. 그렇기 때문에 무수한 시련 속에서도 끊임없이 이상을 추구하였고, 반복되는 실패 속에서 슬픔과 외로움 속에서 살 수밖에 없었다.

제5장

이백의 시 창작 특징

이상으로 이백의 자아추구에서 슬픔과 외로움이 주요한 내용을 차지하는 양상을 살펴보았다. 이 장에서는 이와 연관하여 이백의 시 창작 양상에 어떠한 특징이 있는지 살펴보고자 한다. 이백의 자아추구 양상에서 나타나는 특징으로는 탈체제적인 탈주성, 자아추구의 좌절로 형성된 존재적 경계성, 자아를 실현하고자 하는 욕망의 강렬함을 들 수 있다. 이러한 특징들이 그의 시문학에 반영되어 그만의 독특한 예술 표현 방식을 이루었다. 기존의 질서체제를 초월하는 탈주성으로 인해 유연하고 창조적인 상상력을 발휘함으로써 소재 해석과 결합의 기발함, 시상 전개의 중층성, 의미 기탁의 독특함과 다양함 등의 특징을 나타내었다. 체제 내부와 외부를 향하는 진자적 자아추구가 실패로 귀결되면서 나타났던 경계성으로 인해 양쪽을 바라보는 시선과 시공간의 분리 등의 기법을 사용하여 대비감을 증폭시켰다. 끊임없는 자아추구의 강렬함은 자신의 감정을 극대화시켜 전달하도록 하였는데, 이는 과장된 표현, 거대한 자연 경물의 운용, 공간의 압축을 통한 속도감 등과 같은 기법으로 그의 시에 반영되었다.

1. 탈주적 상상

이백은 탈체제적인 자기중심적 가치관을 가지고 있었는데, 이는 당시 봉건적 제국사회에 있어서는 탈주성으로 나타날 수밖에 없었다. 견고한 질서체계를 가진 사회에서는 동일화와 획일화의 방법을 통해 구성원들의 사고를 지배한다. 그러나 탈주적 성격을 가진 이들은 다수자가 설정한 공리적 규정으로부터 벗어나 편차나 격차를 형성하며 떨어져 나온 '소수자'다. 이들은 획일성을 특징으로 하는 다수자와는 달리 이질성과 혼혈성이라는 특징을 가지며, 다수자가 정해 놓은 요건들을 변형시켜서 변이체를 생산한다. 특히 탈주성은 문학에 있어서 새로운 표현 양식을 생성하는데, 보편적 형식을 가진 일반 언어로부터 다양한 변이를 발생함으로써 가능하다. 이러한 점에서 탈주라는 것은 부정적인 의미를 가진 도피가 아니라 긍정적이고 적극적인 의미를 가진 생성이다. 기존의 지배적인 사고틀을 깨고 무언가 새로운 상상을 통해 창조하는 것을 말한다. 즉 매끄러운 공간을 따라 마음대로 이동하면서 다양한 사건들을 새로운 방법으로 접합시킴으로써 독특한 의미를 생성해 낸다.

따라서 이러한 소수자의 새로움은 다수자의 눈으로 볼 때는 기이하다는 인상을 받게 되는데, 이백 시에 대한 역대 평자들의 비평 중에 보통 사람들의 생각을 뛰어넘는 기이함에 관한 내용은 대부분 그의 탈주적 사고를 지적한 것이다.

두보 〈봄날 이백을 그리워하다[春日憶李白]〉

白也詩無敵,	이백은 시에 있어서는 대적할 자가 없으니,
飄然思不群.	표연한 그 생각이 남달라서라네.

피일휴 〈유조강의 비문[劉棗强碑]〉

그 표현은 천지의 밖으로 뻗어가고 그 생각은 귀신 너머에 있어서, 그의 시를 읽으면 정신이 사방으로 치달리고 그 시를 헤아리노라면 마음이 사방 바다를 품게 되니, 그 높고 큰 것이 진실로 이 세상의 표현이 아닌 자로는 바로 이태백이 있다.[言出天地外, 思出鬼神表, 讀之則神馳八極, 測之則心懷四溟, 磊磊落落, 眞非世間語者, 有李太白.]

명 육시옹《고시경(古詩鏡)》

발상이 사람이 생각지도 못했던 것에서 나와 국면이 절로 변화하니, 참으로 바람과 구름을 몰아가고 바다와 산을 채찍질한다는 것이니, 이는 하늘로부터 부여받은 것이지 사람의 힘으로 할 수 있는 것이 아니다.[想落意外, 局自變生, 眞所謂驅走風雲, 鞭撻海岳, 其殆天授, 非人力也.]

청 건륭제《당송시순(唐宋詩醇)》

하늘로부터 받은 재능이 호방하고 자유분방하다. 칠언 장편 고시에서는 종종 바람과 비가 다투어 날리며 물고기와 용이 수시로 변화하는 것 같고, 또 큰 강물에 바람이 없는데도 파도가 절로 용솟음치고 흰 구름이 하늘을 떠다니며 바람을 따라 변했다 사라지는 것 같으니, 진실로 무척이나 기괴하고 매우 기이하다고 할 수 있다.[天才縱逸. 至於七言長古, 往往風雨爭飛, 魚龍百變, 又如大江無風, 波浪自湧, 白雲從空, 隨風變滅, 誠可謂怪偉奇絶者矣.]

이러한 평가를 통해 그가 획일적으로 규정된 사회적 규범을 벗어나 유연하고 창조적인 상상력을 발휘하여 독특한 내용과 형식을 가진 시문을 창작하였다는 것을 알 수 있다. 상상력이란 지각작용을 통해 받아들인 이미지를 변형시키는 능력이며, 무엇보다도 애초의 이미지로부터 자신을 해방시키고 그 이미지를 변화시키는 능력이다. 동일한 사물에 대해서도 다양한 이미지를 생성해 낼 수 있는 능력이 바로 작가적인 상상력이라고 할 수 있으며, 이는 기존의 관습을 탈피할 때에야 비로소 가능하다. 이백은 탈주적인 자신의 가치관에 따라 문학 창작에 임함으로써 이러한 상상력을 극도로 발휘하였다. 따라서 당시 평범한 사람들은 생각지도 못했던 방식으로 사물의 이미지들을 가공하고 결합함으로써 독특한 문학적 풍격을 형성하였다.

1) 기발한 소재 해석과 결합

이백은 여러 소재를 뛰어난 상상력을 통해 독특하게 해석함으로써 새로운 시적 의미를 창출하였다. 우선 〈달 아래서 홀로 술을 마시다 4수[月下獨酌 四首]〉 중 제2수를 살펴보자.

1 天若不愛酒, 하늘이 만일 술을 사랑하지 않았다면
2 酒星不在天. 주성이 하늘에 있지 않았을 것이고,
3 地若不愛酒, 땅이 만일 술을 사랑하지 않았다면
4 地應無酒泉. 주천이 땅에 없었을 것인데,
5 天地旣愛酒, 하늘과 땅이 이미 술을 사랑했으니
6 愛酒不愧天. 술을 사랑해도 하늘에 부끄럽지 않네.
7 已聞淸比聖, 청주를 성인에 비유한다고 이미 들었고
8 復道濁如賢. 탁주를 현인과 같다고 또 말하는데,
9 賢聖旣已飮, 현인과 성인들이 이미 술을 마셨으니
10 何必求神仙. 어찌 반드시 신선을 추구하겠는가?
11 三杯通大道, 석 잔이면 큰 도에 통하고
12 一斗合自然. 한 말이면 자연과 합쳐지니,

13 但得酒中趣,　다만 술 속의 흥취를 얻을 뿐
14 勿爲醒者傳.　술 마시지 않는 자들에게 전하지 말아야지.

이 시는 일종의 찬주가로서 술을 마셔야 되는 이유와 그 효능에 대해 쓴 것이다. 제1~6구에서는 하늘의 별자리인 주성과 지명인 주천을 끌어들여 하늘과 땅이 모두 술을 사랑했다고 하면서 자신이 술을 사랑하는 행동이 만고불변한 자연의 근원인 하늘과 땅에 비추어 보아 전혀 부끄럽지 않다고 하였다. 이렇게 자신이 술을 좋아하는 행위를 정당화시킴에 있어서 하늘과 땅의 권위를 빌렸다. 제7~10구에서는 청주와 탁주를 각각 성인과 현인에 비유하는 전고를 사용하여 자신이 술을 마시는 행위가 성인과 현인의 허가를 얻은 정당한 것임을 설파하였다. 하늘에 주성이라는 별자리가 있고 땅에 주천이라는 지명이 있는 것은 누구나 다 아는 사실이지만, 그것을 해석함에 있어서 하늘이 술을 사랑하고 땅이 술을 좋아해서 그러했다는 것은 이백만의 독창적인 상상력이 아닐 수 없다. 원래 주성이나 주천이란 명칭은 사람이 지은 것임에도 불구하고 마치 하늘과 땅이 스스로 그러한 별자리와 지명을 만들어 낸 것처럼 유도함으로써 하늘과 땅의 권위를 빌려 왔다. 성인과 현인의 예도 마찬가지다. 원래 금주령을 피하기 위해 만든 은어가 그 기원이라는 것은 보편적으로 알려진 사실이기 때문에 그것을 진짜 성인이나 현인과 관련을 짓는 사람은 거의 없었다. 하지만 이백은 그 단어가 가진 사회적 함의를 뒤집고 표면적 의미를 새롭게 부각시키면서 술에 성스러움과 어짊을 부여하였다. 사람들이 관습적인 사고에 사로잡혀 그 틀을 벗어나지 못하고 있는 반면에, 이백은 그 틀을 벗어나서 사물을 새로운 시각에서 바라봄으로써 기발한 시적 이미지를 창출하였다.

또 여러 소재를 독특한 방식으로 결합시킴으로써 자신의 생각을 효과적으로 표현하기도 하였다.

1	長嘯梁甫吟,	길게 〈양보〉를 읊조리니
2	何時見陽春.	언제 따사로운 봄날을 볼 수 있을까?
3	君不見,	그대는 보지 못했는가?
4	朝歌屠叟辭棘津,	조가의 백정 늙은이인 여상이 극진을 떠나
5	八十西來釣渭濱.	여든에 서쪽으로 와서 위수에서 낚시질한 것을,
6	寧羞白髮照清水,	어찌 맑은 물에 비친 백발을 부끄러워했겠는가?
7	逢時壯氣思經綸.	때를 만나 굳센 기운으로 천하를 다스릴 것을 생각하고는,
8	廣張三千六百鉤,	삼천육백일 기나긴 세월 동안 낚시하다가
9	風期暗與文王親.	기풍과 품격으로 어느새 문왕과 가까이 하였다네.
10	大賢虎變愚不測,	크게 현명한 자의 변신은 어리석은 자가 헤아릴 수 없듯이
11	當年頗似尋常人.	그때는 자못 평범한 사람처럼 보였네.
12	君不見,	그대는 보지 못했는가?
13	高陽酒徒起草中,	고양의 술주정뱅이 역이기가 초야에서 일어나
14	長揖山東隆準公.	산동의 콧대 높은 유방에게 길게 읍만 하고는,
15	入門不拜騁雄辯,	문에 들어서 절도 하지 않고서 열변을 토해 내니
16	兩女輟洗來趨風.	유방은 발 씻기던 두 시녀를 내치고 질풍같이 달려왔었고,
17	東下齊城七十二,	동쪽으로 제나라 72개 성을 함락시키며
18	指揮楚漢如旋蓬.	초와 한을 지휘하니 날리는 쑥대 다루듯 하였네.
19	狂客落魄尙如此,	실의한 미치광이도 오히려 이와 같았는데
20	何況壯士當群雄.	하물며 여러 영웅들을 감당할 장사는 어떻겠는가?

21 我欲攀龍見明主, 나는 용을 올라 타고서 밝은 군주를 알현하려는데
22 雷公砰訇震天鼓. 우레신이 큰 소리로 하늘 북을 울리고,
23 帝旁投壺多玉女, 천제 곁에서 투호하는 옥녀가 많아서,
24 三時大笑開電光, 하늘은 하루 종일 크게 웃어대며 번개를 치니
25 倏爍晦冥起風雨. 어둠 속에서 번쩍거리더니 비바람이 일어나네.
26 閶闔九門不可通, 겹겹이 닫힌 궁궐 문을 들어갈 수 없어
27 以額扣關閽者怒. 이마로 닫힌 문을 두드리자 문지기가 화를 내네.
28 白日不照吾精誠, 밝은 태양은 내 정성을 비춰 주지 않고
29 杞國無事憂天傾. 기나라에 일 없이 하늘 무너질까 걱정하는 꼴이 라 하지만,
30 猰貐磨牙競人肉, 알유가 이빨을 갈며 사람고기를 다투더라도
31 騶虞不折生草莖. 추우는 살아 있는 풀줄기도 꺾지 않는 상황이라네.
32 手接飛猱搏彫虎, 나의 손은 날아가는 원숭이도 잡고 호랑이도 때려잡으며
33 側足焦原未言苦. 초원(焦原)의 벼랑 끝 바위에 올라서도 힘들다고 하지 않네.
34 智者可卷愚者豪, 지혜로운 자는 뜻을 품을 줄도 알지만 어리석은 자라면 호기를 부리는 법인데
35 世人見我輕鴻毛. 지금 세상 사람들은 나를 기러기 털처럼 업신여기네.
36 力排南山三壯士, 힘으로 남산을 밀어낼 수 있는 세 명의 장사들이 있어도
37 齊相殺之費二桃. 제나라 재상이 그들을 죽이는 데는 복숭아 두 개만 썼을 뿐이고,
38 吳楚弄兵無劇孟, 오와 초는 군대를 동원하면서 극맹이 없었으니
39 亞夫咍爾爲徒勞. 주아부는 "너희는 헛수고하고 있다"고 비웃었네.

40 梁甫吟, 〈양보〉 노래는

41 聲正悲. 그 소리가 정말로 슬프구나.

42 張公兩龍劍, 용의 정기를 가진 장화의 두 검처럼

43 神物合有時. 신령스런 물건들은 합쳐질 때가 있는 법이라네.

44 風雲感會起屠釣, 바람과 구름이 만나려 하면 백정이나 낚시꾼도 일어나니

45 大人峴屼當安之. 큰 인물은 불안하더라도 마땅히 안정을 찾아야 하리.

이 시는 〈양보[梁甫吟]〉인데, 재능이 있는 자를 알아주지 않는 세태를 비판하면서 세상이 자신을 알아줄 때가 반드시 오리라는 기대를 표현하였다. 우선 제1~2구에서는 자신에게 언제 봄날이 올 수 있을까라고 말하면서 사람들이 자신의 재능을 알아줄 때가 오기를 기다리는 마음을 표현하였다. 이로써 시 전체를 관장하면서 주제를 전달하였다. 제3~11구에서는 백정일과 낚시로 평범한 사람처럼 지내다가 문왕을 만나 재상이 된 강태공의 예를 들어 비록 나이가 들어 평범하게 보이더라도 비범한 재능은 반드시 알려지게 마련임을 주장하였다. 제12~20구에서는 역이기가 유방에게 유세한 고사를 인용하였는데, 그가 비록 술주정뱅이였지만 호방한 기세로 간알에 성공하여 결국 큰 공로를 세웠다고 말하면서, 술만 마시고 소일한다고 해서 내면에 가지고 있는 기상을 무시하면 안 된다고 주장하였다. 제21~33구에서는 자신이 천자를 찾아가 재능을 펼쳐 보이려고 하였지만 실패한 경험을 쓰고 있다. 하지만 호방한 기상을 가지고 있어서 그런 실패에는 연연하지 않는 모습을 애써 보이고 있다. 제34~39구에서는 지혜로운 자를 쓰지 않으면 무슨 일이든 결국 헛수고일 뿐이라고 하면서 지혜로운 자를 인정하지 않는 어리석은 세태를 비판하였다. 제40~45구에서는 아직 때

가 되지 않아 자신의 재능을 인정받지 못하고 있지만, 언젠가는 그런 날이 오리라는 믿음을 가지고 지금 너무 슬퍼하거나 불안해하지 말고 담담하게 처신해야 한다는 다짐을 하였다.

이 시가 전달하려고 하는 내용은 첫머리와 마지막에서 분명하고 간명하게 드러나 있으며, 중간 중간에 여러 가지 전고를 적절하게 배치하면서 그 뜻을 더욱 풍부하고 설득력 있게 전달하였다. 우선 제4~9구와 제13~18구에서 각각 강태공과 역이기에 관한 역사적 사실을 자세하게 언급한 뒤에 이어서 제10~11구와 제19~20구에서 자신의 견해를 언급함으로써 두 고사를 인용한 목적을 분명하게 나타내었다. 여기서는 신빙성 있고 잘 알려진 역사전고를 사용하여 자신의 주장에 대한 객관성을 높임으로써 설득력을 높이는 효과를 거두고 있다. 다음에는 천자를 알현하는 과정을 서술하였는데, 상당히 환상적인 분위기를 연출하면서 비유적으로 표현하였다. 용을 타고 하늘로 올라가서 상제를 만나려는 상황을 묘사한 뒤에 기나라의 어리석인 사람, 알유와 추우 같은 전설 속의 동물, 초원의 바위와 같은 일화 등 비교적 현실성이 떨어지는 소재들을 사용하였다. 앞의 역사전고와는 달리 자신이 직접 환상적 분위기의 주인공이 되도록 하여 그 상황을 더욱 생생하고 직접적으로 전달하였다. 하지만 이렇게 환상적이고 비현실적인 분위기를 묘사한 뒤에 다시 제34~35구에서 당시 상황에 대한 자신의 입장을 분명히 제시함으로써 전달하고자 하는 내용을 확실하게 표현하였다. 그리고는 제나라 재상의 고사와 주아부의 고사와 같은 야사 전고를 다시 사용함으로써 그 내용을 구체적으로 뒷받침하고 있다. 마지막에는 용천검과 장화검과 같은 전설적 이야기를 끌어들여 반드시 자신의 재능을 알아주는 이를 만날 것이라는 확신을 표현하였다. 그리고 마지막 두 구절에서 전달하고자 하는 내용을 다시 분명하게 표현하였다. 이처럼 역사전고, 야사, 신화, 전설, 고사 등 이질적인 성격을 가지는 여러 소재와 이야기를 적절하게 배치하고 또 그 중간 중간에 자신의 주장을 밝히는 방법을 구사하여, 전달하고자 하는 내용을 보다 풍부하고 설득력 있게 표현하였다. 다양한 성격의 소재를 채용하였지만 이들을 모두 하나의 주제 아래 통합함으로써 그 주제를 보다 역동적이고 풍부하게 설명하였다.

2) 중층적 시상 전개

이백의 시에는 장편시가 많은데 대개 다양한 내용의 짧은 단락들을 서로 엮으면서 자신의 뜻을 전하였다. 두보 시의 경우에는 철저하게 계산된 치밀한 장법을 구사하는 것을 특징으로 하지만 이백 시의 경우에는 오히려 그 반대다. 서로 관련이 없는 듯한 내용들을 서로 엇섞으며 나열하여 두서가 없는 듯한 느낌을 주기도 하며, 심한 경우에는 서로 독립적인 내용을 가진 몇 수의 시가 잘못 합쳐졌다는 평가를 받기도 한다. 하지만 그의 시를 잘 음미해 보면 내용상 연관성이 떨어져 보이는 여러 단락을 나열하면서 중층적으로 시상을 전개하여 보다 풍부한 뜻을 전달하는 효과를 거두고 있음을 알 수 있다. 그 예로 〈노군 요임금 사당에서 장안으로 돌아가는 두박화 현령을 보내다[魯郡堯祠送竇明府薄華還西京]〉를 살펴보자.

1 朝策犂眉騧, 아침에 눈썹 검은 명마를 타려고
2 擧鞭力不堪. 채찍을 들려 하니 힘이 부치는데,
3 强扶愁疾向何處, 수심에 병든 몸을 억지로 부추겨 어디로 가는가?
4 角巾微服堯祠南. 모난 두건에 평복 입고 요임금 사당 남쪽으로 가네.
5 長楊掃地不見日, 긴 버드나무 가지가 땅을 쓰니 해가 보이질 않는데

6 石門噴作金沙潭. 석문은 물을 뿜어 금사담을 이루었네.

7 笑誇故人指絕境, 벗들이 절경을 가리키며 웃으며 자랑하니

8 山光水色青于藍. 산빛과 물빛이 쪽보다도 푸르구나.

9 廟中往往來擊鼓, 사당 안에서는 때때로 북소리 울리는데

10 堯本無心爾何苦. 요임금은 본래 무심한데 그대들 무슨 수고인가?

11 門前長跪雙石人, 문 앞에는 쌍을 이룬 석상이 무릎 꿇고 있는데

12 有女如花日歌舞. 꽃다운 여인들 종일 노래하고 춤추네.

13 銀鞍繡轂往復迴, 은 안장에 수놓은 마차가 왔다 갔다 하며

14 簸林蹶石鳴風雷. 수풀을 헤집고 돌을 흔드니 우렛소리가 나고,

15 遠煙空翠時明滅, 멀리 안개 속 하늘의 푸른빛이 때때로 나타났다 사라지는데

16 白鷗歷亂長飛雪. 흰 갈매기가 어지럽게 나니 휘날리는 눈 같구나.

17 紅泥亭子赤欄干, 붉게 칠한 정자의 붉은 난간을

18 碧流環轉青錦湍. 푸른 강물이 휘감아 흐르니 푸른 비단 여울인데,

19 深沉百丈洞海底, 백 길보다 깊어서 바다 밑까지 통하니

20 那知不有蛟龍蟠. 교룡이 숨어 있을지도 모르겠구나.

21 君不見, 그대는 못 보았나

22 綠珠潭水流東海, 녹주담의 물이 동해로 흘러가 버리고

23 綠珠紅粉沉光彩. 녹주의 붉은 화장도 그 광채가 사라져 버렸으며,

24 綠珠樓下花滿園, 녹주루 아래 정원에 가득했던 꽃이

25 今日曾無一枝在. 오늘날엔 한 가지도 남아 있지 않은 것을.

26 昨夜秋聲閶闔來, 어젯밤 가을 소리 내며 서풍이 와서

27 洞庭木落騷人哀. 동정호에 나뭇잎 떨어져 시인을 애달프게 하였네.

28 遂將三五少年輩, 젊은이 서넛을 따라서

29 登高遠望形神開. 높이 올라 멀리 바라보니 몸과 마음이 확 트이는데,

30 生前一笑輕九鼎, 살아 있을 땐 크게 웃어젖히며 천하를 가볍게 보
아야지
31 魏武何悲銅雀臺. 위나라 조조는 어찌하여 동작대에서 슬퍼하였나.
32 我歌白雲倚窗牖, 나는 창문에 기대 〈백운가〉를 노래할 테니
33 爾聞其聲但揮手. 그대는 그 소리 듣고서 손이나 흔들어 주게.
34 長風吹月渡海來, 긴 바람 부는 달밤에 바다를 건너오는데
35 遙勸仙人一杯酒. 멀리서 신선에게 한 잔 술을 권해 주네.
36 酒中樂酣宵向分, 술 마시는 중에 즐거움 무르익고 밤은 깊어 가는데
37 擧觴酹堯堯可聞. 잔을 들어 요임금께 바치니 요임금은 들으시려나.
38 何不令皐繇擁篲橫八極, 어찌 고요에게 빗자루 들려 온 세상을
누비며
39 直上青天掃浮雲. 푸른 하늘에 바로 올라 뜬구름을 쓸게 하지 않았
을까?
40 高陽小飮眞瑣瑣, 고양에서 홀짝이는 술은 정녕 쩨쩨하였으니
41 山公酩酊何如我. 산간이 곤드레만드레된 것이 어찌 나만 할 것이며,
42 竹林七子去道賒, 죽림의 일곱 현인들은 도와는 거리가 멀었고
43 蘭亭雄筆安足誇. 난정의 힘찬 글씨도 어찌 자랑할 정도인가?
44 堯祠笑殺五湖水, 요임금의 사당이 오호의 물을 비웃었지만
45 至今憔悴空荷花. 지금은 쇠락하여 공연히 연꽃만 피었구나.
46 爾向西秦我東越, 그대는 서진으로 가지만 나는 동쪽 월로 갔다가
47 暫向瀛洲訪金闕. 잠시 영주로 향해 금궐에 들를 것이니,
48 藍田太白若可期, 남전산이든 태백산이든 기약할 만하다면
49 爲余掃灑石上月. 날 위해 돌 위 달빛을 쓸어 주게나.

이 시는 장안으로 가는 두박화 현령을 보내는 송별시인데, 작시의 목적인 송별과는 관련 없이 당시 송별연에서 보고 느낀 것을 두서없이

적은 것으로 보인다. 그 내용을 단락별로 정리하면 다음과 같다.

제1~4구: 노쇠한 몸을 이끌고 송별회장으로 가다.
제5~20구: 요임금 사당 주위의 멋진 풍경을 보며 생각에 잠기다.
제21~25구: 진(晉)나라 석숭은 애첩인 녹주와 놀다 덧없이 죽었다.
제26~31구: 허망한 인생과 덧없는 부귀영화를 초월하며 즐겨야 한다.
제32~39구: 〈백운가〉를 부르고 술을 마시며 신선의 흥취를 느끼다.
제40~45구: 옛 사람들보다 더 즐겨야 한다.
제46~49구: 내가 신선이 된 후 다시 만나기를 기원하다.

이 시에 대한 역대의 비평을 보면 둘로 나뉘는데, 한 가지는 변화무쌍하여 기묘하다는 것이며 다른 한 가지는 시의 구조가 정연하지 못하고 논지와 무관한 내용이 삽입되어 산만하기 때문에 다른 사람의 작품이라는 것이다. 그러나 이 시의 주제는 단순히 이별의 아쉬움만을 이야기하는 것이 아니라, 당시 시국이 혼란하여 장안에 들어가더라도 공업을 세울 수 없을뿐더러, 부귀공명이란 것은 허망한 것이고 인간의 수명도 유한한 것이기 때문에 이에 연연하기보다는 자연 속에 은일하여 신선술을 연마하면서 지금 이 순간을 즐기자는 것이다.

이러한 의도를 이해하면서 이 시를 다시 읽어 보자. 제1~4구는 공명의 실현에 실패한 채 늙고 병들어 가고 있는 자신의 상황을 묘사함으로써 생명의 유한함과 공명의 덧없음을 깨우치기 위한 전조를 설명하였다. 제5~20구에서는 요 사당 부근의 멋진 풍경을 묘사함으로써 지금 이 순간이 바로 즐겨야 할 때임을 주장하려는 복선을 설치하였다. 하지만 그 연회의 장소가 요임금 사당이란 것이 아이러니하다. 요임금은 어진 임금으로서 큰 공적을 세웠지만 지금은 죽어 버린 몸이 되었고, 그가 이러한 즐거움을 알았다면 응당 하늘로 올라갔을 터이지만 그렇게 하지 못했으며(제36~39구), 이곳은 이제 연꽃만이 공연히 피어 있는 초췌한 모습으로 변했다(제45구). 따라서 이 시의 배경이 되고 있는 요임금의 사당은 인생과 공명의 무상함을 느끼기에 적절한 공간이다. 제21구부터는 다시 화제를 전환하여 녹주와 석숭의 이야기를 하면서 부귀공명의 허망함을 지적하였다. 이는 아래 구절에서 조조가 동작대에서 슬퍼한 것과 통한다(제31구). 그리고 가을의 동정호는 순임금의 부인들인 아황과 여영이 순임금을 그리워하며 죽은 곳이며, 〈백운가〉는 서왕모와 목천자가 서로 다른 신분으로 인해 다시 만날 수 없음을 슬퍼한 노래다. 이 두 고사는 두박화와의 이별을 슬퍼하는 동시에 인생의 유한함을 슬퍼하는 의미를 가지고 있다. 하지만 또 다른 한편으로, 이백이 두박화에게 〈백운가〉를 부르며 술을 따라 올린 것에는 신선술을 배워 장생불사하여 언젠가는 다시 만나자는 뜻이 내면에 깔려 있다. 그래서 요임금이 신선술을 익히지 않아 죽어 버린 것을 한탄하고는, 지금 이 순간을 즐겨야 한다고 하였다(제36~39구). 그리고 그 노님의 즐거움과 호방함은 죽림칠현, 산간, 난정의 모임을 능가해야 한다(제40~43구). 그러니 이들의 송별은 더 이상 슬픈 것이 아니라, 이후의 영원한 만남을 대비한 잠깐의 헤어짐일 뿐이다.

이상과 같이 이백은 인생의 유한함과 부귀공명의 허망함을 극복하고 지금 이 순간을 즐기자는 생각을 전하면서 이별의 슬픔을 즐거움으로 전환시키고 있는데, 그 사고의 전환이 여러 번의 착종 속에서도 유기적으로 이루어지고 있음을 알 수 있다. 이는 그의 독특한 상상력이 작용한 것으로 그 상상력의 궤적을 따라갈 수 있어야 시의 전체 맥락을 파악할 수 있다. 만일 그렇지 못하면 이 시는 조잡하고 속된 말들을 아무런 연관 없이 그냥 흩뿌려 놓은 것에 불과한 것으로 느껴질 수 있다. 그의 사고 속에서는 이 모든 것들이 하나의 연관체계를 형성하였기 때문에 이러한 시가 창작될 수 있는 것이며, 그 연관체계는 그 누구보다도 뛰어난 상상력을 바탕으로 하고 있다. 들뢰즈는 "표상(re-presentation)"을 설명하면서 이렇게 서로 차이를 지니며 잡다하게 현상하는 것들을 다시 거머쥐어서 '동일한 하나'의 지평에 구속된 것으로 나타나게 하는 활동이라고 하였다. 이러한 표상활동을 통해 차이와 유사성은 오로지 동일적인 것에 종속된 것으로서만 의미를 지닌다. 즉 이 시에 나타난 바와 같이 서로 이질적이며 차이만을 보이는 여러 사건들이 이백의 동일한 상상력 아래 재배치됨으로써 연관된 의미를 지니게 된다. 다양한 계기를 가지는 여러 사건들의 한 면을 각각 포착하여 일관성 있게 배치하는 것은 창조적인 상상력이 뒷받침되어야 가능하다.

이러한 상상력은 때로는 서로 상반되는 것을 연관시키기도 하는데, 이로 인해 하나의 작품 속에 현실과 환상, 기쁨과 슬픔이 공존하기도 한다. 〈태산 유람 6수[游太山 六首]〉는 태산을 노닐면서 느낀 것을 쓴 것인데, 태산의 신령스러운 분위기를 표현하기 위해 신선과 직접 만나 교유하는 모습을 묘사하였다.

四月上太山,	4월에 태산을 오르노라니
石平御道開.	돌길 평평하게 임금님이 가시던 길이 열려 있는데,
六龍過萬壑,	황제의 수레가 만 개의 골짜기를 지날 때
澗谷隨縈迴.	계곡도 이를 따라 휘돌았고,
馬跡繞碧峰,	말발굽 흔적이 푸른 봉우리를 휘감았지만
于今滿青苔.	지금은 푸른 이끼만 가득하네.
飛流灑絶巘,	물줄기가 깎아지른 산봉우리에서 나는 듯 뿌려지고
水急松聲哀.	물이 급하여 소나무 소리가 애달픈데,
北眺崿嶂奇,	북쪽을 바라보니 봉우리들 기묘하고

傾崖向東摧.	기울어진 절벽이 동쪽으로 치우쳐 있으며,
洞門閉石扇,	동굴입구는 부채바위로 막혀 있고
地底興雲雷.	땅 아래에는 구름과 우레가 일어나네.
登高望蓬瀛,	높이 올라 봉래와 영주를 바라보며
想像金銀臺.	신선이 살던 금은대를 상상해 보고,
天門一長嘯,	남천문에서 크게 휘파람 부니
萬里淸風來.	만 리에서 맑은 바람이 불어오네.
玉女四五人,	선녀 네댓 명이
飄颻下九垓.	훨훨 날아서 높은 하늘에서 내려와서,
含笑引素手,	미소를 머금고 흰 손을 내밀어
遺我流霞杯.	내게 유하잔을 건네주니,
稽首再拜之,	머리 조아리고 두 번 절하고 받았지만
自媿非仙才.	신선될 재목이 아닌 것이 절로 부끄럽네.
曠然小宇宙,	내 마음 넓고 넓어져 우주도 작아 보이니
棄世何悠哉.	세상을 떠나서 얼마나 한가로운가.

이 시는 제1수인데, 전반부에서는 태산의 모습에 대해 현실적으로 묘사하였지만, 후반부에서는 선녀가 자신에게 신선들이 마시는 음료를 담은 유하배를 주는 모습을 그렸다. 실제 선녀 같은 모습을 한 여인을 만났을 수도 있겠지만, 이백은 자신의 상상력을 발휘하여 선녀를 만났을 것 같은 환상을 실제로 있었던 일인 양 그리고 있다. 그나마 제1수에서는 실제 풍경이 조금 묘사되어 있지만, 나머지 다섯 수에는 모두 선경으로만 이루어져 있어서 실제와 환상의 경계가 더욱 모호하다. 자신의 상상력으로 만들어진 현실세계와 허구세계를 병렬적으로 접합시킴으로써, 현실세계는 더욱 환상적이게 되고 환상세계는 더욱 현실감을 가지게 되어 독자들에게 보다 실감나는 가상세계를 체험하게 해

준다. 〈문중 동생인 금성위 이숙경과 함께 벽에 그려진 산수화를 촛불로 비춰 보다[同族弟金城尉叔卿, 燭照山水壁畵歌]〉나 〈은좌명께서 오운구를 주신 것에 감사하며[酬殷佐明見贈五雲裘歌]〉와 같은 시에서 이백은 산수화나 오운구의 그림을 묘사하면서 마치 자신이 그 그림 속에 들어가 있는 것처럼 생생하게 묘사하였는데, 그 내용이 비현실적이고 환상적인 것으로 가득 차 있어서 현실과 환상이 동시에 존재하는 효과를 주고 있다. 또 위에서 살펴본 〈노군 요임금 사당에서 장안으로 돌아가는 두박화 현령을 보내다[魯郡堯祠送竇明府薄華還西京]〉나 〈양원[梁園吟]〉과 같은 작품에서는 슬픔과 즐거움이 동시에 존재하고 있다. 이렇듯 하나의 사건에 대한 자신의 감정이 서로 상반되게 나타날 수 있으며, 그 상반된 감정이 전혀 모순되지 않게 존재할 수 있다는 것이 이백 시에 나타난 특징이라고 할 수 있다. 실제와 환상이라는 대립적인 공간과 기쁨과 슬픔이라는 상반된 감정을 하나의 시에 그려진 동일한 사건 속에 나타낸다는 것은 독특한 상상력이 발휘되지 않고서는 실현되기 어렵다. 이백은 기존의 관습적인 사고를 뛰어넘는 유연한 사고를 자신의 시 속에 구현함으로써 이러한 기법을 구사할 수 있었다.

3) 독특하고 다양한 기탁

이백은 자신의 뜻을 표현함에 있어서 직설적인 방법을 사용하기도 하였지만 사물에 자신의 뜻을 기탁하여 표현하는 데도 능했다. 이러한 기탁은 역대로 많은 시인들이 주로 사용한 수법이기는 하지만 이백 시에는 더욱 풍부하고 다양하게 나타났다. 그가 자신의 뜻을 기탁하기 위해 주로 사용한 것으로는 붕새, 봉황, 난초, 궁녀, 버림받은 여인, 부용, 명월주 등을 들 수 있다. 그중 난초에 자신의 신세를 기탁한 예를 살펴보자.

孤蘭生幽園, 외로운 난초가 한갓진 정원에 자라
衆草共蕪沒. 무성한 잡초와 함께 묻혀 버렸으니,
雖照陽春暉, 비록 따뜻한 봄 햇살이 비추었더라도
復悲高秋月. 늦가을 달 뜰 때는 다시 슬퍼지네.
飛霜早淅瀝, 서리가 일찌감치 사락사락 날리니
綠艶恐休歇. 푸르던 아름다움 없어질까 두려운데,
若無淸風吹, 만일 맑은 바람이 불지 않는다면
香氣爲誰發. 향기는 누굴 위해 피울까?

이 시는 〈고풍 59수〉 중 제38수인데, 난초를 읊은 영물시이다. 하지만 이 시는 난초를 직접 보고 읊은 것이라기보다는 자신의 생각을 전달하기 위해 가상의 난초를 설정했다는 인상을 많이 준다. 즉 자신의 감회를 직접적으로 전달하는 대신 무성한 잡초 속에 홀로 핀 난초를 설정한 뒤 자신이 마치 그 난초가 된 것인 양 그 난초의 생각을 기록하였다.

이백은 다른 사람에게 간알을 할 때도 이러한 방식의 기탁을 사용하였는데, 〈배 사마에게 주다[贈裴司馬]〉는 여성의 입을 빌어 자신의 뜻을 피력한 것이다.

翡翠黃金縷, 비취새 깃털과 황금빛 실로
繡成歌舞衣. 수를 놓아 무희의 옷을 만들었는데,
若無雲間月, 만약에 구름 사이의 달이 없다면
誰可比光輝. 무엇에 그 광채를 견줄 수 있을까?
秀色一如此, 빼어난 모습은 이처럼 한결같았으니
多爲衆女譏. 뭇 여인들의 비방을 많이 받았네.
君恩移昔愛, 낭군의 사랑도 예전과 달라져서

失寵秋風歸. 총애를 잃어 가을바람 속에 돌아왔으니,
愁苦不窺鄰, 시름과 고통에도 이웃을 기웃거리지 않고
泣上流黃機. 울면서 검누른 베를 짜는 베틀에 오르네.
天寒素手冷, 날씨가 추워지니 흰 손은 시리고
夜長燭復微. 밤이 오래되니 등불도 희미해지는데,
十日不滿匹, 십일을 짜도 한 필도 채우지 못하고
鬢蓬亂若絲. 쑥대 같은 귀밑털은 실같이 어지럽네.
猶是可憐人, 그래도 어여쁜 이라서
容華世中稀. 꽃다운 얼굴 세상에 드문데,
向君發皓齒, 낭군을 향해 하얀 치아를 드러내니
顧我莫相違. 나를 돌아보고 저버리지 마세요.

이 시는 제목을 보지 않는다면 버림받은 여인의 한스러움을 토로한 규원시라고 할 정도로 간알시로는 상당히 독특한 형식을 가지고 있다. 이 시의 화자는 화려한 비단옷을 입은 미인이다. 그녀는 다른 여인들의 질투로 인해 남자의 총애를 잃고 외로움과 괴로움으로 나날을 보내고 있다. 마지막 네 구절에서는 그래도 자신의 미모를 알아줄 이는 낭군뿐이라서 다시 돌아봐 주기를 바라는 마음을 전하였다. 이렇게 여인의 입을 통해서 자신의 미모를 과시하는 한편 곤궁한 처지를 토로하면서 돌아봐 주기를 바라는 마음을 전달하였다. 간알시는 상대방에게 관직을 청탁하는 것으로 예의와 정성을 다해야 하는 것이며, 자신의 진실한 마음을 솔직하게 직접 상대방에게 전달해야 한다. 그러나 이백은 이런 간알시에서조차 자신을 여성이나 난초에 기탁하여 표현하는 개성적인 시도를 하였다. 이를 통해 자신의 문학적 재능을 과시하고자 하였으며, 그 이면에는 그의 상상력이 작용하였다.

이러한 기탁형식이 보다 발전한 것이 우언시라고 할 수 있다. 우언은 하나의 이야기 속에 기탁을 담은 것으로, 표층의 이야기를 통해서 어떤 사실을 묘사하지만 일종의 비유를 통해서 그 심층의 이야기를 전달하는 것을 목적으로 한다. 비유를 주로 사용하기 때문에 묘사대상은 사람이라기보다는 사물 특히 동물인 경우가 많다. 중국에서 우언시는 그 연원을 《시경》에서 찾아볼 수 있는데 〈올빼미[鴟鴞]〉나 〈꾀꼬리[黃鳥]〉가 대표적이다. 하지만 당대 이전의 문인들에게서는 우언시를 찾아보기 힘들며, 조식의 우언시만 두어 편 있을 뿐이었다. 우언적 요소가 많은 불교가 대중화되고 시가 창작이 활발해진 당대에 이르러서 승려를 중심으로 우언시가 지어지기 시작했는데, 문인으로서는 이백이 그 선두주자라고 할 수 있다. 현재 남아 있는 이백의 우언시는 모두 일곱 수이며 최초로 "우언"을 시 제목으로 사용하기도 하였다. 〈말라죽은 물고기가 강을 건너며 눈물을 흘리다[枯魚過河泣]〉나 〈천마가(天馬歌)〉처럼 옛 악부 제목을 사용하여 짓기도 하였지만, 전반적으로 독립된 시체로서 우언시의 면모를 갖추었을 뿐만 아니라 그 내용을 더 풍부하게 하여 작품성을 제고시켰다. 그중 〈천마가〉는 호방한 기상과 재능을 지녔지만 인정받지 못한 자신을 기탁한 것으로 우언시의 전형일 뿐만 아니라 이백 시의 전형이라고 할 만하다.

天馬來出月支窟, 천마는 월지국의 굴에서 온 것인데,
背爲虎文龍翼骨. 등은 호랑이 무늬이고 골격은 용의 날개라네.
嘶靑雲, 푸른 구름 속에서 히힝거리고
振綠髮, 녹색 갈기를 드날리며,
蘭筋權奇走滅沒. 이마의 힘줄은 비범해서 사라지듯 달리네.
騰崑崙, 곤륜산을 올라
歷西極, 세상 서쪽 끝을 지나는데
四足無一蹶. 네 발은 한 번도 헛디디질 않네.

鷄鳴刷燕晡秣越,	닭이 울 때 연 땅에서 갈기를 빗고 해질녘에 월 땅에서 꼴을 먹으니,
神行電邁躡恍惚.	신령이 지나간 듯 번개가 치는 듯 발길이 보이지 않네.
天馬呼,	천마가 울면서
飛龍趨,	비룡처럼 내달리네.
目明長庚臆雙鳧,	눈은 샛별처럼 빛나고 가슴에는 한 쌍의 오리 모양 근육,
尾如流星首渴烏,	꼬리는 유성 같고 머리는 갈오 같으며,
口噴紅光汗溝朱.	입에서는 붉은빛을 뿜어내고 가슴팍의 땀도 붉네.
曾陪時龍躍天衢,	일찍이 당대의 용을 모시고 하늘 길을 뛰었으니
羈金絡月照皇都.	머리의 금장식 끈이 수도를 비추고,
逸氣稜稜凌九區,	뛰어난 기상 늠름하게 온 천지를 압도하였으니
白璧如山誰敢沽.	산처럼 많은 흰 옥으로도 누가 감히 살 수 있으랴?
回頭笑紫燕,	고개 돌려 자연마를 비웃으니
但覺爾輩愚.	그저 너희들이 어리석다고 느껴질 뿐이었네.
天馬奔,	천마가 내달리며
戀君軒,	임금의 수레를 그리워하네.
駷躍驚矯浮雲翻.	재갈을 당기자 날아오르니 뜬구름이 뒤집히네.
萬里足躑躅,	만 리를 달리다 머뭇거리며
遙瞻閶闔門.	저 멀리 대궐문을 바라보는데,
不逢寒風子,	한풍자를 못 만났으니
誰採逸景孫.	누가 지나가는 태양처럼 날쌘 말의 후손을 가려낼까?
白雲在青天,	흰 구름은 푸른 하늘에 떠 있고
丘陵遠,	언덕은 먼데,
崔嵬鹽車上峻坂,	높다란 소금수레가 가파른 비탈을 오르니,

倒行逆施畏日晩.	낑낑대며 억지로 끌면서 날 저물까 두려워하네.
伯樂翦拂中道遺,	백락이 다듬고 쓰다듬었지만 중도에 버려졌으니
少盡其力老棄之.	젊었을 때 힘을 다 쓰고는 늙어서 버림받았구나.
願逢田子方,	원컨대, 전자방을 만나서
惻然爲我悲.	측은하게 나를 위해 슬퍼해 주었으면.
雖有玉山禾,	비록 옥산의 나무벼가 있다 해도
不能療苦飢.	고통스런 굶주림을 치유할 수 없구나.
嚴霜五月凋桂枝,	오월 한여름의 된서리는 계수나무도 시들게 하는 법이라,
伏櫪銜冤摧兩眉.	구유에 엎드려 원통함을 머금으니 두 눈썹이 처지네.
請君贖獻穆天子,	그대에게 청하노니, 나를 사서 목천자에게 바친다면
猶堪弄影舞瑤池.	여전히 그림자 희롱하며 요지에서 춤출 텐데.

《악부시집》에 따르면, 이 노래는 원래 한대 악부시로 원정 4년(기원전 113)에 지금의 감숙성에 있는 악와에서 기이한 말이 태어난 것을 적은 작품과 태초 4년(기원전 101)에 이사장군 광리가 대완의 왕을 베고 한혈마를 가져온 것을 적은 작품이 있었는데, 그 내용은 단순히 말의 외모를 묘사하면서 그 기상을 찬미한 것이었다. 하지만 이백의 이 시는 천마의 당당하고 힘찬 기상에 대해 긴 편폭으로 생동감 있고 자세하게 묘사하였을 뿐만 아니라, 재능을 인정받지 못하고 늙어 가는 모습을 그려 냄으로써 자신의 모습과 처지까지 생생하게 기탁하였다. 혈기왕성하고 위풍당당한 모습으로 힘차게 뛰어다니는 젊은 천마의 모습과 자신을 알아주는 사람을 만나지 못한 채 소금수레나 힘겹게 끄는 늙은 천마의 모습을 핍진하게 그려 극단적으로 대비시킴으로써 독자들에게 강렬한 인상을 심어 주고 있다. 하지만 마지막에는 늙어서도 여전히 자신을 알아줄 자를 기다리는 기대감을 표현하였는데, 자신의

파란만장한 일생을 천마에 비유하여 자전적인 내용을 서술하면서도 자신을 이끌어 줄 사람을 찾고자 하는 간알의 목적도 가지고 있다.

원래는 간단한 내용을 가진 기존의 악부시를 이렇게 한 편의 완정한 이야기로 발전시켰는데, 이것은 이백의 창조적인 상상력으로 인해 가능했다. 문학적 이미지는 새로운 몽상으로써 더욱 풍요로워지는데, 보이는 대로 쓰는 것이 아니라 작가의 상상력을 동원하여 다양하게 쓸 것을 요구한다. 이백은 고악부 〈천마가〉의 내용을 각색하면서 자신을 천마의 씩씩하고 화려한 모습에 비유하였다. 즉 말의 모습을 그리는 데 있어서 보이는 것을 묘사하는 것이 아니라 자신이 묘사하고 싶은 것을 마치 보는 듯이 묘사하였다. 객체를 묘사하는 것에서 주체를 묘사하는 것으로 바꾼 것이다. 그리고 묘사된 천마의 모습은 두 가지다. 하나는 화려하게 장식하고 멋진 갈기를 휘날리면서 천하를 얕보며 날듯이 달려가는 모습이다. 가슴 근육, 꼬리, 머리, 갈기, 가슴팍의 땀까지 세세하게 묘사함으로써 그 진실성을 더욱 제고시켰다. 이러한 모습은 모두 그의 상상력이 만들어 낸 것이지만 마치 눈앞에 실물을 보고 있는 듯하다. 그리고 그는 원래의 이야기에 다른 이야기를 덧붙이면서 또 다른 천마의 모습을 묘사하였다. 그 천마가 주인을 만나지 못해 소금수레를 끌며 늙어 간다는 이야기다. 원래 이 이야기는 《전국책(戰國策)》에 나오는 백락이 소금수레를 끄는 천리마를 알아보는 고사에 착안한 것이지만 이 고사를 이 악부시에 차용할 수 있었던 것은 자신을 천마에 비유함으로써 가능하였다. 하나의 상상이 또 다른 상상을 가능하게 하였다. 자신을 평소에 씩씩한 천마와 같은 존재로 생각하였기 때문에 지금의 곤궁한 처지를 주인 잃은 천마에 비유할 수 있었다. 이렇게 상상이 상상의 꼬리를 물면서 하나의 장편시가 완성되었다. 그리고 이 시는 이백의 양면적인 모습을 너무나 정확하게 그려내고 있기 때문에 상상력에 의한 허구로 치부되기보다는 그의 진면목을 담고 있는 사실로 인식된다.

또 그는 한 수의 시에서 다양한 소재에 각기 다른 생각을 기탁하면서 적절한 배치를 통해 통일성을 이루어 내었다.

獨漉水中泥,	독록의 물에 진흙이 있어
水濁不見月.	물이 흐리니 달이 비치지 않네.
不見月尙可,	달이 비치지 않는 것은 그래도 괜찮지만
水深行人沒.	물이 깊어 길 가던 사람들이 빠진다네.
越鳥從南來,	월 땅의 새는 남쪽을 따라 날아오고
胡雁亦北度.	오랑캐 땅의 기러기도 북쪽으로 넘어가는데,
我欲彎弓向天射,	내가 활시위를 당겨 하늘 향해 쏘려 하나
惜其中道失歸路.	그들이 중도에서 돌아갈 길 잃을까 안쓰럽네.
落葉別樹,	낙엽이 나무를 떠나
飄零隨風.	바람 따라 날리는데,
客無所託,	나그네는 기탁할 곳 없으니
悲與此同.	그 슬픔이 이와 같구나.
羅帷舒卷,	비단 휘장 펄럭이니
似有人開.	마치 누군가 열고 들어오는 듯.
明月直入,	밝은 달빛만 곧장 들어오니
無心可猜.	무심함을 원망하네.
雄劍挂壁,	명검이 벽에 걸려
時時龍鳴.	때때로 용의 울음소리 내는데,

不斷犀象, 무소와 코끼리는 베지 못하고
繡澀苔生. 무늬는 녹만 슬어 이끼가 자란 듯,
國恥未雪, 나라의 치욕을 아직 씻지 못했으니
何由成名. 어떻게 공명을 이룰까?

神鷹夢澤, 신령한 매는 운몽택에서
不顧鴟鳶. 올빼미나 솔개 따위는 돌아보지도 않고,
爲君一擊, 임금을 위하여 한 번 쳐서
鵬摶九天. 높은 하늘의 붕새를 잡네.

이 시는 〈독록편(獨漉篇)〉인데, 여섯 편의 짧은 시를 이어붙인 옴니버스식의 작품이다. 원래 옛 악부에 있는 제목이지만 "독록"이 의미하는 바는 자세하지 않다. 《악부시집》에 수록된 고악부는 아버지의 원수를 갚겠다는 내용을 쓰고 있는데, 모두 작자의 직접적인 서술과 감정의 표현으로 이루어져 있다. 하지만 이백의 이 시는 개별적인 특정 상황만을 묘사하였기 때문에 그 뜻을 완전하게 파악하기가 어려운데, 역대 평자들은 함부로 그 뜻을 단언하지 말라고 하였으며, 현재까지도 여러 가지 이견들이 존재한다.

하지만 이백이 여섯 이야기를 한 편의 작품으로 구성했을 때는 분명 전달하고자 하는 내용이 있었을 것이다. 우선 가장 그 뜻이 분명한 다섯 번째 편을 보면 웅검이 나라의 치욕을 씻지 못하고 공명을 이루지 못한 상황을 적고 있다. 특히 "나라의 치욕"이라고 하였으니 안녹산의 난이 일어났을 당시 자신이 떨쳐 일어나지 못한 채 남쪽 여산으로 몸을 숨겼던 상황과 관련 있을 것이다. 그러므로 첫 번째 편에서 독록의 물이 흐려서 달빛이 비치지 않고 사람들이 빠지는 상황은, 난리로 인해 천자가 피신을 가고 백성들이 고통당하는 모습을 쓴 것이라고 생각할 수 있다. 그리고 두 번째 편에서는 고향으로 돌아가는 새들을 바라보면서 이들을 쏴 잡고자 하지만 고향 가는 길을 잃을까 걱정하는 모습을 그렸는데, 이를 통해 고향을 잃고 떠도는 존재로서의 동병상련을 표현함과 동시에 혼란한 와중에서 해야 할 바를 이루지 못하고 방황하는 신세임을 투영하였다. 세 번째 편에서는 나무에서 떨어진 낙엽을 읊어서 자신이 의지해야 할 바를 잃어버리고 떠도는 신세를 한탄하였으며, 네 번째 편에서는 아무도 찾아오지 않고 달빛만 비치는 여인의 방을 표현하여 나그네의 외로움을 적음과 동시에 자신을 돌아보지 않는 천자에 대한 원망을 비유하였다. 마지막 여섯 번째 편에서는 높이 하늘을 날아올라 봉새를 잡는 용맹한 매를 표현하여 자신의 드높은 기상을 다시 떨치겠다는 의지를 표현하였다. 이렇게 흐린 독록의 물, 날아가는 새, 떨어지는 나뭇잎, 빈 방에 비치는 달빛, 갑 속의 칼, 신령한 매 등 상이한 이미지가 나타내는 비유를 적절하게 조합함으로써, 당시의 혼란 속에서 자신의 지향을 잃어버린 채 떠도는 이백의 슬픔과 외로움을 표현하였으며, 언젠가는 이를 극복하려는 의지 또한 드러내었다.

이 시에서는 여러 상황을 아무런 매개 없이 그냥 흩뿌려 놓았다는 느낌을 받는다. 각각의 개별 상황은 일반적으로 독자적인 의미를 가지는 것이지만, 이들이 한데 모이면 그 개별적 의미는 새롭게 인식되어야 한다. 즉 개별 상황들 간의 관계망을 파악하여 통일된 맥락 속에서 각 단편들을 다시 해석해야 한다. 아마도 이백 자신은 이 시를 쓸 때 이러한 통일된 관계망을 지니고 있었을 것이다. 즉 자신의 뜻을 펴기 위해서 여러 상황을 연상하고 연결했을 것인데 이 과정에서 그의 독특한 상상력이 발휘되었을 것이다. 독자가 그 연결된 관계망을 쉽게 추리하지 못할수록 그 상상력은 독특한 것이라고 할 수 있다. 혹은 개별적일 수도 있다. 일반적으로 비유가 보편성을 띠면 그것은 더 이상 비유로서의 문학적 가치를 가지지 못한다. 너무나 상투적이기 때문이다. 그렇다고 비유가 너무 작가 개별적인 것이 되어도 문학적 가치가 없다. 지나치게 자의적이기 때문이다. 보편성과 개별성의 적절한 균형을 갖추어야 훌륭한 비유가 될 수 있으며, 이러한 비유를 통해 작가의 훌륭한 상상력이 입증된다. 이백은 이 시에서 자신만의 독창적인 상상력을 발휘하여 여러 개별 상황들을 나열해 놓았다. 동시에 여러 상황을 흩뿌려 놓으면서도 희미한 연결고리를 설치해 두었다. 다섯 번째 편의 "국치(國恥)"와 여섯 번째 편의 "위군(爲君)"이 바로 그것이다. 여섯 번째 편의 신령한 매에 관한 이야기는 《유명록(幽明錄)》에 나오는 초 문왕의 일화인데, 이 일화에서 왕은 익명의 왕이어도 되고 매는 그저 누군가가 바친 신기한 존재일 뿐이다. 하지만 이 시에서는 다섯 번째 편의 "국치"와 맞물리면서 매는 나라를 구제할 존재가 되며, 이백 당시의 구체적인 정세와 맞물리면서 안녹산의 난과 연결되어 왕은 현종을 의미한다. 이에 맞추어 다른 단편들도 일반적인 의미가 아닌, 이 시 안에서의 독특한 의미가 발현된다. 이렇게 해서 이백의 독특한 상상력이 발휘된 하나의 훌륭한 비유가 되었다.

어떤 소재에 대한 이미지는 고정되어 있는 것이 아니라 상이한 배치 속에서 다른 이미지를 나타내는데, 이는 맥락 속에서 파악해야 된다. 이백은 자신의 뜻을 표현하기 위해 독특한 상상력을 발휘하여 이러한 여러 소재들을 생각해 냈을 것이고, 그 의도 하에서 순서만을 제시했을 뿐이다. 그가 여러 단편을 한데 모아 배치할 때 가졌던 상상의 맥락을 따라가는 것이 이 시를 감상하는 열쇠가 된다. 독자가 이 시를 읽어내는 상상력이 바로 그의 상상력이고, 그가 독자들에게 요구하는 상상력이다. 이렇게 이백의 상상력은 독자들에게 전이되기도 한다.

2. 경계적 대비

이백은 체제 내부와 외부를 넘나들면서 자신의 이상을 실현하기 위해 노력하였지만, 결국 실패와 좌절로 귀결되면서 그 어느 영역에도 속하지 못한 채 경계 위의 존재로 남아 있으면서 슬픔과 외로움을 느꼈다. 그는 자신이 동경하는 영역으로 들어가 자신의 정체성을 확보하고자 하였지만 결국 자신의 영역을 확보하지 못한 채 부유하는 삶을 살 수밖에 없었다.

이러한 그의 경계적 지위는 시에 여러 경계적 상황을 만들었다. 경계에 선 존재는 양쪽의 어느 영역으로 들어가지 못하고 그저 바라볼 뿐인데, 이로 인해 양쪽을 번갈아 바라보는 화자의 시선을 창출하였다. 그리고 경계에 서서 바라보는 저 너머의 공간으로 적극적으로 편입되지 못한 채 방관하는 태도를 보임으로써 여러 공간을 확연히 분리시켰다. 이러한 공간의 분리는 시공간의 분할로 확대되었는데, 과거의 이상적인 상황과 현재의 실패한 상태를 확연히 구분하여 대비시켰다.

1) 양쪽을 바라보는 시선

이백은 체제의 내부와 외부를 동경하였지만 그 어느 곳에서도 정착하지 못하고 경계에 머물러 있으면서 양쪽으로 보이는 각 영역을 저 너머로 바라보았다. 이러한 경향은 그의 문학작품에서 양쪽을 바라보는 시선으로 나타났다.

1 吳會一浮雲,　　오회 지방에 뜬구름 하나 있어
2 飄如遠行客.　　정처 없기가 먼 길 떠난 나그네 같으니,
3 功業莫從就,　　공적은 이룰 길이 없는데

4 歲光屢奔迫.　세월은 번번이 빠르게 치달리네.
5 良圖俄棄捐,　훌륭한 계책도 한순간에 내팽개쳐지고
6 衰疾乃綿劇.　노쇠와 질병이 더욱 심하여,
7 古琴藏虛匣,　옛 금은 빈 갑에 넣어 두었고
8 長劍掛空壁.　긴 칼은 빈 벽에 걸어 놓았네.
9 楚懷奏鍾儀,　초 땅 생각하며 음악을 연주한 종의 같고
10 越吟比莊舃.　월 땅의 말로 신음하는 장석과 비슷하니,
11 國門遙天外,　수도의 문은 하늘 밖에 아득하고
12 鄕路遠山隔.　고향 길은 산 너머 멀리 있네.
13 朝憶相如臺,　아침에는 사마상여의 누대를 그리워하고
14 夜夢子雲宅.　밤에는 양웅의 옛 집을 꿈꾸니,
15 旅情初結緝,　나그네의 심정은 막 얽히고설키고
16 秋氣方寂歷.　가을 기운은 적막하기만 하네.
17 風入松下淸,　바람 들어 소나무 아래가 맑고
18 露出草間白.　이슬 맺혀 풀잎 사이는 하얀데,
19 故人不可見,　옛 친구를 볼 수 없으니
20 幽夢誰與適.　이 근심스런 꿈을 누구와 함께 할까?
21 寄書西飛鴻,　서쪽으로 날아가는 기러기에게 편지를 부쳐
22 贈爾慰離析.　그대에게 주어 만날 수 없는 이 심정을 위로하려네.

이 시는 〈회남에서 병으로 누웠다가 감회를 써서 촉에 있는 조유 징군에게 부치다[淮南臥病書懷, 寄蜀中趙徵君蕤]〉인데, 강남 지역인 회남에서 병으로 누워 있다가 당시의 감회를 써서 촉 지방에 있는 조유에게 보낸 것이다. 조유는 이백이 젊은 시절 종횡가를 배운 스승인데, 촉 지방은 조유가 있는 곳이기도 하지만 이백에게는 고향과 같은 곳이며 편안한 은일의 삶을 지낼 수 있는 곳이다. 제1~8구에서는 강남 지역

을 떠돌아다니며 공적을 이루지 못한 채 세월만 허비하고 있는 모습을 묘사하였다. 금을 연주하며 풍류를 즐기지도 못하고 검을 휘둘러 세상을 안정시키지도 못한 채, 빈 방을 지키며 자신의 재능과 풍취를 썩히고 있음을 안타까워하였다. 이어서 제9~12구에서는 종의와 장석의 고사를 인용하고는 "수도의 문[國門]"과 "고향 길[鄉路]"을 그리워하는 마음을 표현하였다.《춘추좌씨전·성공(成公) 9년》에 따르면, 종의는 초나라 악관으로 진나라에 포로로 잡혀 왔다. 어느 날 경공이 감옥에서 남방의 관을 쓴 종의를 발견하고는 음악을 연주하라고 하니, 선조 때부터의 관직이라고 하면서 남국의 음악을 연주하였다. 그리고 초나라의 임금에 관해 물으니 아는 바가 없다고 하면서 태자로 있을 때의 일만 언급하였다. 경공이 이러한 일을 범문자에게 이야기하니, "그는 훌륭한 사람입니다. 선조의 직업에 대해 말하는 것은 선조의 유업을 물리치지 않는 것이며, 모국의 음악을 연주하는 것은 모국의 풍습을 잊지 않는 것이고, 임금이 태자 때의 일만 이야기한 것은 임금에 대해서 충성하고 제 몸의 이익을 생각지 않는 것입니다."라고 하고는 그를 석방하여 초나라와 화친을 맺을 것을 권유하였다. 이러한 일화로 보아 이 시에서 장의라는 인물을 통해 표현하고자 한 것은 표면적으로는 고향을 그리워하는 마음이지만, 그 밑바탕에는 자신의 몸을 바쳐 임금께 충성을 다하는 마음이 깔려 있음을 알 수 있다. 그리고 장석은 원래 월나라 사람으로 초나라에서 벼슬을 하였다. 얼마 있지 않아 고향을 몹시 그리워하여 병이 들어 잘 때 월나라 말로 신음했다고 한다. 따라서 이 시에서 장석은 부귀영화에도 불구하고 고향에 가고자 하는 마음을 나타낸다. 이렇게 종의와 장석의 고사를 인용함으로써 이백은 나라에 충성을 다하고자 하는 마음과 고향으로 돌아가서 은일하고자 하는 두 가지 마음을 표현하였다.

이러한 마음은 다음 구절에서 양쪽으로 향하는 시선으로 뚜렷하게 드러난다. 즉 "수도의 문[國門]"은 하늘 밖에 아득하고 "고향 길[鄉路]"은 산 너머 멀리 있다. 한쪽으로는 천자가 있는 장안을 향하고, 다른 한쪽으로는 조유가 있는 고향을 향한다. 하지만 두 방향 모두 아득히 멀고 산으로 가로막혀 있어 바라보기만 할 뿐 가지는 못한다. 제 13~14구에서는 사마상여의 누대와 양웅의 집을 언급하였다. 이는 성도에 있는 두 사람의 유적을 말한 것으로 사마상여가 금을 타고 노닐었던 누대와 양웅이 《태현경》을 쓴 집을 가리킨다. 이백이 전반부에서 금과 검을 언급하며 자신의 풍취와 공업을 이루지 못한 것을 한탄하였는데, 사마상여의 금과 양웅의 《태현경》은 이를 이어받는 것으로 보인다. 즉 사마상여처럼 금을 타고 노닐며 유유자적하는 생활을 하고 싶은 마음과 양웅처럼 뛰어난 업적을 이루어 자신의 이름을 영원히 남기고자 하는 마음을 표현하였다. 또한 이들의 유적이 있는 성도는 조유가 지금 머물고 있는 곳이기도 하다. 그는 이백의 스승이었지만 지금은 자신의 처지를 알아주고 같이 유유자적하는 생활을 할 수 있는 지기이기도 하다. 외지에서 혼자 쓸쓸하게 지내고 있는 이백의 외로움을 달래 줄 수 있는 사람이기에, 그에게 막역한 교유를 갈망하는 시선을 보냈다. 이렇게 이백은 한편으로는 공명을 이루고자 하고 다른 한편으로는 고향으로 돌아가 친구와 더불어 유유자적하는 생활을 하고자 하는 마음을 동시에 드러내고 있으며, 이는 수도와 고향을 번갈아 바라보는 두 개의 시선으로 나타났다. 정해진 목적지가 없이 떠돌아다니는 "나그네의 심정[旅情]"이 두 가지 생각으로 "얽히고설킨[結緝]" 가운데 그는 가을 기운 속에서 적막하게 보낼 수밖에 없었다. 그래서 마지막 구절에서는 이러한 마음을 함께 나누고 위로받을 수 있는 친구가 없이 외로워하며 편지로만 마음을 전할 뿐이라고 하였다.

이러한 양방향적인 시선은 〈강남에서 봄에 생각하다[江南春懷]〉에서도 발견된다.

靑春幾何時,	푸른 봄은 그 얼마인가?
黃鳥鳴不歇.	꾀꼬리가 끊임없이 지저귀는데,
天涯失鄕路,	하늘가에서 고향 가는 길을 잃고는
江外老華髮.	강 밖에서 흰 머리로 늙어 가네.
心飛秦塞雲,	마음은 진 땅 요새의 구름으로 날아가지만
影滯楚關月.	그림자는 초 땅 관문의 달에 묶여 있어,
身世殊爛漫,	내 신세가 유달리 떠돌다보니
田園久蕪沒.	전원이 오래도록 황폐해졌네.
歲晏何所從,	만년에 무엇을 따르리오?
長歌謝金闕.	긴 노래 부르며 궁궐을 떠났다지.

첫 두 구절에서는 꾀꼬리가 끊임없이 지저귀는 봄이 얼마나 갈 것이냐고 물으면서 또다시 찾아온 봄을 즐길 수 없음을 탄식하였다. 제3~4구에서 그 이유를 설명하였는데, 변방을 떠돌며 고향으로 가지 못하고 세월만 보내고 있기 때문이다. 하지만 이백의 마음은 또 다른 곳을 향하였으니, 구름을 따라 진 땅의 요새로 갔다. 여기서 진 땅의 요새는 다름 아닌 천자가 있는 장안을 가리킨다. 그리고 자신의 그림자는 지금 초 땅 관문에 묶여 있다. 자신이 이렇게 떠돌아다니는 동안 고향의 전원은 오래도록 황폐해져 있을 것이고, 이제 늘그막에 자신이 할 것은 그 황폐해진 고향의 전원으로 돌아가는 일뿐이다. 관직에 대한 미련이 있기는 하지만 이미 자신은 그곳을 떠났고 다시는 돌아가지 못한다. 여기서도 이백의 시선은 두 곳으로 향한다. 하나는 고향이고 다른 하나는 장안이다. 여생을 유유자적하게 보낼 수 있는 고향을 그리워하면서도 천자가 있는 장안에 대한 미련을 완전히 버리지는 못한다. 비록 마지막 두 구절에서 체념하는 듯한 모습을 보이지만, 체념하겠다는 언급 자체가 아직 미련을 버리지 못한 것을 의미한다.

위에서 든 두 예에서는 이백의 시선이 좌우로 향하였다면 상하로 시선을 나눈 경우도 있는데, 이는 〈고요한 밤의 그리움[靜夜思]〉에 잘 드러나 있다.

牀前看月光, 침대머리에서 달빛을 바라보니
疑是地上霜. 마치 땅에 서리가 내린 듯하네.
擧頭望山月, 고개 들어 산 위에 뜬 달을 바라보고
低頭思故鄕. 고개 숙여 고향을 그리워하네.

이 시는 환한 달빛에 잠에서 깨어난 뒤 하늘에 뜬 달을 보며 고향을 그리워한다는 간단한 내용을 담고 있다. 애초에 그는 자신의 방에 있는 침대에 누워 있었다. 침대는 자신만의 내부 공간을 형성하고 있으며 누워 있음으로 해서 안락함을 느낄 수 있다. 그때 달빛이 창 너머로 들어오는 것을 느낀다. 방의 바깥에서 안쪽으로 달빛이 들어와서 자신의 안락함이 방해를 받게 되고 잠에서 깨어나 서성인다. 이제 그의 시선은 창 쪽으로 향한다. 아니면 마당으로 나왔을 수도 있다. 창은 집의 내부와 외부를 나누는 경계이고 마당 역시 집 안과 집 바깥을 연결하는 경계적 공간이다. 그 달빛이 창을 통해 방바닥을 비추고 또 마당을 비추고 있다. 마치 서리가 하늘에서 땅으로 내려오듯이 그 빛이 내려와서 바닥을 비춘다. 하늘에는 달이 환하게 비추고 있고 바닥에는 그 달빛으로 온통 환하게 빛난다. 그래서 그의 시선은 위의 달을 한 번 바라보고는 아래의 바닥을 바라본다. 그리고 고향을 그리워한다. 그의 시선은 멀리 위아래를 바라다보기만 할 뿐이고 자신의 몸은 창밖으로, 또는 마당 밖으로 나가지 못한다. 시선은 저 멀리까지 향하고 있지만 몸은 나가지 못한 채 그 경계에서 머뭇거리고 서성인다. 그렇다면 그가 경계에서 본 것은 무엇일까? 시선이 아래로 향하면서 본 것은 바닥

위의 달빛이고 생각한 것은 고향이다. 그렇다면 시선이 위로 향하면서 본 것은 무엇인가? 달이다.

이백의 시에서 달이 의미하는 바는 많지만, 평자들은 대부분 이 시의 달을 고향을 그리워하는 매개체로 설명하였다. 하지만 반드시 그렇게 제한할 필요는 없다. 이백의 시문에 나타나는 달의 이미지는 외로움이나 이상세계를 드러내는 것이 대부분이다. 우선 외로움은 단지 고향에 대한 그리움만을 의미하는 것이라 자신의 절대고독을 의미한다. 이 세상에 자신을 알아줄 이가 없어서 함께 노닐지 못할 때 불러오는 것이 바로 달이다. 그리고 그 달과 함께 무정한 교유를 하고 싶어한다. 따라서 하늘에 있는 달은 그의 절대고독을 위로해 줄 상대다. 더 나아가 그는 달과 함께 노닐면서 세속을 떠나 유유자적하는 생활을 하기도 한다. 또한 달은 이상세계를 나타내는데, 때로는 황제가 있는 곳을 의미하여 자신의 재능을 이룰 수 있는 장소이기도 하고, 때로는 신선이 되어 장생불사를 이룩할 수 있는 곳이기도 하다. 그가 '적선'임을 상기한다면 자신이 있어야 할 곳은 이 인간세상이 아니라 바로 달에 있는 선궁임은 말할 필요가 없다. 그래서 그는 그 달을 잡으려다가 채석기에 빠져 죽었는지도 모른다. 하지만 이 모든 것을 이루지 못한 채 그는 그 달을 창 너머로 또는 마당을 서성이면서 바라보기만 할 뿐이다.

그러고는 고개를 숙여 바닥에 비친 달빛을 바라보면서 고향을 그리워한다. 그렇다면 그의 고향은 어떤 곳인가? 그의 인생에 있어서 고향은 자신이 태어난 곳이고, 자신이 어릴 적 생활했던 촉 지방이며, 자신의 가족이 있는 곳을 의미한다. 하지만 이들보다 더 근본적인 의미의 고향이 있었으니, 이는 바로 현실세계에서 실패와 좌절로 인한 슬픔과 외로움을 위로받을 수 있는 곳이다. 자아의식이 강하고 자아 성취 욕망이 강했던 그가 위로를 받을 수 있는 궁극적인 곳은 자신의 이상을 실현할 수 있는 장소밖에 없다. 따라서 하늘의 달과 바닥의 달빛은 동전의 양면과 같은 것이다. 둘 다 그가 평생 실현하고자 했던 이상을 말한다. 다만 하늘의 달은 자신이 실현하고 싶었던 이상을 상징하고, 바다의 달빛이 상기시키는 고향은 자신의 실패를 위안 받는 장소일 따름이다. 하늘의 달은 자신이 과거에 추구했었던 이상이고, 바다의 달빛은 앞으로 자신이 추구하고자 하는 이상이다. 이러한 상념 속에 그는 다시 침대로 돌아와 눕지도 못하고 하늘의 달로 올라가지도 못한 채, 하늘과 바다 양쪽을 번갈아 보면서 자신의 이상에 대해 생각하였고 또 그것이 이루어지지 못한 안타까움에 잠겼다.

2) 공간의 분리와 대비

경계에 머물던 이백은 양쪽에 있는 어느 영역으로도 들어가지 못하고 단절된 채 바라보기만 하였다. 이로 인해 그의 시에는 자신을 포함하고 있는 공간을 다양한 방법으로 분리하고 대비시킴으로써 다른 공간으로 넘어가지 못하는 모습을 묘사하는 경우가 종종 보인다. 이를 통해 다른 공간과의 단절감을 드러내었으며 그 속으로 들어가 함께 어울리고 즐길 수 없는 안타까운 감정을 증폭시켰다.

金樽淸酒斗十千, 금 술 단지의 맑은 술은 한 말에 만 냥이고
玉盤珍羞直萬錢. 옥쟁반의 진귀한 안주는 만 전짜리이지만,
停杯投筯不能食, 잔을 멈추고 젓가락 던진 채 먹지 못하고
拔劍四顧心茫然. 칼을 빼들고 사방을 바라보니 마음이 아득하네.
欲渡黃河冰塞川, 황하를 건너려 하나 얼음이 강을 막았고
將登太行雪暗天. 태항산을 오르려 하나 눈으로 하늘이 어둑하여,
閑來垂釣碧溪上, 한가하면 푸른 시내에서 낚시 드리우다가
忽復乘舟夢日邊. 홀연히 또 배를 타고서 태양 가로 가는 꿈을 꾸네.

行路難,　　　　갈 길 험난하구나,
行路難,　　　　갈 길 험난하구나.
多歧路,　　　　갈림길은 많은데
今安在.　　　　지금 나는 어디에 있는가?
長風破浪會有時, 긴 바람이 파도를 깨는 날은 반드시 오리니
直挂雲帆濟滄海. 곧장 구름 같은 돛 달고 푸른 바다를 건너리.

이 시는 〈갈 길 험난하구나 3수[行路難 三首]〉 중 제1수다. 지금 이백은 좋은 술과 진귀한 안주가 차려진 연회에 참석하고 있다. 하지만 가슴이 답답하여 술과 안주를 먹지 못한 채 사방을 바라볼 뿐이다. 넓은 황하를 건너가고 싶지만 얼음으로 덮여 있고 태항산을 오르려 하지만 흰 눈이 가득하다. 얼음 언 황하와 눈 덮인 태항산이 실경은 아니지만 좋은 술과 안주가 차려진 연회자리와는 극명한 대비를 이루고 있다. 비록 자신의 육체가 있는 자리는 연회자리이지만 자신의 정신은 얼음이 언 황하를 건너기 위해 그리고 눈 덮인 태항산을 오르기 위해 강어귀와 산자락에서 추위에 오들오들 떨고 있다. 그 다음 구절에는 또 다른 공간이 제시된다. 푸른 시내에서 낚시를 드리우다가 배를 타고 태양가로 간다. 이는 위수에서 낚시질을 하다가 문왕을 만나 재상이 된 강태공의 일과, 해와 달을 좇는 꿈을 꾸었다가 탕 임금의 초빙을 받아 재상이 된 이윤의 일을 쓴 것으로, 자신의 재능을 알아주는 이를 만나 공적을 세우는 일을 말한다. 그러기 위해서는 얼음 언 황하를 건너야 하고 눈 덮인 태항산을 넘어야 한다.

이 시에서는 세 가지 공간이 제시되고 있다. 첫째는 화려한 연회공간으로 지금 이백이 실제로 존재하고 있는 공간이다. 하지만 이는 그가 머무르고 싶지 않아 떠나고자 하는 공간이며, 자신이 여기가 아닌 다른 곳에 있어야 함을 상기시켜 주는 공간이다. 나머지 두 공간은

이백의 머릿속에 존재하는 가상공간이다. 연회공간을 떠나 도달하고자 하는 목적지와 관련된 공간이다. 그 하나가 황하와 태항산이 있는 공간이다. 얼음이 언 황하와 눈 덮인 태항산은 자신의 처지를 대변하고 있는 공간이다. 다른 하나는 푸른 시내가 있는 공간이다. 이는 자신을 목적지로 데려다 줄 수 있는 이상적인 공간이다. 이곳을 통과하면 자신의 목적지로 갈 수 있다. 푸른 시내가 있는 곳으로 가기 위해서는 지금 자신이 있는 화려한 연회 자리를 박차고 나와 얼음이 언 황하를 건너고 눈 덮인 태항산을 건너야 한다. 그러면 그곳에서 배를 타고 자신의 최종 목적지인 태양 가로 갈 수 있다.

지금 이백은 황하와 태항산 앞에 있으며 그곳에는 갈림길이 보인다. 하나는 다시 돌아와 연회를 즐기며 현실에 안주하는 것이고, 다른 하나는 춥고 힘들지만 황하를 건너고 태항산을 넘어 푸른 시내가 있는 곳으로 가는 것이다. 그래서 배를 타고 태양 가로 가는 것이다. 마지막 두 구절은 어느 한 방향을 선택하여 제시한다기보다는 갈림길에서 어디로 갈지를 고민하는 상황이 사라진 상태를 말한다. 즉 갈림길 자체가 사라지고 자신의 이상이 실현된 후에 마음속의 갈등이 사라진 상황을 말하며, 지금 이백의 눈앞에도 있고 마음속에도 있는 여러 공간들의 경계가 사라진 상황을 말한다. 하지만 이러한 여러 공간들의 경계가 사라진 상황으로 가는 길이 너무 험하다. 현실을 타개하여 자신의 이상을 성취하려는 주관적 열망의 강렬함을 드러내지만 오히려 그 강렬함으로 인해 현재의 고난이 더욱 부각된다.

현재 이백에게는 세 가지 공간이 주어져 있다. 현재 자신이 현실적으로 처해 있는 화려한 연회자리, 심리적으로 처해 있는 황하와 태항산, 그리고 자신이 가고자 하는 푸른 시내와 태양 가. 연회자리는 화려하기는 하지만 자신에게 만족감을 주지 못하고 오히려 소외감을 느끼게 한다. 그 연회에 적극적으로 참여하여 즐거움을 느끼지 못하고서 거리감을 유지하고 있다. 황하와 태항산은 극복해야 하는 공간이지만 현재 자신이 어찌할 바를 모른 채 고통을 받고 있는 곳이다. 푸른 시내와 태양 가에 가고자 하는 욕망은 크지만 그곳은 황하와 태항산으로 인해 너무나 멀리 떨어져 있다. 이백은 연회공간과 푸른 시내 공간과는 거리를 유지한 채 그 어느 쪽으로도 가지 못하고, 그 경계에 있는 황하와 태항산에 머물러 있다. 이렇게 세 공간을 뚜렷이 구분한 뒤 각 공간에 대한 자신의 태도를 분명히 표명함으로써, 화려한 연회에서 즐거움보다 소외감을 느끼는 이유, 이상을 이루고자 하는 강렬한 욕망, 하지만 그 이상을 이루지 못하는 현실의 고통 등 마음속에 있는 복잡다단한 심리를 분명하게 표현하였다.

이러한 공간의 분리와 대비의 기법은 자연 속에서 좋은 경관을 즐기지 못하는 회한을 표현할 때도 유용하게 사용되었다. 〈봄날 홀로 술을 마시다 2수[春日獨酌 二首]〉 중 제1수를 살펴보자.

1 東風扇淑氣,	동풍이 맑은 기운을 부채질하여
2 水木榮春暉.	물가 나무가 봄볕에 꽃을 피우더니,
3 白日照綠草,	밝은 태양이 푸른 풀을 비추자
4 落花散且飛.	떨어진 꽃잎은 흩어져 날리네.
5 孤雲還空山,	외로운 구름은 빈산으로 돌아가고
6 衆鳥各已歸.	무리지은 새들도 각기 이미 돌아가,
7 彼物皆有託,	저들은 모두 기탁할 곳이 있는데
8 吾生獨無依.	내 삶은 홀로 의지할 곳이 없어서,
9 對此石上月,	여기 바위 위에 뜬 달을 바라보며
10 長醉歌芳菲.	오래도록 취해 향기로운 꽃과 풀을 노래하네.

이 시는 봄날 경치 좋은 곳에서 홀로 술을 마시면서 느낀 감정을 쓴 것

이다. 제1~4구에서는 사방에 봄기운이 완연한 모습을 묘사하였는데, 이는 이백이 술을 마시며 바라본 경관이다. 이렇게 아름다운 경관 속에서 술을 마시면서 그는 세속의 온갖 상념을 잊었을 것이다. 이 공간은 자신에게 편안함을 제공하는 이상적인 공간이다. 하지만 시간이 흘러 해가 저물자 이 공간에 변화가 생긴다. 푸른 하늘을 떠다니던 구름은 산으로 돌아가고 자기 옆에서 지저귀던 새들도 둥지로 돌아가 버렸다. 자신과 같이 놀아 주던 구름과 새는 스스로를 의탁할 곳으로 떠나가 버렸지만 자신은 의탁할 곳이 없음을 깨닫는다. 도연명은 〈가난한 선비를 읊다[咏貧士]〉에서 "만물은 각자 의탁할 곳이 있지만 외로운 구름만 의지할 곳이 없네.[萬族各有託, 孤雲獨無依.]"라고 하여 자신을 외로운 구름에 비유하며 의지할 곳 없음을 안타까워하지도 하였지만, 〈《산해경》을 읽고[讀山海經]〉에서는 "뭇 새들은 의탁할 곳이 있음을 기뻐하고 나 역시 내 오두막을 아낀다네.[衆鳥欣有託, 吾亦愛吾廬.]라고 하여 자신에게도 의탁할 곳이 있음을 만족하며 살기도 하였다. 지금 이백에게는 이 두 가지 감정이 혼재해 있다. 한편으로는 의탁할 곳 없어 외로운 신세를 한탄하는 마음이 있고 다른 한편으로는 그래도 그럭저럭 만족하며 살아가고 싶은 마음이 있다. 이 두 가지 마음이 복합적으로 작용한 것이 바로 마지막 두 구절이다. 바로 자신을 떠나지 않고 남아 있는 달과 꽃을 즐기며 술을 마시는 것이다.

이 시에서도 이백은 세 개의 공간을 설정하였다. 첫째는 봄기운이 충만한 이상적인 공간이다. 둘째는 만물이 제 집으로 돌아간 뒤 공허함과 외로움을 느끼는 공간이다. 셋째는 술 마시고 취해 있는 공간이다. 이 시의 세 공간은 시간적으로 변화하는 공간이다. 봄기운이 충만한 공간에서 구름과 새가 없는 공간으로 변했다. 구름과 새가 사라지자 의탁하지 못함을 안타까워하는 공간으로 바뀌었지만 술을 마심으로써 또다시 애오라지 의탁할 만한 공간으로 변했다. 앞에서 살펴보았듯이 음주 행위는 그 자체로 경계성을 가지고 있다. 즉 이상공간과 현실공간의 중간에 위치하면서, 술에 취하면 이상공간으로 넘어가고 그 술이 깨면 현실공간으로 돌아온다. 이 시에서 이백은 이상공간과 현실공간을 거쳐서 결국 그 경계의 위치에 머무르고 있다. 시간별로 공간의 성격을 달리하면서 그 공간들을 분리한 뒤 각 공간에 대해 자신의 태도를 대비시킴으로써, 봄날 해질녘에 술을 마시며 느낀 감정의 추이를 효과적으로 표현하였다.

또, 〈금마문에서 소 수재에게 답하다[金門答蘇秀才]〉라는 시는 한림공봉으로 재직하고 있을 때 은거하려는 소 수재에게 답하는 것으로, 앞부분에서는 현재 천자를 모시고 있으면서 권세를 누리고 있지만 자신이 원했던 정치적 공명은 이루지 못한 채 은일의 약속도 지키지 못하는 자신의 처지를 서술하였고, 뒷부분에서는 소 수재가 은일한 후의 유유자적하는 모습을 상상해서 묘사하였다. 한편으로는 천자를 보좌하면서 관직에 머물러 있지만 공을 세울 수 있는 길은 보이지 않으며, 다른 한편으로는 속세의 부귀영화를 버리고 은일하고자 하지만 공명에 대한 욕망으로 인해 관직을 버리지 못하는 이백의 딜레마를 나누어 서술하였다. 이러한 딜레마를 이해한다면 두 사람의 상황에 대한 극명한 대비를 통해 이백의 경계적 모습을 뚜렷하게 발견할 수 있다. 또 〈앵무주(鸚鵡洲)〉의 "난초 잎이 안개 속에 펴 있어 향기로운 바람은 따뜻하고, 복숭아꽃도 강둑에 펴서 수놓은 듯 물결이 생겨나네. 떠돌이 나그네가 지금 괜스레 멀리 바라보는데, 긴 모래톱의 외로운 달은 누구를 향해 빛나는가?[煙開蘭葉香風暖, 岸夾桃花錦浪生. 遷客此時徒極目, 長洲孤月向誰明.]"에서는 아름다운 경관을 앞에 두고 즐기지 못하는 나그네의 외로움을 표현하였는데 이 역시 객체와 주체 간에 그어진 선을 넘지 못하고 방관할 수밖에 없는 주변인으로서의 모습을 드러내고 있다.

3) 시간 축의 분할과 대비

이백의 경계적 성격은 공간적인 대비뿐만 아니라 시간적인 대비로도 나타난다. 과거, 현재, 미래를 연결하는 시간 축을 분할한 뒤 현재를 과거와 미래의 경계로 삼아 묘사함으로써 흔들리고 불안한 감정을 드러내는 경우가 많다. 대개 과거는 자신이 이상적으로 생각한 상황을 묘사하고, 현재는 그러한 이상적인 상황이 실현되지 않은 상태를 언급하며, 미래는 현재의 갈등이 해소되어 이상적인 상황이 전개되기를 바라는 구조를 가지고 있다. 과거의 사건들을 현재라는 시간으로 불러내는 것은 단순히 과거 사실을 회상하는 것이 아니라, 현재의 욕망에 기초하여 의식적으로 불러내는 것이다. 현재의 상태가 불안하고 흔들릴 때는 과거의 이상적인 상황을 다시 불러내게 되고, 또 미래에는 그런 상황이 이루어지기를 바라게 된다. 그래서 불안한 현재를 살면서 끊임없이 과거를 지향하는 삶을 살게 되며, 이는 시간 축의 분할을 통한 대비로 나타난다.

韓信在淮陰, 한신이 회음에 있을 때
少年相欺凌. 젊은이들이 그를 능멸했지만,
屈體若無骨, 몸을 굽혀 뼈도 없는 듯하면서도
壯心有所憑. 씩씩한 마음은 믿는 것이 있었네.
一遭龍顏君, 한번 용안의 임금을 만나자
嘯咤從此興. 큰 소리로 호령하며 이로부터 일어나서,
千金答漂母, 빨래하던 아낙에게 천금으로 보답하니
萬古共嗟稱. 만고의 모든 이들이 칭찬하였네.
而我竟何爲, 그러나 나는 결국 어찌 되었는가?
寒苦坐相仍. 추위와 고통이 이어지네.

長風入短袂,　세찬 바람이 짧은 소매로 들어오니
內手如懷冰.　손을 집어넣어도 얼음을 품은 듯하며,
故友不相恤,　옛 벗들도 불쌍히 여기지 않는데
新交寧見矜.　새 친구들이 어찌 가엽게 여기리오.
摧殘檻中虎,　우리 속의 호랑이처럼 풀이 죽었고
羈紲韝上鷹.　가죽토시 위의 매처럼 매여 있으니,
何時騰風雲,　어느 때에나 풍운에 뛰어 올라
搏擊申所能.　때리고 치며 내 능력을 펼 수 있을까?

이 시는 〈신평의 젊은이에게 주다[贈新平少年]〉인데, 한나라의 한신과 자신의 상황을 비교하면서 자신의 신세를 한탄하는 것이다. 제1~8구에서는 옛날 한신의 일생을 간략하게 요약하였는데, 회음의 저자에서 부랑배들에게 놀림을 당한 것, 유방을 만나서 큰 공적을 세운 것, 자신이 굶주리고 있을 때 먹을 것을 준 빨래하던 아낙에게 천금으로 보답한 것 등을 써서, 타인의 멸시와 고난을 극복하고 마침내 공적을 세우고 만고의 모든 이들에게 칭송을 받았음을 표현하였다. 제9~16구에서는 현재 한신처럼 타인의 홀대와 추위 속에서 고통받고 있는 자신의 모습을 표현하였다. 그리고 마지막 두 구절에서 한신처럼 자신의 능력을 발휘할 때가 오기를 바라는 마음을 드러내었다. 세 부분으로 이루어진 이 시는 확연히 과거, 현재, 미래를 구분하고 있으며, 그사이에는 어떠한 연결 장치를 두지 않고 단순히 병렬적으로 나열하였다. 하지만 이러한 극명한 대비를 통해 이백이 말하고자 하는 바는 더욱 분명하게 드러난다. 당시 아마도 신평의 젊은이들이 그를 얕보거나 업신여겼을 것이다. 그래서 그는 회음의 저자에서 부랑배들의 가랑이 사이로 기어가는 수모를 당했던 한신을 생각했다. 아마도 당시 그는 추위와 배고픔 속에서 주위 사람들의 도움을 구했지만, 옛 친구도 자신을 모른 체하고 새로 사귄 친구들 역시 불쌍히 여기질 않았을 것이다. 그래서 그는 굶주림에 지쳤을 때 빨래하는 아낙에게 밥을 얻어먹은 한신을 생각했다. 하지만 한신은 자신의 마음속에 씩씩한 뜻을 품고 있었기에 결국 어려움을 극복하고 임금을 만나 세상을 포효하는 영웅이 되었다. 그리고 이백은 지금 "우리 속의 호랑이처럼 풀이 죽었고, 가죽 토시 위의 매처럼 묶여" 재능을 발휘하지 못하지만 언젠가는 자신도 한신 같은 영웅이 되어 현재의 수모를 씻어버리고자 한다. 그러나 미래의 상황을 말하는 마지막 두 구절은 그다지 낙관적이고 희망적이지는 않다. 현재의 위치가 불안하기 때문에 미래 역시 흔들리는 모습으로 그려지고 있다. 이렇게 과거의 이상적인 모습이 미래에 다시 전개되리라는 가능성을 회의적으로 표현함으로써 미래에 대한 절망과 과거의 이상 상황에 대한 갈망은 더욱 커지게 되고 현재 상황에 대한 괴로움 역시 더욱 깊어지게 된다.

이러한 구성은 〈율양 북쪽 호수 정자를 노닐다가 와옥산을 바라보며 옛일을 적어서 함께 노닐던 이에게 주다[遊溧陽北湖亭, 望瓦屋山懷古, 贈同旅]〉와 같이 노닐면서 쓴 시나 〈급히 써서 독고명 부마도위께 드리다[走筆贈獨孤駙馬]〉와 같은 간알시 또는 〈천마가(天馬歌)〉와 같이 자신의 기상을 표현하는 시 등 여러 작품에서 보이는데, 주로 역사 전고를 길게 인용하거나 예전 상황을 회상하는 경우에 뚜렷이 보인다.

때로는 과거와 현재를 구분하면서도 중첩시켜 과거를 현재까지 확장하면서 대비시키는 수법을 사용하기도 하였는데, 대표적인 예로 〈고풍 59수〉 중 제29수를 들 수 있다.

1 三季分戰國, 삼대의 말기에 천하가 전쟁터로 분열되어
2 七雄成亂麻. 칠웅은 헝클어진 삼실이 되었으니,
3 王風何怨怒, 왕풍의 시들이 어찌 그리도 원망하여 노했던가?

4 世道終紛拏. 세상의 도가 끝내 혼란해져서라네.
5 至人洞玄象, 도에 지극한 이는 하늘의 이치에 통달하여
6 高擧凌紫霞. 높이 날아 자줏빛 노을을 넘어갔으니,
7 仲尼欲浮海, 공자는 바다에 떠가고자 했고
8 吾祖之流沙. 우리 조상인 노자는 사막으로 가버렸네.
9 聖賢共淪沒, 성인과 현인이 모두 사라졌으니
10 臨岐胡咄嗟. 갈림길에 서서 어찌 탄식하리오?

제1~4구에서는 춘추전국시대에 주나라의 왕도정치가 사라지고 세상이 혼란에 휩싸였던 상황을 묘사하였다. 이어서 제5~8구에서는 공자와 노자의 이야기를 적었는데, 하늘의 이치에 통달하여 도에 지극한 이들이 혼란한 세상을 떠나 멀리 가버렸음을 말하였다. 그리고 마지막 두 구절에서는 이렇게 공자와 노자가 모두 사라졌으니 자신도 갈림길에서 탄식하지 않고 그 길을 따르겠다고 하였다. 제1~8구까지는 춘추전국시대의 상황을 묘사하였고 마지막 두 구절에서 자신의 감회만을 적고 있어서, 표면적으로는 시공간의 대비가 이루어지고 있지는 않다. 하지만 왕도가 사라져서 혼란한 춘추전국시대는 당시 이백이 처했던 당나라의 혼란한 시기와 그다지 다르지 않아서 과거와 현재의 구분이 무의미하다. 그래서 제1~8구에서 언급한 시간은 과거이기도 하고 현재이기도 한 것으로 과거를 현재로 확장시킨 것이다. 제9구에서 말한 성인과 현인이 모두 사라진 사실 역시 춘추전국시대의 일이기도 하지만 당나라에도 동일하게 적용시킬 수 있기 때문에 과거가 현재까지 연결되어 있다. 마지막 구절에서 탄식을 하지 않겠다는 이백의 다짐은 현재의 상황이며, 이로 미루어 미래의 상황을 짐작할 수 있다. 즉 주저 없이 공자나 노자를 따라서 이 혼탁한 세상을 떠나겠다는 것이다. 이렇듯 현재가 비교적 짧게 언급되어 있고 미래는 기술되어 있지 않지

만, 과거의 기술 속에서 그 내용을 충분히 상상할 수 있다.

이 시에서는 과거의 공간을 둘로 나누고 있다. 하나는 세속의 혼란한 공간이고 다른 하나는 공자와 노자가 세속을 떠나 머물고 있는 공간이다. 그리고 전자의 공간은 현재의 공간으로 연장되어 있으며, 후자의 공간은 미래의 공간으로 이어져 있다. 과거의 사실을 기술하면서 공간을 분할하여 각기 다른 시공간으로 확장시켰다. 따라서 과거의 공간 속에는 이백의 현재와 미래가 녹아 있다. 그러나 이렇게 뚜렷한 과거의 시공간이 현재의 갈등을 해결하여 분명한 미래로 이끌지는 못한다. 왜냐하면 현재의 이백과 과거 사이에는 보이지 않는 벽이 있기 때문이다. 즉 옛 현인들을 따라 가고 싶지만 결단을 내리지 못하고 배회하고 있기 때문이다. 이렇게 이백은 과거와 거리를 두고 있다. 그리고 공자와 노자가 지금 가 있는 그 공간 역시 이백이 현재 있는 공간과는 거리가 있으며, 미래에도 그곳으로 갈 수 있을지는 확실하지 않다. 이러한 시공간의 분할을 통해 시간적 공간적 '거리두기'와 같은 효과를 거두고 있다. 즉 과거의 인물과 현재의 나, 공자나 노자가 있는 이상세계와 내가 지금 살고 있는 현실 세계를 교묘하게 대비시킴으로써 '나'의 절망감과 슬픔을 증폭시켰다. 그래서 마지막 구절에서 "호(胡)"자로 반문의 어기를 드러냄으로써 확고한 의지를 드러내는 듯 보이지만, "임기(臨岐)"나 "돌차(咄嗟)"라는 단어는 현재의 상황이 불안정하고 안타깝다는 뜻을 내비치고 있다. 이러한 시간적 공간적 거리두기는 이상 세계와의 시공간적 단절감을 증폭시키면서 자아를 실현하지 못한 현실을 보다 강하게 부각시키는 효과를 거두고 있다.

3. 강렬한 감정 표현

이백이 자신의 이상을 실현하고자 했던 욕망은 그 누구보다도 강렬하였기에 그 실패로 인한 슬픔과 외로움 역시 그 누구보다도 깊었다고 할 수 있다. 이러한 강렬한 욕망은 호방한 기세라는 형식으로 그의 시문학에 반영되었으며, 이로 인해 그의 시풍에 관한 평어 중에 가장 많은 비중을 차지하는 것은 "호(豪)"와 "기(氣)"였다. 그의 호방한 기세에 대해서는 당대의 사람들을 비롯하여 역대 평자들뿐만 아니라 지금의 연구자들에 이르기까지 모두 인정하고 있다.

두보 〈이백에게 부치는 시 20운[寄李十二白二十韻]〉

昔年有狂客,	예전에 미친 나그네가 있었으니
號爾謫仙人.	그대를 쫓겨난 신선이라 불렀습니다.
筆落驚風雨,	붓을 대면 비바람도 놀라고
詩成泣鬼神.	시가 완성되면 귀신도 눈물 흘렸습니다.

장벽(張碧, 785전후 활동) 자신의 시에 대한 서문

이백의 시를 보면 하늘만큼 높고 푸름이 끝이 없는데, 붕새가 거대한 바다를 치니 넘치는 파도가 노하여 뒤집어지는 것 같다.[覽李太白詞, 天與俱高, 靑且無際, 鵬觸巨海, 瀾濤怒飜.]

오융(吳融, 889 진사급제) 〈선월집 서문[禪月集序]〉

우리나라에서 시가를 지을 수 있었던 사람이 적지 않지만 오직 이백을 그 으뜸이라 할 수 있다. 대개 기골을 높이 들어 올렸으며 송영과 풍자의 도를 잃지 않았다.[國朝能爲歌詩者不少, 獨李太白爲稱首. 蓋氣骨高擧, 不失頌詠風刺之道.]

소식(1037~1101) 〈이백의 비문[李太白碑陰記]〉

하후담이 동방삭을 칭송하면서 "총명하고 능숙한 재능, 드넓은 흉금, 광대한 포부에 의지하여, 공경과 재상을 능멸하고 호걸을 조롱하였다. 앞을 막을 자가 없을 정도의 고귀한 사람을 덮어 누르고 부귀하고 권세 있는 사람을 경시하였으며, 출세해도 영광으로 여기지 않았고 비천하게 되어서도 근심스러워하지 않았다. 만승의 군주를 마치 동료처럼 희롱하고 동열의 관원들을 지푸라기처럼 여겼으며, 웅대한 절조는 일반인을 뛰어넘었고 높은 기상은 세상을 두루 덮었다. 그러므로 무리 중에서 빼어나고 세속 바깥을 노닌 자라고 할 수 있다."라고 하였는데 나는 이백에 관해서도 마찬가지라고 말한다.[夏侯湛讚東方生云, 明濟開豁, 包含弘大, 陵轢卿相, 嘲哂豪傑. 籠罩靡前, 跆藉貴勢, 出不休顯, 賤不憂戚. 戲萬乘若僚友, 視儔列如草芥, 雄節邁倫, 高氣蓋世. 可謂拔乎其萃, 游方之外者也. 吾于太白亦云.]

방효유(1357~1402) 〈이백을 찬미하다[李太白讚]〉

당나라의 치세가 이미 극에 달하여 기운이 막히고 펼 수가 없자, 호방한 인물을 태어나게 하여 하늘의 기이함을 쏟아 주었다. 우뚝 솟은 이백은 웅대함이 한 세상을 뒤덮었으니 마치 기린이 뛰어 놀고 용이 솟아오르는 듯 누구도 제어할 수 없었다. 만물을 하찮게 여기고 천지를 가볍게 여기고서, 미친 듯 부르짖으며 분노하고 꾸짖으니 태양과 달이 그 때문에 치달린다. 때로는 금마문에 들어가고 때로는 옥당에 오르면서 동으로는 푸른 바다를 노닐었고 서쪽으로는 야랑으로 유배가기도 하였다. 마음에 조화의 기미가 촉발되면 진주를 내뿜고 옥을 내쏟으니, 그의 붓과 먹이 있는 곳에 각종 신령이 보우하고 있었다. 이러한 기운의 충만함은 이전에도 없었고 이후로도 없을 것이니, 어찌 눈을 감고 황토 속에 갇혀 있을 것인가? 손으로는 큰 고래를 쳐서 양처럼 몰아 부상에 이르렀고 천궁에 날아올랐다. 옛날 전국시대에 장자가 호방하였는데, 이백이 비록 그보다 뒤에 태어났지만 그 문장은 대등하다 할 수 있다. 저 조무래기 유생들은 기가 얼마나 허약한지 귀신과 같은데, 빼어난 풍취를 올려다보는 것이 마치 호랑이를 바라보는 쥐와 같구나. 문장의 웅대함은 실로 기운이 충만해서이니 후세에 글을 짓는 자들은 이백을 보아야 한다.[唐治既極, 氣鬱弗舒, 乃生人豪, 泄天之奇. 矯矯李公, 雄蓋一世. 麟遊龍驤, 不可控制. 粃穅萬物, 甕盎乾坤. 狂呼怒叱, 日月爲奔. 或入金門, 或登玉堂, 東遊滄海, 西歷夜郞. 心觸化機, 噴珠湧璣. 翰墨所在, 百靈護持. 此氣之充, 無上無下. 安能瞑目, 閟于黃土. 手搏長鯨, 鞭之如羊, 至于扶桑, 飛騰帝鄕. 惟昔戰國, 其豪莊周, 公生雖後, 其文可侔. 彼何小儒, 氣餒如鬼, 仰瞻英風, 猶虎與鼠. 斯文之雄. 實以氣充, 後有作者, 尙視于公.]

왕세정(王世貞, 1526~1590)

이백은 기세를 위주로 하고 자연스러움을 받들었으며 준일하고 탁트인 것을 귀하게 여겼다.[太白以氣爲主, 以自然爲宗, 以俊逸高暢爲貴.]

이러한 호방한 기세를 바탕으로 이백은 자신의 감정을 강렬하게 표현하였다. 자아를 추구하고자 하는 욕망이 클수록 좌절했을 때의 슬픔이 컸기 때문에 기쁨과 즐거움뿐만 아니라 슬픔과 괴로움도 강렬하게 표현하였다. 자신의 감정을 보다 강렬하게 표현하기 위해 다양한 방법들이 사용되었겠지만, 여기서는 대표적으로 과장된 표현, 거대한 자연 경물의 운용, 공간의 압축과 속도감 등에 대해 살펴보겠다.

1) 과장된 표현

중국 고전 시가에서 과장을 쓰는 목적으로는 세 가지가 있다. 첫째는 효과적으로 독자에게 자신의 주지를 전달하기 위해서이다. 둘째는 독자들로 하여금 풍부한 상상력을 일으키게 하거나 문학적 쾌감을 느끼게 하기 위해서이다. 셋째는 표현하고자 하는 대상의 특징과 본질을 확연히 드러나게 하여 독자가 이를 명쾌하게 이해하도록 하기 위해서이다. 이러한 과장은 그 정도가 중요한데 그 정도가 부족할 경우에는 기세가 약해져서 독자들에게 강한 인상을 남겨주지 못하며, 그 정도가 과도할 경우에는 독자들로 하여금 불신감이나 황당함을 주어 설득력이 떨어진다. 하지만 이백은 이러한 과장된 표현을 잘 썼다. 그는 남들보다 훨씬 큰 과장의 정도를 사용하여 더욱 큰 인상을 남겨주면서도 설득력을 획득하는 데 성공하였다. 특히 그의 시에 나타나는 과장은 표현적 기능과 선동적 기능이 강하다. 즉 그는 과장을 통해 자신이 표현하고자 하는 내용을 독자들에게 정확하게 인식시키고, 나아가 그 표현 속에 담긴 자신의 감정을 독자들에게 각인시키는 능력이 뛰어났다. 그의 시에 나타난 과장된 표현은 그 기법에 따라 세 가지 정도로 분류할 수 있다.

첫째, 비유를 통한 과장이다. 주된 소재의 특징을 설명하기 위해 다른 사물을 끌어 온 것인데 원관념과 보조관념의 특성에 있어 상당한 격차를 보여 줌으로써 그 특징을 도드라지게 드러내었다.

〈북풍[北風行]〉

燕山雪花大如席, 연 땅의 산에 내리는 눈송이는 방석만큼 큰데
片片吹落軒轅臺. 펄펄 날려 헌원대에 떨어지네.

〈초서를 노래하다[草書歌行]〉

吾師醉後倚繩床, 우리 스님이 취한 후에 의자에 기대었다가
須臾掃盡數千張. 순식간에 수천 장을 다 써 버리는데,
飄風驟雨驚颯颯, 회오리바람 소낙비 몰아치는 소리에 깜짝 놀라고
落花飛雪何茫茫. 꽃잎 떨어지고 눈발 날리니 얼마나 아득한가?

起來向壁不停手, 일어나서 벽을 향하여 손을 멈추지 않는데
一行數字大如斗. 한 행에 서너 글자씩 크기가 말만 하네.
恍恍如聞神鬼驚, 먹먹하니 귀신 놀라는 소리를 들은 것 같고
時時只見龍蛇走. 나만 때때로 용과 뱀이 달리는 것만 보이네.
左盤右蹙如驚電, 좌우로 굽이치니 빠른 번개 같고
狀同楚漢相攻戰. 형상은 초와 한이 서로 싸우는 것 같네.
湖南七郡凡幾家, 호남의 일곱 군은 모두 몇 가구나 되는가?
家家屛障書題徧. 집집마다 병풍에 그의 글씨가 가득하네.

〈화산의 운대봉을 노래하여 원단구를 전송하다[西岳雲臺歌送丹丘子]〉
西岳崢嶸何壯哉, 화산이 우뚝하게 솟으니 얼마나 장엄한가.
黃河如絲天際來. 황하는 실처럼 하늘가에서 오네.

이상의 예에서는 모두 "如"자를 사용하여 원관념과 보조관념을 구분하였으며, 비유라는 사실을 직접적으로 서술하여 그 특성에 있어서 원관념과 보조관념을 동일시할 필요가 없음을 밝혔다. 따라서 그 특성의 차이가 크더라도 독자들은 비유일 뿐이라는 것을 짐작하고 동일화시키지 않기 때문에 이러한 과장을 비교적 쉽게 받아들일 수 있다. 이러한 점을 감안하더라도 위에 든 예에서는 그 차이의 정도가 상식적인 차원을 넘어 황당하고 터무니없다는 느낌을 주기도 한다. 그러나 이백의 과장은 이러한 터무니없음을 극복하고 극단적 대조를 통해 전달하고자 하는 내용을 보다 정확하게 표현하였다. 첫 번째 예에서는 눈송이가 방석만큼 크다고 하였다. 아마도 이 세상 어느 누구도 눈송이의 크기를 비유하면서 방석보다 큰 사물을 언급하지는 않았을 것이다. 만일 방석보다 더 큰 이불에 비유했다면 과장법이 성립되지 않을 수도 있다. 너무나 터무니없기 때문이다. 하지만 이백은 독자가 납

득할 수 있을 정도에서 가장 극단적인 과장을 통해 자신의 뜻을 전달하는 데 성공하였다. 방석만큼 크다는 과장을 통해 세상 어느 곳의 눈송이보다 연 땅의 눈송이가 크다는 것을 말하였고, 나아가 연 땅의 추위가 엄혹함을 충분히 짐작할 수 있다. 두 번째 예에서는 승려인 회소가 글씨를 쓰는 모습을 표현하였다. 회소는 장욱과 함께 초서로 유명했는데, 당시 이백이 직접 회소가 글을 쓰는 모습을 보고 그 장면을 묘사하면서 갖가지 과장 기법을 총동원하여 과장법의 정수를 보는 듯하다. 여기서 언급하고자 하는 부분은 글씨의 크기를 말[斗]에 비교한 것이다. 말은 곡식의 양을 재는 도구로 20리터 또는 30리터에 해당한다. 비록 벽에 쓴 글씨이기는 하지만 말만 하다는 것은 대단한 과장이며 회소의 광기 어린 필치가 잘 표현되었다고 할 수 있다. 세 번째 예에서는 황하가 실처럼 가늘게 하늘에서 내려온다고 하였다. 중국에서 황하는 가장 큰 강물이지만, 실에 비유함으로써 상대적으로 화산의 높이를 과장하였다. 이를 통해 화산이 매우 높이 솟아 있으며, 그렇게 높은 화산에서 황하가 흘러 내려오는 느낌을 주어 화산의 신성함을 더욱 강조하는 효과를 거두고 있다.

둘째, 대비를 통한 과장이다. 이는 이미 공인된 사실 중 가장 그 정도가 심한 것을 먼저 언급한 다음, 작자가 표현하고자 하는 것을 대비시키면서 그 정도가 더욱 심하다고 하는 방법이다. 이를 통해 그 사물이나 상황의 극단적인 정도를 표현할 수 있다. 또 비교되는 사실에 관해서 이미 독자들이 충분히 인지하고 있기 때문에 그 정도를 쉽게 상상할 수 있으며 작가가 표현하고자 하는 상황을 잘 수용할 수 있다.

〈협객[俠客行]〉

三杯吐然諾,	석 잔 술에 그러마라고 승낙의 말을 토해내니
五岳倒爲輕.	오악이 오히려 가볍네.

〈왕씨가 차가운 밤에 홀로 술을 마시다 생각한 바를 쓴 시에 답하다 [答王十二寒夜獨酌有懷]〉

吟詩作賦北窗裏, 북쪽 창에서 시나 짓고 읊조리지만
萬言不直一杯水. 만 마디 말은 한 잔 물보다 못하네.

〈촉으로 가는 길이 험난하구나[蜀道難]〉

蜀道之難, 촉으로 가는 길이 험난하여
難於上青天. 푸른 하늘에 오르기보다 어렵네.

첫 번째 예에서는 협객의 확고한 신의를 오악에 비유하여 묘사하였다. 이들이 한번 승낙을 하면 그 약속을 반드시 지킨다는 것을 말하면서, 약속의 확고함이 오악보다 무겁다고 하였다. 오악은 중국을 대표하는 산들로 그 무게를 잴 수 없다. 하지만 약속의 확고함을 그 무게에 비교함으로써 협객들의 신의를 분명하게 표현하였다. 두 번째 예는 자신의 재능을 인정받지 못해 근심하는 왕씨에게 전해 주는 말로서, 자신들이 아무리 좋은 시를 지어도 세상의 사람들은 이를 알아주지 않는 상황을 언급한 것이다. "만 마디 말"은 자신들이 지은 훌륭한 시를 가리키고, "한 잔 물"은 자신들의 시에 대한 세상 사람들의 평가로서 매우 하찮은 것임을 나타낸다. 한 잔의 물은 목마른 자에게는 아주 큰 가치를 가지기도 하지만, 여기서는 일상적인 상황에서의 아주 적은 양의 물을 의미하며 별 도움이 되지 않는 것을 의미한다. 자신들이 지은 만 수의 시가 한 잔의 물보다 못하다는 대비를 통해 재능을 인정받지 못하는 안타까운 마음을 적절하게 표현하였다. 세 번째 예에서는 촉으로 가는 길이 험난하다는 말을 먼저 한 뒤에 그것이 푸른 하늘에 오르는 것보다 더 어렵다고 말하여 그 험난함을 표현하였다. 산이란 것은 하늘 아래에 있는 것이어서 하늘에 올라가는 것보다 산에 오르는 것이 더 어려울 수 없는 것이지만, 이백은 이러한 수사를 이용하여 촉으로 가는 길이 높고 험하며 어렵다는 것을 표현하였다. 이러한 과장을 통해서도 그 표현이 부족하다고 생각했는지, 그 뒤에 "황학이 날아도 여전히 지나갈 수 없고 원숭이가 건너려 해도 더위잡고 오르기가 근심스럽다.[黃鶴之飛尙不得過, 猿猱欲度愁攀援.]"라고 하여 그 정도를 보충하였다.

셋째, 숫자를 통한 과장이다. 숫자는 객관성을 담보하고 있는 순서체계이기 때문에 누구나 그 양에 대해서 공통된 사유를 가지고 있다. 따라서 상식적으로 용인된 수보다 더 큰 수를 사용함으로써 사물의 특징을 보다 부각시킬 수 있다. 숫자에 대한 사유에 있어 전통시기 중국인은 현대인과는 약간 차이를 보이는데, 예를 들면 "삼"이나 "구"라는 숫자를 들 수 있다. 이러한 숫자들은 현대인의 사고에서는 그다지 크지 않은 양을 나타내지만 전통시기 중국인들에게는 일반적으로 많은 양을 나타내기 위해 주로 사용하였다. 이백은 이러한 숫자들을 중첩시키거나 "백", "천", "만" 등 더 큰 단위의 숫자를 덧붙여 사용함으로써 그 정도를 배가시켰다.

〈구름 위로 오르는 즐거움[上雲樂]〉

北斗戾,	북두성이 삐뚤어지고
南山摧.	남산이 무너질 때까지,
天子九九八十一萬歲,	천자께서는 영원토록 천년만년
長傾萬歲杯.	오래도록 만세의 술잔을 기울이소서.

〈강하에서 위빙 남릉현령에게 주다[江夏贈韋南陵冰]〉

君爲張掖近酒泉,	그대는 장액을 다스리며 주천에 가까이 있었는데
我竄三巴九千里.	나는 구천 리 바깥의 삼파에 숨게 되었네.

〈양양가(襄陽歌)〉

百年三萬六千日，백 년은 삼만 육천 일인데

一日須傾三百杯. 매일 반드시 삼백 잔을 기울여야 하네.

첫 번째 예에서는 가장 큰 숫자인 "구"를 두 번 곱하여 더 큰 수를 만들었으며 거기에 "만"을 붙여 보다 더 큰 수를 만들었으니, 인간이 만들 수 있는 가장 큰 수를 썼다는 느낌을 준다. 황제의 수명을 표현하는 통상적인 "만세"보다 축원의 강도를 극도로 높인 것이라고 할 수 있다. 두 번째 예에서는 위빙이 있는 주천과 이백이 있는 삼파의 거리를 구천 리라고 하여 멀리 떨어져 있음을 과장하였다. 사실 두 지역 사이의 실제 거리가 이천 리 정도 됨을 감안하면 위에 든 예들과 비교하여 큰 과장이 아닐 수도 있지만, "구천"이라는 숫자가 주는 심리적인 거리는 그 어느 숫자보다도 크다고 할 수 있다. 세 번째 예에서는 두 가지 숫자가 표현되어 있는데, 우선 두 번째 구절의 "삼백" 잔이 과장이다. 매일 술을 많이 마셔야 함을 말하면서 "삼백"이라는 숫자를 상징적으로 말한 것이다. 하지만 첫 번째 구절에 있는 숫자는 과장이 아니다. 왜냐하면 "백 년"과 "삼만 육천 일"은 동일한 시간길이를 나타내기 때문이다. 그럼에도 불구하고 이는 과장으로 볼 수도 있는데, 그것은 "삼만 육천 일"이라는 숫자가 대단히 커서 독자로 하여금 심리적으로 아주 긴 세월이라고 느끼도록 하기 때문이다. 또 다른 예를 들면 "삼천육백 일 기나긴 세월 동안 낚시하다가 기풍과 품격으로 어느새 문왕과 가까이 하였다네.[廣張三千六百鉤, 風期暗與文王親.]"를 들 수 있다. 삼천육백 일은 십 년이며 실제 강태공이 위수에서 낚시를 한 기간이 십 년이다. 따라서 이것은 전혀 과장된 표현이 아니다. 하지만 십 년과 삼천육백 일이 주는 어감의 차이로 인해서 후자가 더욱 길게 느껴진다.

이상에서 보았듯이 이백은 과장된 표현을 사용함에 있어서 그 정도가 평범한 사람의 상상을 뛰어넘는 극도의 수준을 보여 주었을 뿐만 아니라 다양한 수법들을 사용하였다. 이를 통해 자신이 표현하고자 하는 바를 보다 감각적으로 강렬하게 독자들에게 전달하였다.

2) 거대한 자연 경물의 운용

이백의 강렬한 기세가 잘 드러난 표현으로는 거대한 자연 경물을 자유자재로 운용한 것을 들 수 있다. 그는 자기중심적 가치관의 발현으로 인해 자신이 자연과 우주의 중심에 위치하고 있으며 우주와 동등한 지위를 가지고 있다고 생각하였다. 이러한 자연관 및 우주관은 기존의 문인들이 자연과 우주를 대하는 것과는 다른 것이며, 차원을 달리한다고 할 수 있다. 그는 천지를 주머니에 넣고 자연의 원기와 동등하게 되기를 바랐으니, 이를 통해 자신을 조물주의 경지로까지 격상시켰으며, 자연의 모든 것을 자신의 지배하에 둔 셈이다. 따라서 그의 문학작품에 나오는 자연경물들은 작은 풀과 나무도 있지만, 시야를 더욱 높고 더욱 넓게 확장시켜 우주 전체를 아우르고 있다. 우선 이백을 상징하는 동물로 가장 대표적인 것이 붕새인데, 그 붕새의 활동 범위는 그 어느 것보다도 크다고 할 수 있다. 그리고 자신의 존재를 묘사할 때도 그 크기는 상상을 초월하는데, 자신의 가슴속에 황하가 쏟아져 들어간다는 표현에서도 그 일단을 엿볼 수 있다. 이렇게 그는 거대한 우주의 중심에서 우주와 맞먹는 크기를 가지고 있었기 때문에 거대한 자연 경물들을 자유자재로 다루는 모습을 보여 주었다.

〈금릉 봉황대에 술을 차려 놓다(金陵鳳凰臺置酒)〉

置酒延落景,　　술을 차려 놓고 석양을 끌어 오네

金陵鳳凰臺.　　　금릉의 봉황대에서.
長波寫萬古,　　　긴 물길이 만고의 감정을 씻어 버리니
心與雲俱開.　　　마음은 구름과 함께 탁 트이네.

〈숙부이신 이엽 형부시랑을 모시고 동정호를 노닐다가 취한 후에 쓰다 3수(陪侍郎叔遊洞庭醉後 三首)〉 중 제3수

剗卻君山好,　　　군산을 다 깎아 버린다면 좋으리니
平鋪湘水流.　　　상수가 평평하게 흘러가리라.
巴陵無限酒,　　　파릉에는 술이 한없이 많으니
醉殺洞庭秋.　　　동정호의 가을에 마음껏 취해 보리라.

〈동관산에서 취한 후 절구를 짓다(銅官山醉後絶句)〉

我愛銅官樂,　　　나는 동관산의 즐거움을 사랑하여
千年未擬還.　　　천년이 지나도 돌아갈 것 같지 않네.
要須迴舞袖,　　　반드시 춤추는 소매를 휘돌려서
拂盡五松山.　　　오송산을 털어서 없애리라.

첫 번째 예에서 그는 술을 차려놓은 금릉의 봉황대로 석양을 끌어오고 긴 강물로 만고의 감정을 씻어 버린다. 자연의 일부인 석양과 강물을 자신의 용도에 맞추어 마음대로 활용하는 모습을 볼 수 있다. 또, 그 강물로 씻는 자신의 감정은 만고의 감정인데, 일반인의 사소한 감정이 아니라 만고의 시간을 아우르는 감정이기 때문에 이를 씻기 위해서 강물을 끌어오는 것은 격이 맞는 행위다. 따라서 이날 그가 술상을 차려놓은 금릉의 봉황대도 일상적으로 문인들이 흥을 돋우는 그런 자리가 아니라 역사와 우주를 사유하는 자리임을 알 수 있다. 두 번째 예는 동정호에서 술에 취해서 쓴 것으로, 동정호 가운데 있는 군산을 다

깎아버려 상수가 평평하게 흘러가게 한다고 하였다. 아마도 너른 동정호를 바라보는데 군산이 장애가 되어 그의 심기를 거슬리게 했을 것이다. 또는 상수가 평평하게 흘러가지 않고 요동치는 것을 보고는 옛날 순임금을 그리며 죽은 아황과 여영이 생각나서 그 근심을 없애고 싶었을지도 모른다. 그 원인이 어찌 되었건 그는 산을 하나 없애 버리고자 하였고 이는 자신의 욕망을 만족시키기 위한 것이었다. 세 번째 예는 그가 술에 한껏 취해서 춤을 추는 모습이다. 동관산과 오송산은 인접해 있는 산인데, 동관산에서 노니는 것이 너무 즐거워 춤을 추면서 그 소매 깃으로 옆에 있는 오송산을 닳아 없애고자 한다고 하였다. 아마 동관산을 너무 좋아해서 그 산만 놔두고 다른 모든 산을 없애고 싶었을지도 모르겠다. 어찌 되었건 여기서도 그는 자기 마음대로 산을 없애고자 하였다. 이러한 표현들을 통해 자연 경물을 자신의 지배하에 놓고 사유하는 모습을 살펴볼 수 있다. 그리고 이러한 모습을 통해 자신의 감정과 흥취를 보다 노골적으로 표현하였다.

또 이백은 거대한 자연 경물, 예를 들면 해, 달, 별과 같은 것을 직접 다루는 모습을 묘사함으로써 자신의 존재를 거대화시키고 신성화시켰다.

〈태산 유람[游太山 六首]〉 중 제6수

捫天摘匏瓜,	하늘을 어루만져 포과성을 따노라니
恍惚不憶歸.	어리둥절하여 돌아갈 생각을 하지 못하겠고,
擧手弄淸淺,	손을 들어 맑고 얕은 은하수로 장난치다가
誤攀織女機.	잘못하여 직녀의 베틀을 잡아당겼네.

〈태백봉에 오르다[登太白峰]〉

擧手可近月,	손을 뻗으면 달을 잡을 수 있고

前行若無山.　　앞으로 나아가도 다른 산은 없는 듯하네.

〈고풍 59수〉 중 제41수

朝弄紫泥海,　　아침에 자니해를 희롱하고

夕披丹霞裳.　　저녁에 붉은 노을 옷을 걸쳤고,

揮手折若木,　　손을 휘둘러 약목을 꺾어

拂此西日光.　　이 서쪽 태양을 쳤네.

雲臥遊八極,　　구름에 누워 세상 끝까지 노닐다가

玉顏已千霜.　　옥 같은 얼굴로 이미 천 년을 보내고는,

飄飄入無倪,　　표표히 하늘 끝으로 들어가

稽首祈上皇.　　머리를 조아리며 상제께 고하였네.

위의 예에서는 사람이 근접할 수 없는 자연경물을 대상으로 모두 “문(捫)”, “적(摘)”, “거(擧)”, “농(弄)”, “반(攀)”과 같은 동작을 사용하여 직접 다루는 모습을 표현하였다. 하늘을 어루만지며 은하수를 희롱하고, 별을 따고 달을 잡으며 태양을 치는 행위를 통해, 우주의 경물은 자신의 통제 하에 있게 되며 자신은 조물주와 동등한 존재가 된다. 따라서 자신의 행동반경 역시 세계 전체나 우주 전체가 되었는데, 이를 통해 자신이 큰 기세를 가지고 “팔극(八極)”을 노닐고자 하는 마음을 보다 직접적으로 표현할 수 있었다. 일반적으로 행동 이미지는 하나의 상황을 구체적으로 공간 속으로 현실화시키는 기능을 하며, 이런 방식으로 구성된 상황은 인물의 내면적 감응상태를 드러내는데, 이백은 이러한 거대한 행동 이미지를 통해 자신의 강렬한 감정을 표현하였다.

이백은 자신뿐만 아니라 다른 경물을 묘사할 때도 그 범위를 확장시키는 기법을 사용하였다. 〈여산 폭포를 바라보다 2수[望廬山瀑布 二首]〉 중 제2수를 그 예로 살펴보자.

日照香爐生紫煙, 해가 향로봉을 비추어 자줏빛 안개가 피어나는데
遙看瀑布掛前川. 멀리서 폭포를 보니 앞쪽의 시내가 걸려 있는 듯.
飛流直下三千尺, 곧장 내리꽂히는 것이 삼천 척이니
疑是銀河落九天. 은하수가 높은 하늘에서 떨어졌나 의심하네.

이 시는 여산의 폭포를 묘사한 것인데, 하늘의 은하수라는 거대 자연 경물을 이용하여 폭포의 규모를 과장되게 표현하였다. 아래로는 앞쪽의 시내로 확장하였고 위로는 은하수가 있는 하늘로까지 연장하여, 독자들로 하여금 그 길이를 상상함에 있어서 "삼천 척"이라는 객관적 길이를 훨씬 뛰어넘게 한다. 이 외에도 이백의 시문에는 "천(天)", "일(日)", "해(海)", "산(山)"과 같은 거대 경물을 사용한 예가 많은데, 이 역시 이러한 면모를 반영한 것이라고 할 수 있다. 이렇게 거대 자연 경물을 자유자재로 운용하면서 그는 범우주적인 자아를 표출하였으며, 이를 통해 자신의 감정을 표현함에 있어서 보다 강렬한 인상을 심어 주었다.

3) 공간의 압축과 속도감

이백의 시에 표현된 시공간은 규모에 있어서 압도적인 양상을 보여 주었을 뿐만 아니라, 시공간 속을 운행하는 속도에 있어서도 상당히 빠른 모습을 보여 주었다. 이러한 속도감은 강렬한 욕망을 촉각적으로 표현한 것으로, 거대한 공간을 아무런 장애도 받지 않고 순식간에 이동함으로써 거침없는 기세를 보여 주는 한편, 욕망을 조금이라도 더 신속하게 실현하고자 하는 의지를 나타내었다.

朝辭白帝彩雲間, 아침노을 속에 백제성을 떠나니

千里江陵一日還. 천 리나 되는 강릉을 하루에 돌아가네.

兩岸猿聲啼不盡, 양쪽 강둑의 원숭이 울음소리 그치지 않았는데

輕舟已過萬重山. 가벼운 배는 이미 만 겹의 산을 지났네.

이 시는 〈아침에 백제성을 떠나다[早發白帝城]〉인데, 지금의 사천성에 있는 백제성을 아침에 떠나 장강을 타고 호북성 강릉으로 가는 모습을 그린 것이다. 혹자는 이 시가 야랑으로 유배 가다가 사면 받아서 다시 강남으로 갈 때 쓴 것이라고 하는데, 이 시에서 표현된 속도감과 상쾌함을 봤을 때 충분히 그 당시 심정을 표현했으리라고 짐작할 수 있다. 백제성에서 강릉까지는 뱃길로 350~400km 정도 되는 아주 먼 거리로 실제로 천 리에 가까운 거리다. "천 리"라는 수사적 표현이 오히려 사실에 가까울 정도로 실제로 먼 거리이지만 그는 하루 만에 돌아간다고 하였다. 당시 물길이 순탄하고 빠르면 어쩌면 하루 만에 가는 것이 가능할 수도 있었겠지만 며칠이 걸리더라도 그 자신에게는 하루같이 짧은 시간일 수밖에 없다. 양쪽 강둑의 원숭이 울음소리는 사천성의 대표적인 경물이다. 즉 아침에 백제성을 떠나올 때 들었지만 하류 쪽으로 내려올수록 그 소리는 잦아들 수밖에 없다. 하지만 그 소리가 미처 잦아들지도 않아 아직도 자신의 귓가에는 들리는 듯한데, 자신이 탄 배는 이미 산을 만 개나 지났다. 사천성에 산이 많은 것은 사실이지만 만 개가 될 리 없을 터이고 더구나 하루 만에 만 개의 산을 지날 수도 없다. 하지만 여기서 표현하고자 하는 것은 자신이 탄 배가 이미 사천성의 산악지대를 벗어나서 평탄한 물길로 들어섰으며 강릉이 얼마 남지 않았다는 것이다. 원숭이 울음소리가 미처 귓가에서 사라지기도 전에 자신이 탄 배는 이미 강릉에 도착했으니, 천 리나 되는 먼 길을 순식간에 달려온 그 속도감을 충분히 느낄 수 있다. 그리고 그가 탄 배는 "가벼운 배[輕舟]"이다. 이 "가벼움"이야말로 그 속도감

을 더욱 도드라지게 만든다. 배만 가벼울 뿐만 아니라 그의 마음도 가볍고 이 시를 읽는 독자의 마음도 가볍다. 이렇게 큰 공간을 압축시키면서 속도감을 부여하여 자신의 가볍고 상쾌한 마음을 표현하였다.

이러한 표현은 〈강을 가면서 멀리 부치다[江行寄遠]〉에서 "빠른 바람이 조각배에 불어와 해가 질 때는 천 리나 떠나 왔는데, 헤어질 때의 술은 아직 있으나 이미 타향의 나그네가 되었네.[疾風吹片帆, 日暮千里隔. 別時酒猶在, 已爲異鄕客.]"라는 구절에서도 확인할 수 있다. 친하게 지내던 친구들과 헤어지고 배를 타고 멀리 떠나왔는데, 이날도 조각배에 순풍이 불어서 하루에 천 리나 떠나왔다. 헤어지면서 술을 마시고 남은 것을 배에 실었을 터인데, 그 남은 술을 미처 다 마시기도 전에 자신은 이미 천 리 떨어진 타향에 도착해 있다. 혹은 헤어지면서 마신 술의 취기가 미처 사라지기도 전에 천 리 머나먼 곳에 도착했을 수도 있다. 아침에 헤어질 때의 아쉬움과 그 여운이 미처 사라지지도 않았는데, 이제는 돌아갈 수 없을 정도로 멀고 낯선 곳에 와 있다. 여기서는 이러한 속도감을 통해 작별의 아쉬움과 타향살이의 외로움을 더욱 증폭시켜 내고 있다.

공간을 이동할 때 가장 빠른 것은 날아가는 것이고, 이는 중간에 아무런 장애가 없음을 의미한다. 그래서 이백의 시에서는 공간의 이동에 있어서 날아가는 표현들이 자주 등장한다. 이는 이백 시에 나타나는 공간의 이미지가 힘차고 드넓은 기상을 표현하는 것과 관련이 있다. 이를 통해 그의 강렬한 욕망의 크기를 나타내었다.

〈최성보 시어에게 주다[贈崔侍御]〉

風濤儻相因,	바람과 파도를 만약 탈 수 있다면
更欲凌崑墟.	다시 곤륜산을 넘고자 하네.

〈은좌명께서 오운구를 주신 것에 감사하며[酬殷佐明見贈五雲裘歌]〉

爲君持此凌蒼蒼, 그대를 위해 이 옷을 가지고 푸른 하늘을 넘어
上朝三十六玉皇. 높이 올라가 서른여섯 분의 옥황상제를 알현하리라.

〈파동에서 배를 타고 구당협을 지나다가 무산 최고봉에 오르고 저녁에 돌아오며 벽에 쓰다[自巴東舟行經瞿唐峽登巫山最高峰還題壁]〉

日邊攀垂蘿, 태양 가에서 늘어뜨린 여라를 더위잡고
霞外倚穹石. 노을 밖 커다란 바위에 기대었다가,
飛步凌絶頂, 날 듯 걸어서 꼭대기를 넘어서니
極目無纖煙. 눈 닿는 곳까지 보아도 조그만 희뿌연 것도 없네.

〈폭포(瀑布)〉

攝衣凌青霄, 옷을 당기고 푸른 하늘을 넘어가니
松風拂我足. 솔바람이 내 발을 스치네.

첫 번째 예에서는 이백이 최성보 시어의 도움을 받아 자신의 재능을 한껏 펼치고 싶다는 의미로 사용하였다. 여기서는《장자》에 나오는 붕새와 곤의 고사를 이용하였는데, 파도를 가르며 곤이 힘차게 헤엄치다가 회오리바람을 받으면 붕새가 되어 곤륜산으로 날아가겠다는 뜻을 표현하였다. 두 번째 예에서는 은좌명이 준 오운구를 입어 보니 마치 신선이 된 듯한 기분이 드는 것을 표현하였다. 오운구는 마치 신선들이 타고 다니는 구름과 같은 것이어서 능히 날아서 옥황상제에게로 갈 수 있다. 이 두 가지 예는 자신의 바람과 환상과 같은 가상적인 상황을 서술한 것이지만, 모두 날아간다는 행위를 통해서 거침없는 기세와 날렵한 이동을 묘사하였다. 이를 통해 자신의 이상을 펼치고자 하는 강렬한 욕망을 표현하였다. 세 번째 예에서는 무산에 올라가는 과

정을 그렸다. 태양 가에 있는 듯이 높이 솟은 무산을 여라를 부여잡고 올라가다가 중도에 바위에 기대어 쉬었다. 그 후에는 날듯이 걸어가서 꼭대기까지 단숨에 올라가는 모습을 묘사하였다. 원래 "비보(飛步)"는 신선들이 허공을 날듯이 걸어가는 것을 말한다. 이백은 무산을 오르면서 신선의 정기를 받아 몸이 가벼워져서 자신도 신선처럼 허공을 걸어 다닐 수 있게 되었다. 실제로는 그런 신선적인 분위기에 취해서 절로 발걸음이 가벼워진 것을 나타낸 것이다. 산이 높고 험하지만 그 등산 과정이 힘들기보다는 즐겁고 상쾌하다는 것을 이러한 표현을 통해 나타내었다. 네 번째 예에서는 폭포를 묘사하였다. 이 폭포는 지금의 안휘성인 서주의 사공산에 있으며 기암절벽으로 둘러싸인 곳에 사찰과 이백의 독서당이 있다고 한다. 이 구절은 이백이 당시 도가 수련을 하면서 느낀 감정을 적은 것이라고 할 수 있는데, 폭포의 신령스런 정기를 받아서 마치 자신이 신선이 되어 하늘로 올라가는 느낌을 표현한 것으로 보인다. 자신의 발을 스치는 솔바람을 타고 푸른 하늘로 올라가는 모습은 경쾌하고 매우 가벼운 느낌을 주어 도가 수련을 통해 얻은 성과를 한껏 즐기는 마음을 표현하였다.

위에 든 예들이 상쾌한 기분을 나타내는 '가벼운' 날아감이라면 반대로 우울함과 애통함을 나타내는 '무거운' 날아감이 있다. 목적지까지 가고 싶지만 멀리 떨어져 있거나 몸이 매여 있어서 직접 가지 못할 때, 마음만은 바람을 타고 그곳까지 날아간다는 언급을 하는 경우가 종종 있다. 여기서는 날아가는 가벼움이나 상쾌함을 표현하기보다는 상대방과의 사이에 존재하는 장애물을 극복하고 심리적 거리를 좁히는 역할을 한다. 예를 들면, "남풍이 집에 돌아가고픈 내 마음을 불어 주루 앞에 날려 떨어뜨리네.[南風吹歸心, 飛墮酒樓前.]"에서는 동로에 있는 자식을 보고 싶어 하는 마음을 표현하였고, "거센 바람이 내 마음을 불어서 서쪽 함양의 나무에 걸어 놓았네.[狂風吹我心, 西挂咸陽樹.]"에서는 장안으로 떠나가는 이를 그리워하는 마음을 표현하였다. 비록 현실적으로 만나기는 어렵지만 이렇게 마음만이라도 날아간다고 함으로써, 그리움의 정도를 증폭시키면서 상대방에 대한 정감을 더욱 절실하게 나타내는 효과를 거두었다.

이상에서 살펴본 것과 같이 이백은 자신의 강렬한 욕망을 표현하기 위해서 다양한 수사법을 사용하였으며, 또 이러한 것은 우주를 아우르는 큰 기상을 가지고 자기중심적인 가치관을 가지고 있었기 때문에 가능하였다. 자신을 우주의 중심에 두고 우주와 동등한 위치에서 거대 경물들을 자유자재로 운용하면서 속도감 있는 이동을 통해 그는 자신의 감정을 최대한 증폭시켜서 표현하였다.

이백이 자아를 추구하는 과정에서 나타난 주요 특징인 탈주성, 경계성, 강렬함이 그의 문학 표현 방식에 반영된 양상을 살펴보았다. 이로써 이백의 시에 나타난 모든 문학 표현 방식을 포괄할 수 있는 것은 아니지만 상당히 많은 부분이 설명되었다고 생각한다. 이러한 분석이 모두 그의 시문을 통해서 이루어졌다는 한계가 있기는 하지만, 이러한 분석과 시도를 통해 시문에 의해 재구성한 그의 인생과 그의 문학 표현 방식 간의 연관성이 어느 정도 설명될 수 있으리라 생각한다.

제6장

나오며

이상에서 이백의 시문을 통해 자아추구 양상을 분석하고 그 양상에서 나타난 특징들이 시 창작에 어떻게 나타났는지를 살펴보았다. 이백은 성당의 다양한 사상과 지역문화를 접하면서 한 사상에 얽매이지 않는 유연한 사고체계를 형성하였으며, 이로 인해 자기 개성의 발현을 중시하는 자기중심적 가치관을 형성하였다. 그러나 그가 몸담았던 성당사회가 전례 없이 적극적이고 진취적인 운동성을 담보하였음에도 불구하고, 그가 진입하고자 했던 국가 체제는 확고한 봉건적 질서로 수직적 체계를 형성하고 있어서 개인 자아의 발현을 중시하지 않았으며, 오히려 내부로 편입하려는 개인에 대해서는 개성의 발현을 억제시켰다. 따라서 동심원적 구심력을 중시하는 국가 체제에서 자기 개성을 중시하는 가치관은 탈주적인 성격을 띠게 되며, 양자 간에는 갈등이 존재할 수밖에 없었다.

이백 자아추구의 궁극적 목적은 자기중심적 자아의 실현, 즉 '남다른 존재'로서의 자아를 영원히 남기는 것이었다. 이를 위해 그는 네 가지 영역에서 자아를 실현하고자 하였다. 첫째, 역사적 영웅이 되어서 자신의 이름을 영원히 남기고자 하였다. 이를 위해서는 국가 체제로 편입하여 나라를 보위하고 백성을 구제하는 공적을 세우는 것이 필요했다. 그러나 국가 체제로 편입하기 위해 그는 당시 대다수의 문인들처럼 과거 응시나 막부종군과 같은 방법을 채택하지는 않았는데, 이는 이러한 방법들이 체제적 질서와 중화중심적 가치관을 강요하는 경향이 있었기 때문이다. 대신 그는 자신의 재능을 직접 권력자에게 알려 주어 인정받을 수 있는 명망 위주의 방법을 채택하였는데, 주로 도사의 명망을 추구한 "종남첩경", 천자에게 문학적 재능을 인정받는 헌부, 다양한 계층에 대한 간알 등의 방법을 사용하였다. 그는 은자의 명망과 문학적 재능을 인정받아 한림공봉에 일 년 남짓 재직하게 되지만, 그가 가진 자기중심적 가치관은 국가체제와 갈등을 일으키면서 결국 궁궐을 떠났다. 이후 한림공봉의 화려했던 시절을 기억하면서 지속적으로 관직 진출의 욕망을 실현하기 위해 노력하였지만 결국 성공하지 못하였다.

둘째, 신선술과 연단술을 추구하여 영원한 생명을 획득함으로써 자신의 존재를 시간적으로 영원히 확장시키고자 하였다. 이를 위해 여러 도사들을 찾아다니며 연단술을 익히고, 심지어 도록을 전수받기도 하였다. 당시 장생불사의 추구는 현실성과 실재성을 담보하는 것이어서 그의 이러한 시도는 진지한 것이었다. 그래서 신선은 '지금-여기' 존재하는 것으로서, 이백의 시문에 너무나 현실적으로 묘사되고 있다. 그러나 과학적으로 보면 이는 전혀 합리성이 없는 것이어서 실패로 귀결될 수밖에 없었다.

셋째, 자연 속에 은일하면서 유유자적하는 생활을 통해 자연의 이치를 깨닫고 인간의 한계를 극복하려고 하였다. 즉 인간 생명의 유한함과 부귀공명의 덧없음에 대해 철저하게 각성하고, 자연이나 우주와 동일한 지위에 선 존재가 되고자 하였다. 그래서 자연 속에 은일하며 많은 은자와 교유하였지만, 이러한 노력은 세속으로 다시 나가 정치적 공명을 실현하겠다는 또 다른 욕망으로 인해 지속성을 담보하지 못하였다.

넷째, 이상 세 가지 영역에서의 자아실현이 혼자만의 고립적인 활동이어서는 '남다른 존재'로서의 자신을 알릴 수 없었다. 따라서 항상 다른 사람들의 인정이 필요했으며, 다른 사람들과의 교유는 그의 삶에서 중요한 부분을 차지했다. 하지만 교유 방식은 봉건적 신분 체제를 뛰어넘는 수평적이고 자기중심적이었다. 천자를 비롯한 중앙 권력자들과도 허심탄회한 교유를 유지하고자 하였지만, 결국 그들의 질시와 참언으로 끝날 수밖에 없었다. 그리고 오랜 기간의 유랑 속에서 만난 사람들과의 교유도 지속성과 진실함을 유지하지 못한 채 항상 외로움 속에서 지내야 했다.

네 가지 영역에서의 자아추구 양상은 양방향성을 가지고 있었다. 자신이 가진 자기중심적 가치관의 탈주적 성격과 그가 몸담고 있었던 봉건적 국가체제의 구심적 성격이 서로 대립하고 있었으며, 그의 자아추구 양상은 이 두 가지의 방향성을 다 가지고 있었다. 즉 정치적 공명의 실현은 체제 내부를 지향하지만, 그 추구 양상은 탈주적 성격을 띠고 있었다. 또 장생불사의 추구는 기본적으로는 체제 외부를 지향하는 것이지만, 당시 도교의 국가적 부흥, 종남첩경을 통한 관직 진출, 도록의 수여 등과 관련해서는 여전히 체제 내부를 지향하는 성격이 있었다. 자연과의 합일을 통한 인간 한계의 극복은 은일을 통한 체제 외부를 지향하는 것이었지만, 공명 실현이라는 체제 내부를 향한 이상 추구로 인해 지속성을 띠지 못하였다. 교유관계라는 것은 애초에 사회관계 내부의 것이지만, 그는 체제의 틀을 뛰어넘는 교유관계를 형성하고자 하였다. 이러한 양방향성으로 인해 그의 자아실현 추구는 좌절과 실패로 점철되었으며, 그는 슬픔 속에서 한탄의 나날을 보냈다.

이백은 체제 내부와 외부를 왕복하는 무수한 진자 운동 속에서 결국 어느 영역에도 소속되지 못한 채 경계적 존재로서 지내야 했는데 이는 외로움이라는 형태로 나타났다. 또한 반복된 실패와 좌절에도 불구하고 자아추구를 위한 강렬한 욕망으로 인해 지속적으로 자아추구를 위해 노력한 결과 그에게 남겨진 것은 평생 동안의 슬픔과 외로움이었다. 이에는 또 다른 원인이 있었는데, 그것은 '자아추구 영역의 전이'와 '슬픔의 일시적 극복'이었다. 네 가지 자아추구 영역은 '네 개의 고원'을 형성하고 있어서 서로 대립하고 배척하는 것이 아니라 상호 전이하며 보완하는 것인데, 이는 네 가지 자아추구가 각각 '남다른 존재'의 과시라는 큰 틀 내에서 통일적으로 존재했기 때문이다. 즉 어느 한 영역이 주도적인 지위를 차지하는 것이 아니라 고른 강도를 가지고 독립적으로 추구되며, 자신이 처한 개별적인 상황에서 달라진 배치 관계에 따라 그에 걸맞은 상이한 욕망이 발현되었다. 관직에 자신을 등용해 줄 인물을 만나면 정치적 공명과 관련한 욕망이 발현되었으며, 신선이나 도사를 만나면 영원한 생명과 관련한 욕망이 발현되었다. 고즈넉한 자연 속에서 은자를 만나면 자연과의 합일과 관련된 욕망이 발현되었으며, 자신의 재능을 알아주고 막역한 교유를 할 수 있는 사람을 만나면 수평적 교유의 실현이라는 욕망이 발현되었다. 각각의 욕망은 독립적인 영역을 가지고 있어서 개별적으로 발현되며, 각 욕망 사이의 전이는 매우 매끄럽고 그 문턱이 낮아서 자유자재로 이동하는 특성을 가지고 있다. 이러한 전이성으로 인해 그는 지속적으로 자아를 추구할 수 있었다. 그러나 이러한 전이에도 불구하고 그는 전이된 이상을 실현시키지 못하고 또다시 슬픔과 외로움에 잠기는 순환을 반복하였다. 때로는 '급시행락'을 통해 그 순환을 벗어나고자 하였지만, 이는 순간적인 안락만을 줄 뿐이었고, 잠시 동안만 슬픔을 잊게 해 줄 뿐이었다. 이로 인해 그는 무수한 시련 속에서도 이상을 실현하고자 노력하였고, 반복되는 실패 속에서 슬픔과 외로움에 애달파할 수밖에 없었다.

이상과 같은 분석을 통해 그의 슬픔과 외로움이 생겨나게 된 양상을 살펴보았다. 그리고 이러한 자아추구 양상에서 드러난 특징들 즉 탈주성, 경계성, 강렬함 등이 어떠한 문학 창작 방식을 통해 그의 문학 작품에 반영되었는지를 살펴보았다. 탈주성은 체제의 고정관념을 뛰어넘는 상상력으로 발현되었는데, 기발한 소재의 해석과 결합, 중층적 시상 전개, 독특하고 다양한 의미 기탁 등의 문학적 기교로 나타났다. 경계성은 다양한 방식으로 시공간을 분할하는 모습으로 나타났는데, 양쪽을 바라보는 시선, 공간의 분리와 대비, 시간 축의 분할과 대비 등과 같은 표현 기교로 구체화되었다. 자아추구의 강렬함은 분명하고 뚜렷하게 감정을 표현하는 기법으로 나타났는데, 과장된 표현, 거대한 자연 경물의 운용, 공간의 압축과 속도감과 같은 표현수법 등을 들 수 있었다. 이러한 분석을 통해 시문 속에서 분석한 이백의 인생과 그의 시문에 나타난 문학적 특징들이 상호 연관성을 가지고 있음을 알 수 있었다.

위에 언급한 네 가지 영역의 이상 이외에 이백에게는 문학적 재능으로 자신의 존재를 영원히 남기고자 하는 이상이 있었을 것이다. 비록 그의 시문에는 이러한 이상이 뚜렷이 나타난 작품이 적어서 별도로 언급하지는 않았지만, 아마도 그의 잠재의식 속에는 분명 이러한 이상이 있었을 것이다. 그가 살아 있을 당시 그의 문학적 재능은 자타가 공인했던 것이었고, 자신의 존재를 드러내기에 가장 적합한 도구였다. 하지만 그는 겉으로는 이것을 그다지 대수롭지 않게 여겼던 것으로 보인다. 혹은 이러한 재능을 당연시했을 수도 있다. 그러나 그가 어떻게 생각했든지 간에 '남다른 존재'로서 자신의 이름을 영원히 남기고자 하는 그의 이상은 결국 실현되었다. 천 년도 훌쩍 넘어 버린 지금도 그의 이름은 하늘의 별과 같이 반짝이고 있기 때문이다.

이백의 '쫓겨난 신선[謫仙]'이라는 호칭은 여러 가지 의미를 던져준다. 그러나 여태까지 '시의 신선[詩仙]'이라는 호칭과 더불어 그의 신선다운 면모가 호방표일이라는 수식어로 꾸며지면서, 일면만이 과도하게 강조된 경향이 있었다. 또는 호방표일이라는 수사 속에 감춰진 내용이 슬픔이라는 것이 널리 알려진 사실임에도 불구하고, 그 슬픔의 내용이 구체적으로 어떤 것이며, 어떤 과정을 통해 생성되었는지에 관해서는 자세하게 알려지지 않았다. 이 책은 이러한 문제의식에서 출발하였으며, 슬픔을 자기중심적 가치관과 양방향적 자아추구라는 틀로 분석하였다. 그래서 '쫓겨난 신선[謫仙]'은 인간세계로 대별되는 체제 내부와 신선 세계로 대별되는 체제 외부의 중간에서, 신선다움으로 대별되는 자기중심적 가치관을 실현시키고자 했던 이백의 존재를 가장 잘 나타내는 단어라고 생각한다.

이러한 이백의 존재는 당 제국 시기에는 흔치 않은 인물이었지만, 어찌 보면 일탈을 꿈꾸면서도 현실에 얽매여 사는 현대인들에게는 너무나 흔한 인물인지도 모른다. 그래서 오히려 당나라를 비롯한 중국 전통시기 사람들이나 그를 접했던 우리 선조들보다도 현대인들이 더 이백에 공감을 할 수 있고, 그의 슬픔을 통해 카타르시스를 느낄 수 있을 것이다. 이제는 이백의 신선다움이 아니라 인간다움을 통해서 그의 시문을 대중화시킬 필요가 있지 않을까 생각한다. 그가 바랐던 일들이 모두 실패로 귀결되어 눈물을 흘리며 슬퍼하는 모습과 홀로 쓸쓸히 달밤을 거닐며 외로워하는 모습을 통해 우리 자신의 모습을 뒤돌아볼 수 있을 것이다. 또한 자신의 슬픔과 외로움을 호방한 기상으로 애써 삭히려는 태도를 통해 우리 역시 좌절에서 희망을 엿볼 수 있는 힘과 용기를 얻을 수 있으리라고 생각한다. 그러기 위해서는 그의 시문에 대한 보다 정밀하고 세심한 연구가 필요하다고 보며, 이 책이 이러한 면에서도 하나의 조그만 징검다리가 되기를 기원한다.

참고문헌

1. 이백 전집류

李白 著, 淸 王琦 注,《李太白全集》, 北京: 中華書局, 1991.

______, 이영주·임도현·신하윤 역주,《이태백시집》, 서울: 학고방, 2015.

______, 瞿蛻園, 朱金城 校注,《李白集校注》, 上海: 上海古籍出版社, 1978.

______, 郁賢皓 注譯,《新譯 李白詩全集》, 臺北: 三民書局, 2012.

______, 詹鍈 主編,《李白全集校注彙釋集評》, 天津: 百花文藝出版社, 1997.

______, 安旗 編,《李白全集編年注釋》, 成都: 巴蜀書社, 1990.

______, 久保天隨 注解,《李白全詩集》, 東京: 日本圖書センタ-, 1978.

______, 蕭士贇 補注,《分類補註李太白詩》, 臺北: 中華書局, 1979.

______, 詹福瑞·劉崇德·葛景春 等 譯注,《李白詩全譯》, 石家莊: 河北人民出版社, 1997.

2. 이백 시선집류

김용제 역주,《李太白詩選》, 서울: 人間社, 1963.

김용제,《詩酒에 風流를 싣고: 唐詩逸話》, 서울: 正音社, 1970.

손종섭,《이두시신평》, 서울: 정신세계사, 1996.

신석철 역주,《李白詩選集》, 서울: 瑞文堂, 1978.

신하윤 편저,《이백시선》, 서울: 문이재, 2002.

이원섭 역주,《李白詩選》, 서울: 현암사, 2003.

임도현 역해,《이백의 고풍 59수》, 대구: 중문출판사, 2011.

__________,《이백시선》, 서울: 지식을만드는지식, 2013.

장기근 역주,《(新譯) 李太白》, 서울: 明文堂, 2002.

장기근 엮음,《이태백》, 서울: 석필, 2006.

장백일 편역,《(신역) 이백 두보》, 서울: 홍신문화사, 2004.

지영재 편저,《중국시가선》, 서울: 을유문화사, 2007.

진옥경 역주,《(완역) 이태백 악부시: 지상의 꿈 천상의 노래》, 서울: 사람과 책, 1998.

진옥경·노경희 역주,《(완역·해설) 고풍 악부 가음: 이백 시의 정화》, 서울: 역락, 2014.
허세욱 역주,《이백》, 서울: 혜원출판사, 1987.
황선재 역주,《이백오칠언절구》, 서울: 문학과지성사, 2006.
________,《이태백 명시문 선집》, 서울: 박이정, 2013.

3. 이백 관련 단행본

葛景春,《李白思想藝術探驪》, 鄭州: 中州古籍出版社, 1991.
______,《李白與唐代文化》, 鄭州: 中州古籍出版社, 1994.
康懷遠,《李白批評論》, 成都: 巴蜀書社, 2004.
高島俊男 저, 이원규 역,《이백, 두보를 만나다》, 서울: 심산, 2003.
곽말약 저, 오상훈 역,《곽말약이 쓴 이백과 두보》, 서울: 바른글방, 1993.
________, 임효섭·황선재 공역,《李白과 杜甫》, 서울: 까치, 1993.
喬象鍾,《李白論》, 濟南: 齊魯出版社, 1986.
羅宗强,《李杜論略》, 呼和浩特: 內蒙古人民出版社, 1981.
박충록,《이백과 그의 시》, 서울: 泰東, 1989.
裴　斐,《李白十論》, 成都: 四川人民出版社, 1981.
松浦友久 著,《李百傳記論: 客寓の詩想》, 東京: 研文出版, 1994.
安　旗,《李白研究》, 西安: 西北大學出版社, 1987.
안치 지음, 이창숙·신하윤 공역,《(영원한 대자연인) 이백》, 서울: 이끌리오, 2004.
楊海波,《李白思想研究》, 上海: 學林出版社, 1997.
王運熙·李寶均,《李白》, 上海: 上海古籍出版社, 1979.
이병한 등,《中國詩와 詩人: 唐代篇》, 서울: 사람과 책, 1998.
이석호,《이태백과 도교》, 서울: 집문당, 1981.
李長之,〈道教徒的詩人李白及其痛苦〉, 夏敬觀 外篇,《李太白研究》, 臺北: 里仁書局, 1985.
이창룡,《이백: 방랑의 생애와 작품세계》, 서울: 건국대학교출판부, 1994.
이해원,《이백의 삶과 문학》, 서울: 고려대학교 출판부, 2002.
周勛初 編,《李白研究》, 武漢: 湖北教育出版社, 2004.
周勛初,《詩仙李白之謎》, 臺北: 商務印書館, 1996.
中國李白研究會,《中國李白研究, 上, 下》, 南京: 江蘇古籍出版社, 1991.
______________,《中國李白研究》2001~2002年集, 合肥: 黃山書社, 2002.
______________,《中國李白研究》2003~2004年集, 合肥: 黃山書社, 2004.
______________,《中國李白研究》2005年集, 合肥: 黃山書社, 2005.
______________,《中國李白研究》2006~2007年集, 合肥: 黃山書社, 2007.
詹　鍈,《李白詩論叢》, 北京: 人民文學出版社, 1984.

4. 기타 참고서적
바슐라르, 가스통 지음, 정영란 옮김,《공기와 꿈: 운동에 관한 상상력》, 서울: 이학사, 2001.
葛曉音,《詩國高潮與盛唐文化》, 北京大學出版社, 1998.
고병권 지음,《니체의 위험한 책, 차라투스트라는 이렇게 말했다》, 서울: 그린비, 2003.
베이트슨, 그레고리 지음, 박대식 옮김,《마음의 생태학》, 서울: 책세상, 2006.
니체 저, 권영숙 옮김,《즐거운 지식》, 서울: 청하, 1993.
부르디외, 삐에르 지음, 최종철 옮김,《구별짓기: 문화와 취향의 사회학》, 서울: 새물결, 2005.
서동욱,《차이와 타자: 현대 철학과 비표상적 사유의 모험》, 서울: 문학과지성사, 2000.
오길영 지음,《이론과 이론기계: 들뢰즈에서 진중권까지》, 서울: 생각의나무, 2008.
이시다 미키노스케 지음, 이동철 · 박은희 옮김,《장안의 봄》, 서울: 이산, 2004.
이어령,《공간의 기호학》, 서울: 민음사, 2000.
이진경,《노마디즘 1, 2》, 서울: 휴머니스트, 2002.
李澤厚 저, 윤수영 역,《미의 역정》, 서울: 동문선, 1991.
들뢰즈, 질 · 펠릭스 가타리 지음, 김재인 옮김,《천 개의 고원》, 서울: 새물결, 2001.
한국비평이론학회 엮음,《들뢰즈와 그 적들》, 서울: 우물이 있는 집, 2006.
Stephen Owen, *The Great Age of Chinese Poetry: The High Tang*, New Haven: Yale University Press, 1981.

5. 학위 논문
賈 佳,〈心何以安: 論李白的人格精神〉, 河南大學 碩士學位論文, 2009.
강민호,〈두보 배율 연구〉, 서울대학교 박사학위논문, 2007.
곽이부,〈李白 詩의 思想性 硏究〉, 전남대학교 박사학위논문, 1994.
서용준,〈이백시의 화자에 대한 연구〉, 서울대학교 박사학위논문, 2008.
申夏閏,〈李白古風五十九首硏究〉, 北京大學校 博士學位論文, 1998.
沈美庚,〈詩仙李白〉, 北京大學 博士學位論文, 1998.
吳增輝,〈超越與永恒: 李白的終極追求及悲劇性〉, 西南大學 碩士學位論文, 2007.
王 煒,〈論李白的浪漫主義人格及其特色〉, 陝西師範大學 碩士學位論文, 2000.
이명순,〈이백 악부시의 연극성〉, 서울대학교 석사학위논문, 2004.
이석호,〈이백시 연구: 도교적 특색을 중심으로〉, 서울대학교 박사학위논문, 1981.
이진엽,〈이백의 배회적 삶에 대한 연구〉, 공주대학교 석사학위논문, 1998.
李 翰,〈論李白個體中心意識〉, 廣西師範大學 碩士學位論文, 2002.
임도현,〈이백 시에 나타난 술의 이미지에 관한 연구〉, 영남대학교 석사학위논문, 2009.
______,〈이백의 자아추구 양상과 문학적 반영〉, 서울대학교 박사학위논문, 2012.

張　敏, 〈李白詩歌修辭藝術二題〉, 西南師範大學 碩士學位論文, 2003.
진옥경, 〈이백 악부시 연구〉, 서울대학교 박사학위논문, 1991.
황선재, 〈李白詩의 現實反映에 관한 硏究〉, 성균관대학교 박사학위논문, 1996.

6. 소논문(국내)

강성위, 〈中國古典詩歌에 나타난 誇張의 美學〉, 《中國文學》 권29, 1998.
강창구, 〈李白詩中的婦女形象〉, 《中國人文科學》 34권, 2006.
곽이부, 〈이백 시에 나타난 외로움과 달의 이미지〉, 《제주논문집》 37권 1호, 1993.
______, 〈이백과 조유의 《장단경》 일고〉, 《中語中文學》 22권, 1998.
______, 〈李白詩歌에 있어서의 '月'의 心象 分析〉, 《제주논문집》 22권 2호, 1985.
김성곤, 〈두보의 간알시 시석〉, 《중어중문학》 16집, 1994.
남기수 · 왕홍하, 〈21세기 이후 한국의 이백 연구에 대한 현황 고찰〉, 《民族文化論叢》 권45, 2010.
송천호, 〈李白의 壯志에 對한 考察〉, 《인문과학연구논총》 12권, 1994.
신하윤, 〈이백 시에서의 시공간 이미지에 관한 고찰〉, 《중국어문학지》 14권, 2003.
______, 〈이백 시의 공간〉, 《중국어문학지》 8권, 2000.
이영주, 〈두보 연작시의 장법 연구〉, 《동아문화》 제49집, 2011.
______, 〈杜詩章法硏究〉, 《중국문학》 권33, 2000.
이욱진, 〈이백시의 숫자를 이용한 과장법〉, 《海士論文集》 제53집, 2010.
임도현, 〈이백의 다원적 이상 추구와 그 좌절로 인한 비애〉, 《중국문학》 제71집, 2012.
______, 〈이백의 간알시에 나타난 관직 진출 열망〉, 《중국문학》 제74집, 2013.
______, 〈기호론적 공간 분석을 통한 이백 시에 대한 새로운 접근〉, 《중국문학》 제79집, 2014.
임효섭, 〈이백 시가에 나타난 집착과 초월〉, 《동양한문학연구》 32권, 2011.
전영란, 〈李白의 詩世界에 나타난 苦惱에 대한 考察〉, 《人文科學硏究》 34권, 2010.

7. 소논문(중국)

葛景春, 〈李杜詩風的轉變與唐代文化的轉型〉, 《天水師範學院學報》 2009年 6期.
______, 〈繼承與超越: 論李白詩風與地域文化的關係〉, 《中國李白硏究》 2005年集.
______, 〈李杜之變與唐代文化思潮的轉型〉, 《中州學刊》 2004年 4期.
______, 〈李白硏究五十年〉, 《山西大學師範學院學報》 2000年 3期.
______, 〈李白詩歌與唐代文化精神〉, 《河南社會科學》 1995年 1期.
陶新民, 〈試論李白的悲劇人生及其特點〉, 《安徽大學學報》 1996年 5期.
羅宗强, 〈自然範型: 李白的人格特徵〉, 《唐代文學硏究》, 1996年.
藍　旭, 〈論李白的功成身退思想〉, 《中國李白硏究》, 1997年集.

裴　斐, 〈李白個性論〉, 《中國李白研究》 1990年集 上.
傅紹良, 〈盛唐氣象的誤讀與重讀〉, 《陝西師範大學學報》 1999年 1期.
______, 〈李白的個性意識與悲劇心態〉, 《陝西師範大學學報》 1992年 1期.
孫　立, 〈李白的文化人格與矛盾個性〉, 《中國李白研究》 1990年集 下.
楊海波, 〈論大唐盛世文化氛圍對李白思想性格的深刻影響〉, 《無錫南洋學院學報》 2007年 2期.
______, 〈論李白思想的複雜性〉, 《無錫南洋學院學報》 2004年 1期.
餘　鋒, 〈論李白功成身退思想及其成因〉, 《九江師專學報》 1993年 2期.
吳增輝, 〈自由與不朽: 李白退守自然的哲學解讀〉, 《綿陽師範學院學報》 2008年 1期.
吳振華, 〈20世紀李白詩學研究(上)〉, 《周口師範學院學報》 2005年 4期.
______, 〈20世紀李白詩學研究(下)〉, 《周口師範學院學報》 2005年 6期.
王仕倫, 〈李白: 多元文化的載體〉, 《合肥學院學報》 2004年 2期.
王運熙, 〈李白詩歌的兩種思想傾向和後人評價〉, 《文學遺產》 1997年 1期.
王定璋, 〈論李白的主體意識: 兼論歷代對李白評價〉, 《中國李白研究》 1990年集 上.
王志東, 〈李白的人生觀〉, 《中國李白研究》 1990年集 下.
熊芳沁, 〈試論儒道俠思想對李白個性的影響〉, 《北京理工大學學報》 2009年 5期.
李　健, 〈李白獨特的人生追求與戰國文化的契合〉, 《黑龍江教育學院學報》 2010年 3期.
林繼中, 〈李白詩歌的悲劇精神〉, 《文學遺產》 1994年 6期.
林宏作, 〈李白的入世與出世觀〉, 《李太白研究》, 臺北: 里仁書局, 1985年.
任曉勇, 〈試論李白隱逸活動的特徵〉, 《中國李白研究》 2003~2004年集.
趙　鯤, 〈以我爲主, 唯我獨尊: 李白個性的根本生發點〉, 《解放軍藝術學院學報》 2007年 2期.
趙昌平, 〈魯仲連'趙蕤與李白: 兼論古代文化史'文學史研究的若幹問題〉, 《文學遺產》 2011年 1期.
曹化根, 〈以"謫仙人"稱譽爲起點透視李白人生悲劇〉, 《中國李白研究》 2005年集.
周志艷, 〈試論李白的個體精神〉, 《河北廣播電視大學學報》 2008年 5期.
周勛初, 〈李白屢遭挫折與備受讚譽之兩面觀〉, 《唐代文學研究》 1998年.
______, 〈李白思想中的"異端"因素〉, 《唐代文學研究》 1996年.
陳　斐, 〈仙宮兩無從, 人間久摧藏: 李白人生悲劇新論〉, 《寧夏師範學院學報》 2009年 4期.
許　總, 〈論李白自我中心意識及其詩境表現特徵〉, 《安徽大學學報》 1995年 4期.

시문 제목 찾아보기

ㅈ

ㅊ

발간사

20세기 유럽과 미국이 축적한 자연과학과 인문·사회과학 등 근대의 학문적 지식은 인류 문명의 새로운 길을 열었고, 인류의 행복과 안정에 커다란 기여를 했습니다. 물론 제국주의 지배와 전쟁, 차별과 빈곤을 동시에 가져다주기도 했습니다. 아시아의 세기는 서양의 근대를 넘어서서 새로운 '근대 이후'를 만들어 나가는 일이어야 합니다.

지식의 생산과 공유, 인재 양성을 책임지고 있는 대학이라는 공간에서 아시아에 대한 어떤 지식을 생산하고, 아시아에 대해 무엇을 어떻게 가르칠 것인가 하는 문제의식이야말로 서울대학교 아시아연구소에 주어진 책무일 것입니다. 서울대학교 아시아연구소는 2009년 9월 출범한 이래 지역과 주제의 결합에 기초한 아시아 연구의 세계적 허브 구축을 목표로 아시아 연구 기반 구축과 우수 연구활동 지원 등의 다양한 학술 활동을 진행해 왔습니다. 특별히 아시아에 대한 지식 생산의 기반을 다지는 작업으로서, 우수한 기초 연구 활성화를 위해 노력해 왔습니다.

서울대학교 아시아연구소총서는 바로 이러한 학문적 노력의 결실입니다. 앞으로도 서울대학교 아시아연구소는 국내외 연구자들의 우수한 연구를 지원하여 그 결과물을 지속적으로 발간해 나갈 것입니다.

이러한 아시아연구소총서가 아시아의 시대를 열어 가는 데 필요한 기반을 만드는 중요한 지적 자산이 되기를 기대합니다. 이를 바탕으로 아시아 시대를 만들어 가는 지하수를 실증적으로 드러내고, 아시아 내부의 상호 이해와 교류를 넓혀 갈 수 있길 바랍니다.

서울대학교 아시아연구소